図解即戦力

豊富な図解と丁寧な解説で、
知識0でもわかりやすい！

住宅メーカーの

しくみとビジネスが
しっかりわかる
教科書

これ
1冊で

あずた
Azuta

JN009305

技術評論社

ご注意：ご購入・ご利用の前に必ずお読みください

■免責

本書に記載された内容は、情報の提供のみを目的としています。したがって、本書を用いた運用は、必ずお客様自身の責任と判断によって行ってください。これらの情報の運用の結果について、技術評論社および著者または監修者は、いかなる責任も負いません。

また、本書に記載された情報は、特に断りのない限り、2021年2月末日現在での情報を元にしています。情報は予告なく変更される場合があります。

以上の注意事項をご承諾いただいた上で、本書をご利用願います。これらの注意事項をお読みいただかずにお問い合わせいただいても、技術評論社および著者または監修者は対処しかねます。あらかじめご承知おきください。

■商標、登録商標について

本書中に記載されている会社名、団体名、製品名、サービス名などは、それぞれの会社・団体の商標、登録商標、商品名です。なお、本文中に™マーク、®マークは明記しておりません。

はじめに

2020年のコロナショック、少子高齢化などによる新築棟数の減少、空き家問題、職人不足問題など、住宅業界はさまざまな問題を抱えています。耐震偽装などの人的問題や、たび重なる自然災害によって破損・倒壊したというニュースも飛び込んできます。

そんな中でも、住宅業界に関わるさまざまな企業や人は、法律やルールを改変し、技術を進歩させ、少しずつ改善してきました。本書は、そんな住宅業界に携わっている方はもとより、これから業界へ就職・転職したいという方に向けて、住宅業界の現状やしくみについて、なるべく噛み砕いてわかりやすく解説した入門書です。本書を通して業界の全体像が把握できるので、自分が業界のどの方向に向かえばよいのかの道しるべになるでしょう。

また、住宅メーカーやリフォーム会社で勤務してきた私が、内部から見た組織構造や利益構造、企業の生き残りをかけた戦略を交えて解説していますので、業界で活躍するためのヒントにもなると確信しております。

当たり前ですが、住宅は多くの人にとってもっとも大きな買い物です。だからこそ逆に、住宅ほどひとりひとりのお客様と深く関わる仕事はほかにはないでしょう。もちろんそれが大変なときもありますが、お客様の満足をえたときの快感はえ難いものだと感じます。

住宅業界で学ぶべき知識は範囲があまりにも広く膨大です。就職・転職後、1人前になるまでとても時間がかかります。しかし、範囲が広く膨大だからこそ、大きなビジネスチャンスが広がっている業界でもあります。

自身の得意分野を決めて努力し、他社との差別化を図っていけば、報われやすい業界だと私は思います。本書を通して、業界への関心をさらに強くしてもらえたら幸いです。

2021年2月
あずた

CONTENTS

Chapter 1
住宅業界の最新動向

Chapter 2
業界の基本と構成する人たちの役割

Chapter 3
住宅業界の利益構造

Chapter 4

住宅メーカーの組織構造

Chapter 5
主な設備・部材メーカー

Chapter 6

着工現場で行われる工事内容

Chapter 7

住宅業界各社の生き残り戦略

Chapter 8

住宅業界にまつわる規則・法律・税制

Chapter 9

住宅業界の未来

第1章

住宅業界の最新動向

現在の住宅業界は、耐震性向上やバリアフリー対策、空き家問題の解決、職人不足の深刻化などさまざまな課題に直面しています。莫大な経済効果を期待されながら、多くの課題に立ち向かう住宅業界の最新事情を紹介します。

Chapter1
01

健康で快適な家にずっと住める

住宅は10年で急速な進化を遂げている

快適暮らすには、数十年経ったら住みかえなくてはならないと感じている人も多くいるかもしれません。しかし日本の住宅業界は、日々進化を続け、快適に住み続けられる住宅を提供しています。

健康・快適性が急速に向上

戸建・マンションの耐震性など安全性が上昇していることは大手住宅メーカーのCMなどを通じて知っている人も多いのではないでしょうか。ただ、安全性以外に、実は「健康・快適」「劣化性能」においても大きく向上しているのです。

近年、住宅はとくに断熱・気密性が飛躍的にアップしました。保温効果が高まったことで、住宅内との温度差が減りました。光熱費が下がるだけでなく、体への負担が小さくなり、ヒートショック予防などにもつながっています。

さらに断熱・気密性が高まることで換気力も向上し、窓を開けることなく空気を新鮮な状態に保つことができます。また、吸気口には高性能なフィルターが搭載され、花粉・PM2.5などの大気汚染物質、ホコリなどを室内に取り込まずに済むようになっているのです。

健康・快適
住環境が充実している状態。きれいな空気環境、敷地環境、化学物質の削減、建物内の温度差軽減などで判断される。

劣化性能
建築物に起こりうる老朽化や損壊を抑制する性能。雨風、湿気、温度変化、摩滅、汚れ、欠損などによる経年劣化への耐性が求められる。

劣化性能が急速に向上

「日本の住宅は30年も経てばだいぶ傷んできて、もう古い家」という感覚を持つ人がほとんどではないでしょうか。古い家に対して「壁を開口すれば断熱材はカビだらけになっている」というイメージを持っている人も多いはずです。

しかし、近年の住宅構造は湿気が内部に溜まりにくくなっていますし、断熱材も進化しカビが発生しにくくなっています。また、断熱・気密・換気の性能が向上したことで木造であっても基礎や柱はダメージを受けづらく、長持ちするようになっています。

屋根・外壁もキッチン・ユニットバス・トイレなどの水回りもすべて長持ちするように作られているのです。

断熱・気密・換気
それぞれ「外部の熱を遮断し内部の熱を守ること」、「構造自体のすき間をなくして空気環境を充実させること」、「空気を入れ換え湿気のこもりやカビの発生を防ぐこと」を指す。

3つの住宅性能の向上

安全性

健康・快適

劣化性能

耐震・防火は30年以上前から最優先で向上

近年、快適さと劣化性能が飛躍的にアップ

急速に向上する快適さと劣化性能

断熱・気密・換気が向上した

↓

住宅内での保温効果が高まった

室内との温度差が減った

・光熱費が下がる
・体への負担が小さくなった

↓

健康で快適に暮らせる環境の向上

↓

湿気が内部に溜まりにくくなった

カビが発生しにくくなった

基礎や柱、外壁や屋根、水回りが長持ちするようになった

↓

劣化性能の向上

住宅は、断熱・気密・換気の能力が急速に進歩を遂げ以前よりも長持ちするようになりました

Chapter1
02

環境にも人にも優しい

住宅メーカーの努力によって超省エネ時代が到来

近年の住宅では暮らしに必要な電気やガスなどのエネルギーは、住宅業界の努力によって、効率化が進んでいます。住宅の省エネ化は快適な生活のために欠かせないものなのです。

エアコンや給湯器との相性を向上させる

住宅でもっとも多く使用されるエネルギーは電気であり、その次に多く使用されているエネルギーはガスです。各住宅メーカーはこの2つのエネルギーをいかに抑えるべきか、という命題を持って励んでいるのです。

使用されるエネルギーが多いものには冷蔵庫やテレビなどの家電も多数含まれますが、住宅メーカーが関わるのは「エアコン」と「給湯器」などの冷暖房機器です。

住宅内で使用するエネルギーの変化

冷暖房機器の使用エネルギーを抑えるためにもっとも重要なことは、外気と内気をしっかりと遮断し断熱効果を高めることです。また、わずかな隙間を埋めて気密性を高め、住宅内に魔法瓶のような保温効果をもたらすことも重要です。

そのために、住宅メーカーは断熱材の性能や窓ガラスの能力を大きく向上させてきました。また、熱交換を行うことで室内の温度を逃がさない換気システムも普及しつつあります。

給湯器の性能もどんどん向上しています。

たとえば電気給湯器「エコキュート」は、「ヒートポンプ」という技術によって空気中の熱でお湯を沸かすことができます。

また、ガスから水素を取り出し空気中の酸素と反応させて発電する給湯器「エネファーム」なども登場しています。

また、使用するエネルギーを減らすことだけではなく、再生エネルギーである太陽光発電の進化にも日々力を入れています。そして再生したエネルギーを効率よく使うための蓄電池も大きく進化しています。

電気
近年、停電時や災害などの影響を考慮し、太陽光発電や蓄電機能を備えた住宅や、安全性の高いオール電化などが普及している。

ガス
製造所のガスをガス導管を通じて供給する都市ガスと、ボンベに液化したガスを入れて配送するLP（プロパン）ガスの2種類がある。

エコキュート
省エネ機能を備えた給湯システム。外の空気の熱を使用して水を温めるため、外気温が高いほど効率が上がる。

ヒートポンプ
温度が低いところから高いところに熱を移動させる技術。冷却も加熱も可能なことから、エアコンや冷蔵庫にも使用されている。

エネファーム
省エネ機能を備えた家庭用燃料電池。ガスから電気とお湯を同時に作ることができ、電気料金の大幅な削減につながる。

家庭部門機器別エネルギー消費量の内訳

家庭内で使用されているエネルギーは「電気」や「ガス」が中心

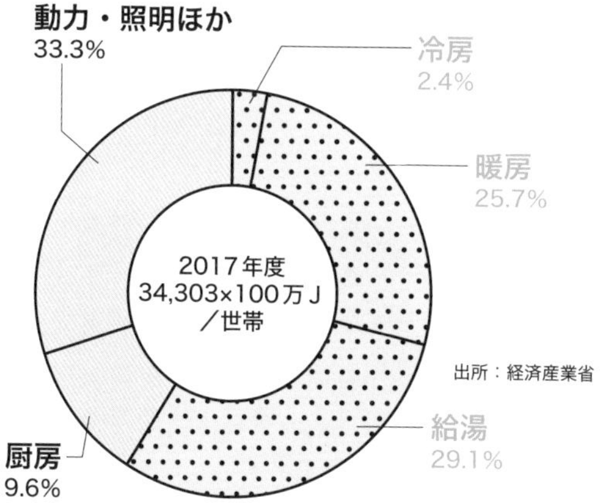

出所：経済産業省

住宅メーカーが関わる「エアコン」と「給湯器」は家庭内でのエネルギー消費量が多いのです

住宅におけるエネルギーの変化

エネルギーを抑えるために進化してきたもの

・断熱材（施工方法含む）
・サッシ
・給湯器
・換気扇

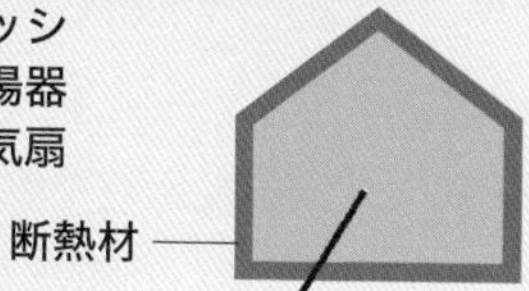

エネルギーを生み出すために進化

・太陽光パネル
・蓄電池

エネルギーを抑えるためにもっとも重要なことは断熱効果を高めることです！

Chapter1
03

若者の職人離れを止める

住宅業界の最大の課題は職人不足にある

快適な居住空間を作り出している住宅業界ですが、職人を目指す若者が減少していることにより、大きな問題に直面しています。建設業従事者数の推移などを通じて、現状を見ていきましょう。

深刻化する職人不足

あまりメディアで取り上げられていませんが、住宅業界でもっとも巨大で深刻な問題が「職人不足」です。国土交通省も大きな課題ととらえ「待遇・賃金・労務環境」改善対策を試みています。しかし、明るい展望はなかなか見えていません。

国土交通省の調査によると、2015年の段階で建設業に勤めている人の約3割が55歳以上でした。また、2020年では3割が60歳以上となっています。2025年前後からは3割以上の人が、一気に引退していくことになります。

さらに、2015年の段階で29歳以下が約1割という現状もあります。バブルが崩壊したあとの1997年を境に若者の職人離れが始まりました。バブル崩壊も要因の1つではありますが、3Kというイメージから職人になろうとする若者が減っていることも事実でしょう。

待遇・賃金・労務環境
アーキブックの「現場職人の年収」によると、2019年時点で30歳サラリーマンの平均年収が545万円なのに対し、現場職人は464万円という結果となっている。

3K
「きつい・汚い・危険」の頭文字。土木・建築系やエンジニア、介護や清掃などの現業系・技能系の業界で多用される。

職人不足による巨大な影響

職人が不足すると、工事の質が下がるのはもちろんですが、少しでもよい職人を確保するために、賃金を上げる必要がでてきます。もちろん、職人だけでなく、それを管理する監督者の負担も大きくなるため同様に賃金が上がります。

また職人が確保できないと少数で工事を行うため工期が長引き、職人たちの賃金がさらに上がります。加えて回転率が下がるため、建設会社の利益が下がるだけでなく、設備や建材メーカーも影響を受けるのです。

建設会社が利益を確保できないと開発費用が減り、新商品が登場せず、業界は大きな悪循環に突入することになります。

建設業就業者の高齢化の進行

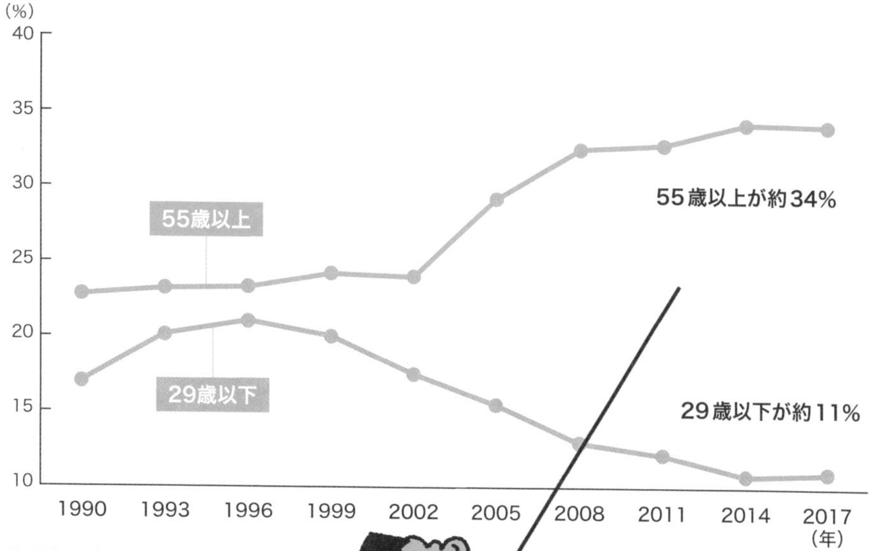

出所：国土交通省

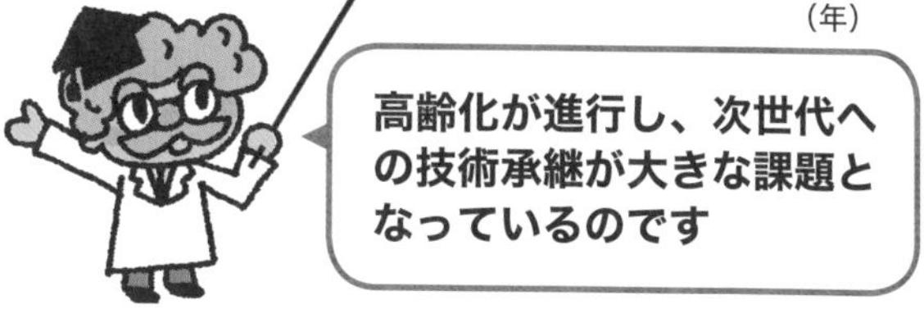

職人不足による悪循環

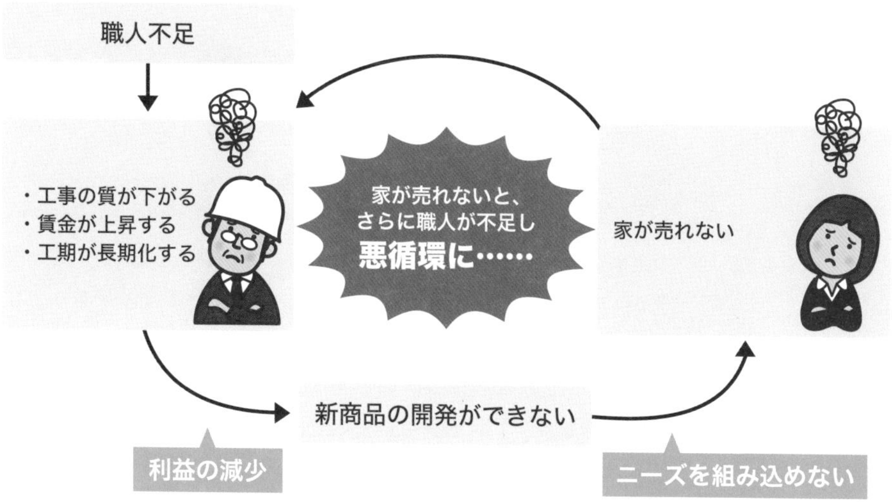

Chapter1 04

勝ち組と負け組に分かれる

扱う商品によって業績が大きく変わる

住宅業界は新築業界やリフォーム市場、中古販売市場に分けることができます。少子高齢化や住宅構造の向上によって、顧客ニーズが変化し、市場ごとの業績の差が大きくなっています。

住宅業界内の2極化

少子化・人口減少の影響を真っ先に受けているのは新築市場です。注文住宅の住宅メーカーや工務店、マンション建設のゼネコンなどの販売棟数や市場規模は、ここ10年で下降の一途を辿っています。2020年のコロナ禍の影響で大きなダメージを受け、M&Aを行う大手住宅メーカーもあります。住宅メーカーは生き残るために必死で事業を行っているのです。

反面、リフォーム市場や中古販売市場はここ10年においても安定した業績推移となっています。1980年代前後に起こったマイホームブームで新築した家が、ちょうど築40年ほどとなるため、需要が高まっています。今後在宅ワークや余暇の増加といった要因で、リフォーム市場は当分の間は安定が見込めるでしょう。

また、ここ30年で住宅構造が進化し構造部の寿命が伸びたことも、市場業績の伸びに貢献しています。また土地やマンション価格の高騰により、中古戸建やマンションを低価格で購入し、リノベーションする方法に人気がでてきたことなども理由に挙げられます。

住宅、土地価格の高騰

住宅や土地の価格はここ10年で上昇を続けています。その要因は住宅ローンの低金利や東京オリンピック開催などがあります。これが続けば、ますます中古やリフォーム市場の業績は上昇するでしょう。しかし、コロナの影響で郊外需要が高まり都市部のマンション価格が下落する現象も起きています。そのため、東京オリンピックが終わったあと、業績がどのように推移するかを予想することは非常に困難です。

新築市場
建設や販売業務において、新築住宅を扱う市場。新築住宅の販売数や着工数の低下が予想されている中、都市部を中心に賃貸志向が高まっていることも新築市場低迷の要因となっている。

リフォーム市場
増改築、設備修繕、家電・家具の修理や模様がえなどを扱う市場。コロナ禍による新しいライフスタイルへの需要に応じて、衛生環境改善やテレワークに適した住環境作りが求められている。

中古販売市場
中古の一戸建てやマンション物件を扱う市場。新築需要の低下に加え、リノベーションやDIY（24ページ参照）の需要増も中古販売市場が拡大する要因となっている。

新設住宅着工戸数とリフォーム市場規模の推移

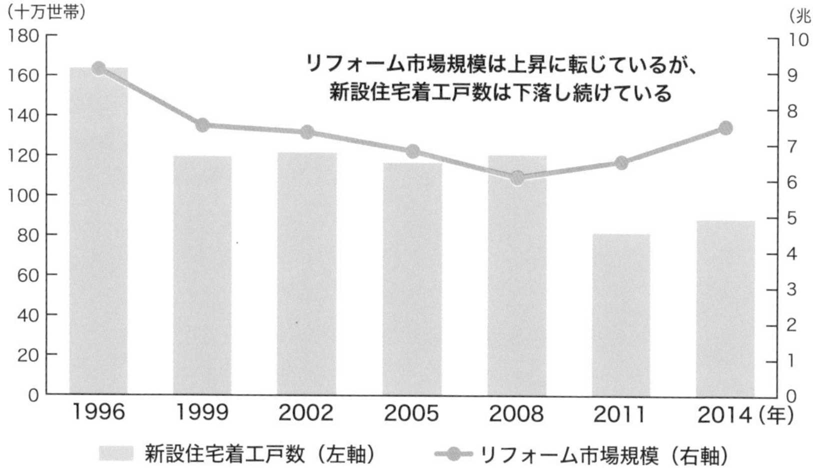

出所：経済産業省

東京23区住宅地の平均㎡単価

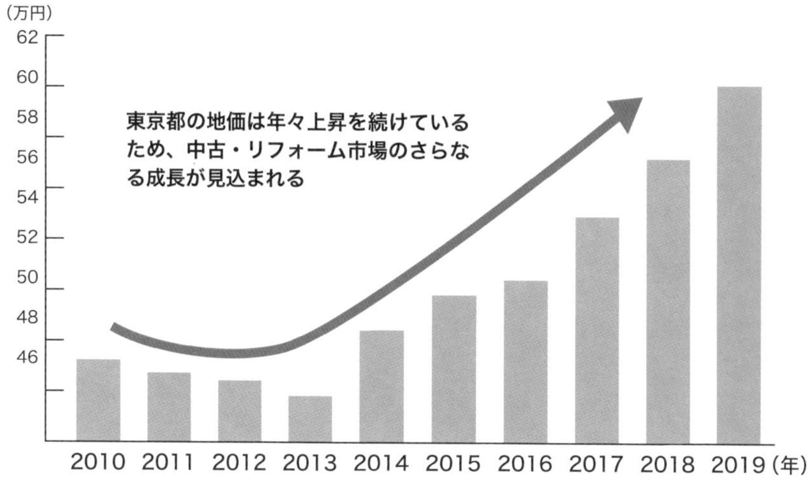

出所：三菱UFJ不動産販売

Chapter1
05

政府が推奨するほどの経済効果

住宅業界は すべての産業に影響を及ぼす

人々が暮らす街には飲食店やコンビニがあります。つまり住宅が建設されると、経済活動が生まれ、巨大な経済効果を生み出すことになるのです。国が住宅関連の政策を立案するなど、住宅業界への期待が高まっているのです。

住宅の建設が消費を生む

住宅の業界は、不動産業、建設業、住宅産業、住宅設備、リフォームなど多岐にわたり、すべてを足した経済規模は国家予算の半分近くに迫るほどの巨大な産業です。また、住む場所を作れば人が集まり、ほかの産業にも大きな影響を与える業界です。

家が建ち、地域に人が集まると、当然さまざまな分野で消費が発生します。車や家電・家具の購入、それに地域の飲食店などサービス業などです。また、住宅ローンを組めば銀行業に、ライフラインを使うようになれば水道・電気・ガス業界にも影響がでてきます。

以前千葉県が算出した「建設投資による波及効果分析」によると、「住宅建設に1000億円の投資（用地取得費を除く）をした場合、第1次・第2次波及効果を含め、1517億円の生産額となった」という結果がでています。つまり、住宅建設は投資額の1.5倍もの経済効果があることになります。

住宅購入を促進する国の政策

国は住宅購入を促して経済効果を高めるために、さまざまな政策を取っています。

住宅ローンを組むと10年間は借入額の約1％税金が安くなる「住宅ローン減税（控除）」、消費税引き上げによる負担を軽くするための「すまい給付金」などがあります。

また両親や祖父母から、住宅を購入（増改築を含む）するための資金を贈与してもらった場合、贈与税の一部が非課税になる措置もあります。そのほか、マイナス金利政策などの低金利政策により住宅ローンの金利も大幅に低くなっています。

建設投資による波及効果分析
1993年に初版が刊行された、千葉県総合企画部統計課編「入門産業連関表：その見方・使い方」の第4章に記載。産業連関分析の理論から実践までがわかりやすく解説されている。

住宅ローン減税（控除）
支払う所得税が控除される制度。正式名称は「住宅借入金等特別控除」。戸建てや分譲、新築や中古を問わずほぼすべての住宅が対象となる（214ページ参照）。

すまい給付金
2014年の消費税率8％引き上げに伴い発足された制度。増税による金銭面での負担軽減を目的とする。控除額は現金で支給され、最大50万円を受け取ることができる。

住宅地建設の経済波及効果

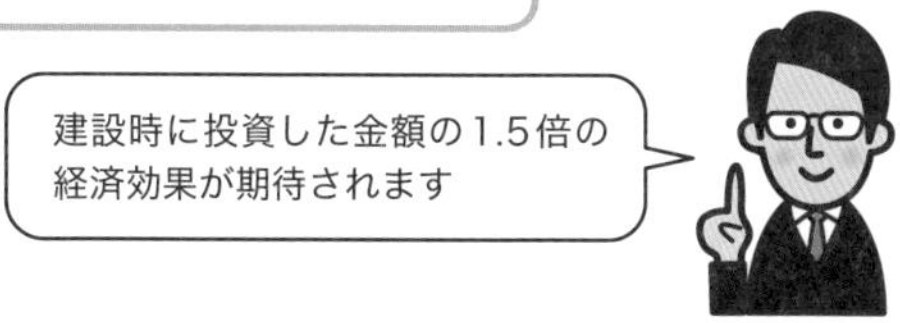

経済効果を狙った国の政策

❶住宅ローン控除（減税）

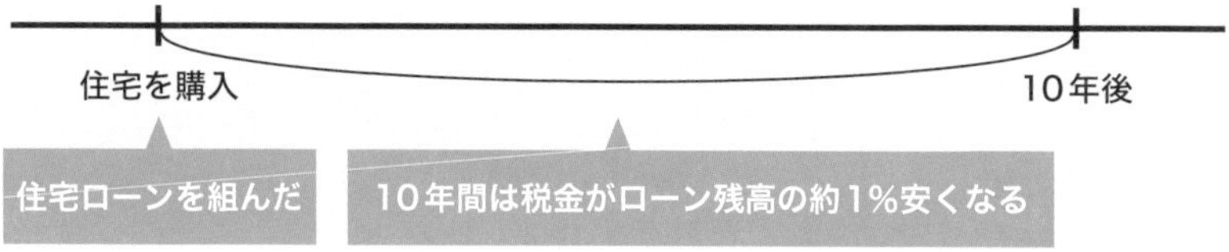

❷住まい給付金

消費税増税直後 → ・住宅ローン控除期間の延長
・次世代住宅エコポイント制度の実施

消費税増税の負担を軽くする

❸贈与税非課税

両親や祖父母から住宅購入資金を贈与された場合、贈与税の一部が非課税になる

Chapter1 06

倒壊などのリスクや治安の悪化

少子高齢化による空き家問題は中古住宅の活用で解決する

住む人がいなくなると、どんなに優良な住宅も劣化し問題が発生するようになります。しかし、解体して更地を維持するにも負担がかかるため、空き家が減ることなく、存在し続けてしまいます。

空き家が増加する原因

少子化・高齢化により、戸建てやマンションの空き家が増加傾向にあります。空き家問題は周囲に被害をもたらしていますが、いくつかの弊害が重なるため、とても解決が難しいのです。

少子化による人口減少により、住居の数よりも世帯数が少なくなっているため、空き家が増加するのは必然です。さらに高齢化が進み、高齢者が介護施設を利用するようになっていることも空き家の増加の要因と考えられます。近年は空き家問題が、メディアにも多数取り上げられるようになっています。

戸建ての場合、空き家を解体するには費用がかかり、一方で更地にすると土地の固定資産税の減税措置が働かなくなります。つまり、解体すると負担が大きくなってしまうのです。

またマンションの場合は、戸建てと異なり築年数とともに資産価値が減少する傾向にあり、売却が難しくなってしまいます。

資産価値
その建物や土地自体の価値。マンションの場合は土地を所有しないので、建物が劣化していくにつれ全体の資産価値も下がる。

空き家による問題

空き家を放置すれば、倒壊や火災のリスクが上がり、また不審者が住み着いてしまうなど治安が悪くなる要因にもなります。景観が悪くなり、悪臭や衛生問題も引き起こすこともあります。ひどい場合は人が寄り付かなくなってしまうのです。また、周辺の経済状況を悪化させたり地価の減少を引き起こしたりすることも考えられます。

そして空き家対策として2015年に「空家等対策特別措置法」が制定されました。自治体に強制力を持たせ、特定の空き家に対し管理を促す指導・勧告をできるようにした法律です。従わない場合、強制的に解体し、費用を所有者に請求できます。

空家等対策特別措置法
空き家の管理、有効利用を定めた法律。正式名称は「空家等対策の推進に関する特別措置法」。行政職員がこれに従い、空き家の実態調査や所有者への管理指導、跡地の活用促進などを行う。

東京都の空き家数の推移

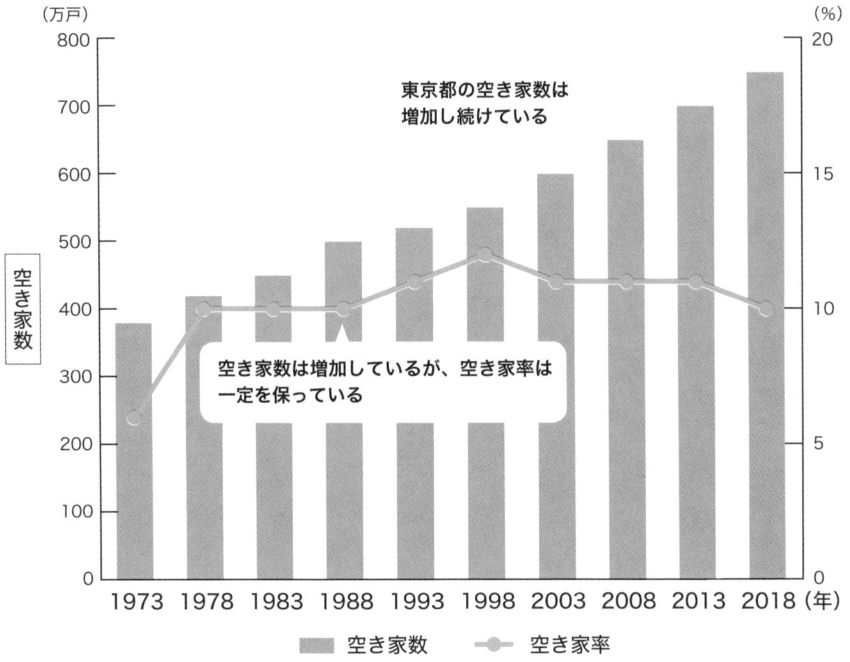

出所：東京都の統計

少子高齢化による空き家問題の解決策

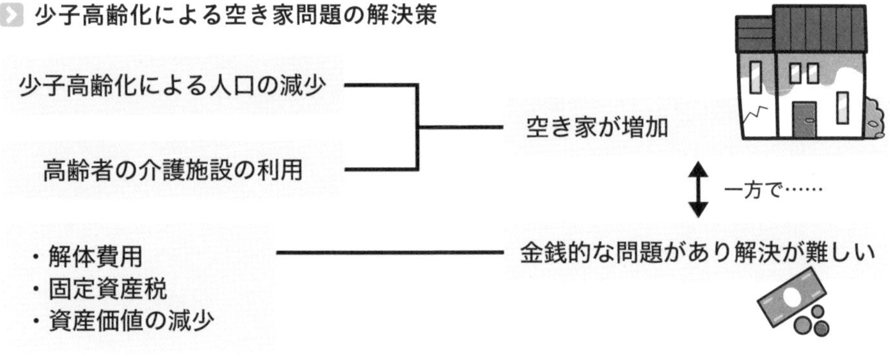

Chapter1 07

セカンドハウスやDIY住宅

ユーザーニーズの変化に対応し生活しやすい環境を作る

ライフスタイルの変化により、家事の効率化を図った住宅が注目されています。また、田舎にセカンドハウスを持ち、二拠点生活を楽しむ人も増え、住宅の新しいニーズが生まれています。

多種多様な住宅のニーズ

夢のマイホーム時代は終焉を迎え、「夫が仕事をし、妻が家事・育児をする」という家庭も減少傾向にあります。

ここ30年でライフスタイルは大きく変わってきました。近年はオンライン化が進んだことで仕事や家事のあり方が変化しました。ライフスタイルは多様化し、自分らしさを追求する時代になったといえます。

コロナ禍の影響もありますが、オンライン化が進み在宅ワークが増えてきました。家にいる時間が長くなっている人も多いでしょう。そのため、都市に集中していた需要は郊外に移る傾向が続くことが考えられます。

また、近年では郊外の田舎に**セカンドハウス**を購入し、週末だけ田舎生活を満喫する二拠点生活（デュアルライフ）も注目され始めました。一方で、共働き家庭が今後も増えていくと予想されており、効率よく家事ができる環境へのニーズも高まっています。

セカンドハウス
自宅以外に所有する別の家。職場の立地による通勤の都合や、仕事において複数拠点を持つ場合に用いられる。

内型レジャーやDIYの需要が高まっている

今後の日本においては、共働き家庭が増えて労働時間が減少し余暇が増えることが予想されます。しかし、可処分所得が増加しない限り室内で余暇を過ごすことが多くなり、室内でのレジャー需要が高まってくるはずです。

最近では、工事の仕上げをセルフ（**DIY**）で行う中古住宅や、施主が大工を手伝って建てる新築まで登場しています。住宅メーカーは施工費用が抑えられ、施主側は購入費を抑えつつ、自分らしい住宅に仕上げられます。また、DIYの年間総売上は毎年右肩上がりになっており、需要はますます高まるでしょう。

DIY
Do-It-Yourselfの頭文字を並べた言葉。木工作業や仕上げの作業などを自らの手で行うことを指す。

ライフスタイルの変化と住宅業界

新しいニーズに対応する住宅業界

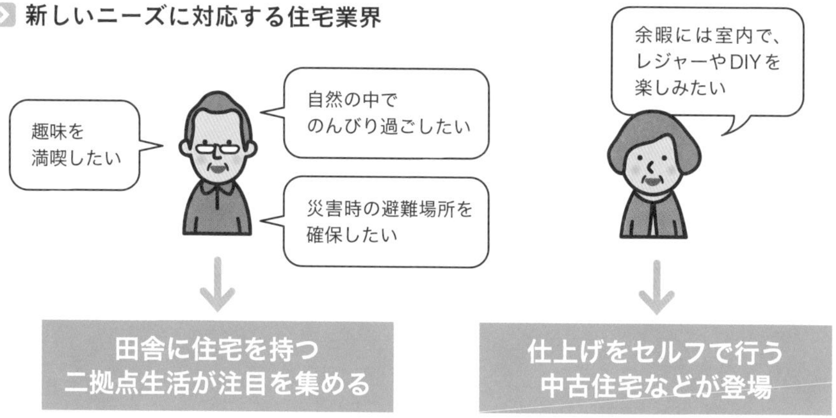

ライフスタイルの変化がもたらす効果

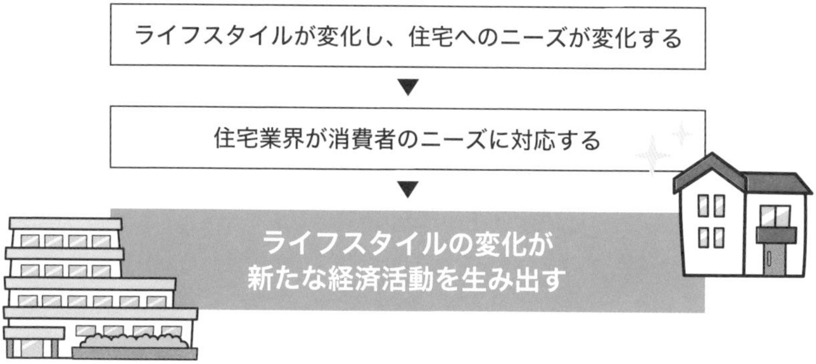

Chapter1
08

頻発する災害や健康被害に対応し よりよい生活を提供する

日本には住宅に関するさまざまな法律があります。それらは、人々が健康に生活するために作られました。その法律をもとに、住宅業界は自然災害や健康被害に対応し、進化を続けています。

災害の対策に必要な住宅の要件

日本では、大地震や火災によって甚大な被害が発生するたびに、何度も法律を改正してきました。そして、住宅を進化させ少しでも被害を小さくしようと努力してきました。また、作られた建材によって健康被害が発生することが発覚したときにも懸命に対応し、改善してきました。

地震や火災から生命や財産を守るためには、「建築基準法」と「消防法」を厳守して家を建てる必要があります。「建築基準法」は主に建物の敷地・構造・設備および用途に関する最低基準を定めている法律です。たとえば建築基準法には「震度6強から震度7程度の地震に対して倒壊しない」という耐震基準があります。

また、火災に対しては建築基準法で「建物の避難経路を確保する、火が燃え移りにくいような内装仕様にする」と定めています。また、消防法ではさらに細かく、設備の設置基準や点検方法、警報器の設置などを定めています。

健康被害とその対策に必要な住宅の要件

これまでに、住宅における被害として有名なのが「シックハウス症候群」と「アスベスト（石綿）」です。

シックハウス症候群は壁紙などさまざまな建材に含まれるホルムアルデヒドなどの化学物質によってめまいや吐き気、皮膚炎などを引き起こすものです。これに対し、2003年に建築基準法が改正され、人体に影響がないように化学物質の濃度の基準値が設けられました。また、アスベスト（石綿）は断熱材などに使われていました。しかし発がん性が高いことが発覚し、2006年に建築基準法が改正され、使用が禁止されました。

シックハウス症候群
建物自体が人体に及ぼす健康障害。省エネ化に伴う高気密、高断熱性がうまく作用されずに有害物質を家の中に溜めてしまうと発症することがある。

アスベスト（石綿）
天然の繊維状鉱物。熱や摩擦に強いことから1956年を機に多くの工業製品に使用されてきたが、発がん性が高いことが判明し、2004年に使用禁止となった。

災害や健康被害から生命や財産を守るための法律

建築基準法と消防法の比較

建築基準法と消防法は、災害や健康被害が発生するたびに改正されていく

	建築基準法	消防法
制定	昭和25年5月24日	昭和23年7月24日
役割	建築物の最低の基準 （建築物の敷地、構造、設備、用途について）	消防活動に対する支援 （火災の予防、警戒、鎮圧と被害軽減、搬送）
取り扱い	行政庁によって多少の取扱いに違いはあるが、解釈については全国での取扱いはある程度一律	各市町村においては「火災予防条例」が定められており、地域の状況や実際の消防活動の状況に応じた運用がなされている
主な改定	住宅における健康被害（シックハウス症候群やアスベスト）が発生 ➡2003年、建築基準法改正 人体に影響がないように化学物質の濃度の基準値が設けられた ➡2006年、同法改正 アスベストを使用禁止にした	東日本大震災が発生 ➡2012年、消防法改正 ①雑居ビルなどにおける防火・防災体制の強化 ②消防機関による火災調査権の拡大 ③消防用機器などの違法な流通を防止するための措置の拡充 ④消防用機器などの「検定」制度などの見直し

出所：国土交通省

Chapter1 09

バリアフリー化や介護対策にビジネスチャンスがある

多くの住宅メーカーがバリアフリー化を進めるために励んでいます。しかし、介護が必要になったとき、改めてリフォームしなくては対応できない住宅が多くあります。その現状を見ていきましょう。

住宅におけるバリアフリー化と介護対策の現状

2006年にバリアフリー法が制定されました。これは延べ床面積2000㎡以上のビルや病院など一定規模以上の建築物を対象とした法律です。そのため戸建・マンションの住居に対しての具体的な法律ではありません。高齢者や障害者が住みやすい住居は、施主や住宅メーカーに任せられているのが現状なのです。

日本では超高齢化に突入してから、バリアフリーという言葉が浸透するようになりました。それに伴い、各住宅メーカーもバリアフリーや介護がしやすい住居にする努力をしてきました。

しかし、実際には各居室の間の段差を減らし、階段や滑りやすい場所に手すりを設置する程度です。いざ介護が必要になった場合、ほとんどがリフォームして対応しなくてはいけなくなってしまうのが現在の標準的な住宅といえます。

バリアフリー法
高齢者や障害者のための、社会生活を行いやすい環境作りを進めるよう定めた法律。正式名称は「高齢者、障害者等の移動等の円滑化の促進に関する法律（バリアフリー新法）」。

バリアフリー化と介護対策

日本は国土に対する人口密度が高いため、どうしても2～3階建ての戸建が多く建てられます。階段がある以上バリアフリーや介護には適していません。

また、住宅を購入するときに将来介護が必要になるかはわからないため、高額なエレベーターやスロープの設置に踏み切ることは容易ではないでしょう。

高齢化がますます進む以上、バリアフリー化と介護しやすい住宅の需要はさらに高まっていきます。建築基準法も少しずつ改正され、法的に整備もされることが予想されます。これは住宅業界の課題の1つでもありますし、逆にいえば大きなビジネスチャンスでもあるのです。

エレベーターやスロープの設置
主に高齢者、障害者、小さな子どもがいる家族に向けた、住宅内の移動をスムーズにするための設備。最近ではあと付けに特化したリフォーム専用のエレベーターやスロープなどもある。

バリアフリーの基準

基準や法律

2006年にバリアフリー法が制定されるものの、戸建やマンションにおける明確なバリアフリー基準はほとんどない

↓

住宅メーカーや施主に任せられている

バリアフリー化における課題

日本は人口密度が高いため2～3階建ての戸建が多い

↓

介護用リフォームを行う際に
エレベーターやスロープの設置が必要

↓

施主の負担が大きくなってしまう

浴室
手すりなどを設置し、転倒防止につなげる

階段
手すりを付けて、緩やかにする

トイレ
誰もが使いやすいように、広いスペースを確保する

エレベーター 高額
車いすを使用する人でも自由に移動ができる

スロープ 高額
車いすを使用する人でも通れるように、段差を作らない

COLUMN 1

地震対策の性能も進化してきた!?

地震対策に力を入れる住宅メーカー

大きな地震が発生するたびに、建築基準法の「耐震基準」が見直され、住宅全体の耐震性能は少しずつ底上げされてきました。ただ近年は、大手住宅メーカーを筆頭に、メーカーごとの地震対策の性能も大きく向上してきています。それが「免振」「制振」という考え方です。

「耐震」は地震に耐えるように強固に作ることを指します。対して「免振」は地震で地面が揺れても建物に揺れを伝えない技術のことをいいます。また、「制振」は構造部分に制振装置を付けることで建物全体の揺れ幅を抑制する機能のことをいいます。

「振動するプレート」の上に建物を建てる

「免振」はとくに高層ビルや高層マンションなどに採用されている技術です。地震の揺れに合わせて振動するプレートの上に建物を建てることで、建物の揺れを吸収し抑える効果があります。

現在、この技術は高額帯の大手住宅メーカーによって徐々に採用され始めています。一方で、免振装置が高額であることから、一般にはまだ普及していません。

壁や柱の接合部に「クッション」を設置する

「制振」は壁や柱の接合部に設置する金属・ゴムなどの装置であるダンパーを複数個所に設置し、実現しています。

ダンパーがクッションの役割を果たすことで、建物の揺れを軽減してくれます。

近年この制振装置は、延床面積35坪ほどの戸建ての場合、40～50万前後と比較的安価で、多くの住宅メーカーや工務店を通じて、気軽に導入できるようになってきました。今後も技術の進歩とともに価格も緩やかに下がり、ますます導入しやすくなることが考えられます。

近い未来、地震による家屋倒壊のニュースがなくなることは間違いないでしょう。

第2章

業界の基本と構成する人たちの役割

住宅業界は、住宅メーカーや工務店、設計事務所などさまざまな企業によって構成されています。業界における多種多様な資格や、建設・販売方法の違いを通じ、それぞれの組織における仕事や職種の特徴を見ていきましょう。

Chapter2
01

「住居」を作る

住宅業界の構造を把握する

住宅業界は住宅に関することに特化した業界です。業界内で現場を指揮しているのは住宅メーカーや工務店であることが多く、また現場で作業をするのは大工や職人たちです。

住宅業界の主な企業分類

住宅業界とは戸建てやマンションなどの「住居」を作ることを主軸にした業界のことを指します。リフォームは住宅業界に含めて表現されることもあります。

建物・土地の売買や賃貸の不動産業界、ビル・商業施設などの建設を目的とした建設業界とは分けて考えられています。

主に戸建て注文住宅を建てるのは**住宅メーカー**や**工務店**です。ほかの業界と異なり大手住宅メーカーがシェアを独占していないため、新陳代謝がよいとされています。

建売住宅の建設会社はビルダーといわれ、大手建設会社は**パワービルダー**と表現されます。マンション建設に関わるのは不動産デベロッパーやゼネコンであり、建設業界に分類されることもあります。また、注文住宅やマンションの設計を専門に扱う設計事務所も住宅業界の1つです。

住宅メーカー
大手の住宅建設会社。業務や営業の範囲が広く、支店や子会社を大規模に展開している。住宅の構造や建築資材を規格化して品質と効率のよさを保っている。

工務店
比較的小規模な住宅建設会社。地域密着型の傾向が強い。自由なプラン作りができ、施主と二人三脚で作るスタイルが特徴。

パワービルダー
住宅や大型ビルの建設や販売だけでなく、土地の売買なども行っているため、住宅業界には分類されず、不動産業界に含まれている。

住宅業界を支える職人や建材・設備メーカー

戸建て・マンションを建設する上で指揮官の役割を果たすのが住宅メーカー・工務店・ビルダー・ゼネコンです。

一方で実際に作業をするのは大工や専門の職人たちです。職人たちは個人経営を行っている場合と、株式・有限会社を運営している場合があります。職人の所属する工務店の規模はまちまちで1～3人から、10名以上まで規模の幅があります。もう1つ住宅業界の要になるのが、建材・設備メーカーです。彼らは住宅メーカーなどの施工会社と密接な関わりを持っています。そして消費者ニーズと職人たちの施工のしやすさ、という両方の意見をくみ取りながら商品開発を進めています。

「住居」に特化した住宅業界

住宅業界は「住居」を作ることを主軸にした業界

建設業界
- 土木業
- 大型施設の建設

住宅業界
- 戸建てやマンションの建設
- リフォーム業

不動産業界
- 建物や土地の売買
- 賃貸業

住宅業界の構造を見る

住宅業界

- 住宅メーカー：注文住宅
- 工務店：注文住宅
- ビルダー：建売住宅
- ゼネコン：マンション
- 不動産デベロッパー：マンション
- 設計事務所：設計

業界を支えているのは……

- 建材・設備メーカー

- 職人

- 銀行など

各業界のメンバーは他業界と密に連絡を取りながら情報を共有し、顧客の対応をしている

大手企業は、注文住宅の受注と建売住宅の販売など、複数の事業を展開していることもあります

Chapter2

02

鉄骨構造と木造構造に分かれる

大手8社の住宅メーカーを比較し特徴を知る

日本には10万社以上の住宅メーカーや工務店が存在するといわれています。ここでは主要な8つの住宅メーカーを比較し、その特徴を理解していきましょう。

鉄骨構造をメインにしている住宅メーカー

住宅メーカーとは財閥など巨大企業に属していて、歴史が長い8社を指す場合や、そのほかの規模・売上が大きい注文住宅会社を含める場合など、その対象はその時々で変わります。主に歴史の長い8社を紹介します。

8社のうち5社は軽量鉄骨や重量鉄骨を構造に使用しています。鉄骨は木造より高額になる傾向にありますが、木造よりも柱の数を少なくし、空間を広くできるメリットがあります。

1社目は、業界最大手ともいえる**積水ハウス**です。同社は売上・利益ともに右肩上がりと安定した経営状況となっています。1棟当たりの単価は比較的高価ですが、各建材や設備は高額なものが採用されています。また、資本力を活かして省エネ、耐震性など全体的に高性能となっています。

2社目は、積水ハウスと同じ積水化学工業が母体となる**セキスイハイム（積水化学工業　住宅カンパニー）**です。同社は、積水ハウスと同じ鉄骨構造を採用しています。また、ユニット工法を採用しているため、プレハブ工法（45ページのONE POINT参照）よりもさらに工期が短くなります。積水ハウスと比較して、坪単価がやや低く、ターゲット層の差別化を図っています。

3社目は、住宅メーカー、プレハブ工法の先駆者的存在の**大和ハウス工業**です。建設業においてNO.1の売上実績を誇り、注文住宅以外にも分譲マンションや大型店舗も建設しています。注文住宅の戸建てのみの売上では2～3位となっています。鉄骨から木造住宅、中価格帯～高価格帯と商品ラインナップも多く、幅広い客層をターゲットにしています。

4社目は、ヘーベルハウスで知られている**旭化成ホームズ**です。

住宅メーカーの売上ランキング
（2019年度）

1	大和ハウス工業（4兆3802億円）
2	積水ハウス（2兆4152億円）
3	飯田グループHD（1兆4020億円）
4	住友林業（1兆1041億円）
5	旭化成ホームズ（6493億円）
6	セキスイハイム（積水化学工業住宅カンパニー）（5129億円）
7	ミサワホーム（3993億円）
8	パナソニックホームズ（3708億円）
9	三井ホーム（2387億円）
10	タマホーム（2092億円）
11	トヨタホーム（1643億円）
12	サンヨーホームズ（564億円）

出所：各社有価証券報告書をもとに作成

大手住宅メーカー8社の比較

メーカー	住宅構造	特徴
積水ハウス SEKISUI HOUSE	鉄骨	・資本力を活かして省エネ、耐震性などが高性能 ・プレハブ工法を採用しているため、工期が短い ・売上・利益ともに右肩上がり  出所：積水ハウスホームページ
セキスイハイム （積水化学工業 住宅カンパニー）		・積水ハウスと同じ積水化学工業が母体 ・プレハブ工法よりも工期が短いユニット工法を採用 ・業績は下降傾向にある  出所：積水化学工業ホームページ
大和ハウス工業 Daiwa House® 大和ハウスグループ		・プレハブ工法の先駆者的存在 ・鉄骨から木造住宅、中価格帯〜高価格帯と商品ラインナップも多い ・注文住宅の戸建てのみの売上では2〜3位  出所：大和ハウス工業ホームページ
旭化成ホームズ AsahiKASEI 旭化成ホームズ		・軽量鉄骨にヘーベルを加え耐震性や防火性を上げている ・直近5年間の売上は横ばいに推移している  出所：旭化成ホームズホームページ

主力商品であるヘーベルハウスの一番の特徴は、ヘーベルというコンクリートを外壁・屋根などに使用していることです。軽量鉄骨にヘーベルを加え、耐震性や防火性を上げることで、強固な建物を提供しています。連結決算では右肩上がりではあるものの、直近5年間の売上は横ばいの推移が続いています。

5社目は、ミサワホーム、トヨタホームと共に、パナソニックとトヨタ自動車が出資する合弁会社の傘下にある**パナソニックホームズ**です。特徴はやはりパナソニック製の住宅設備機器を優先的に提案するところです。近年の自然災害の増加やコロナ禍における新生活を見据え、耐震性や空気質等に注力しています。

木造構造をメインにしている住宅メーカー

木造メーカーの中では高価格帯になる3社を紹介します。鉄骨メーカーと比べ、グレードの高い内装でデザイン面の充実を図る傾向にあります。

木造1社目は、**住友林業**です。木造住宅の中では1棟当たりの単価が高くなっています。太い柱を使用したオリジナル工法の木質梁勝ちラーメン構造「ビッグフレーム構法」を採用しているのが特徴的です。木造住宅の売上も毎年上位に位置し、建売やリフォームなどの事業を含めると、大和ハウス工業、積水ハウスに次いで業界第3位になります。2019年までは右肩上がりに売上を伸ばしており、安定した実績となっています。

2社目は、三井グループ傘下の**三井ホーム**です。木造住宅の中で1棟当たりの単価がもっとも高く、かつ鉄骨メーカーと価格を比較しても上位に位置しています。三井ホームはとくに住宅デザインを強みとしており、住宅メーカー8社の中でもラグジュアリー感が高い特徴があります。三井ホームの業績は横ばいで推移しており、三井不動産の賃貸や分譲は年々上昇傾向にあります。

3社目は、グッドデザイン賞を31年連続で受賞するなどデザイン性に定評がある**ミサワホーム**です。1階や2階、小屋裏スペースなど好きなフロアに設置できる「蔵」を活用した間取りを武器にするなど、ほかのメーカーとは差別化を狙った戦略を取っています。ここ数年間の業績は横ばいか上向き傾向となっている状況です。

メーカー	住宅構造	特徴
パナソニック ホームズ Panasonic Homes パナソニック ホームズ株式会社	鉄骨	・2020年から、パナソニックとトヨタ自動車の出資による合弁会社の傘下 ・パナソニック製の住宅設備機器を優先的に提案 ・耐震性能や空気質等、安全や居住性の向上に注力 ・ここ数年、連結売上高は堅調に推移している  出所：パナソニック ホームズホームページ
住友林業 木と生きる幸福 住友林業	木造	・自由度の高い設計で実現する木造注文住宅 ・オリジナルの木質梁勝ちラーメン構造「ビッグフレーム構法」が特長 ・売上も毎年上位に位置し安定した実績  出所：住友林業
三井ホーム MITSUI HOME 三井ホーム		・木造住宅の中でもっとも1棟当たりの単価が高い ・住宅デザインを強みとしている ・ここ数年、業績は横ばいで推移している  出所：三井ホーム
ミサワホーム MISAWA		・グッドデザイン賞31年連続受賞 ・創業以来、約半世紀にわたり南極の建物建設のサポートを行っている ・業績は横ばいで安定している  出所：ミサワホーム

Chapter2
03

営業マン、設計士、職人……

多岐にわたる
業界の職種と規模を知る

住宅メーカーの多くは、少数の経営管理者で利益を上げようと励んでいます。そのため、実際に工事に関わる大工や設計士などは外注に委託していることも多くあるのです。

住宅メーカー・工務店と外注の関係

住宅メーカーや工務店など住宅を建てる会社にはさまざまな職種の人がいます。しかし、プラン作成や工事に関わるすべての職種を従業員として雇っているわけではありません。住宅業界では外注することが当たり前になっています。

その中で「**営業マン**」と現場を管理する「**現場監督**」はほとんどの場合、住宅メーカーや工務店が自社で雇っています。

営業マンは住宅販売、契約まで携わるのはもちろんですが、着工前の図面や設備・建材の仕様確定まで対応します。

現場監督は商品の発注から職人への工事依頼を行いつつ、住宅が建つまでの工程を管理していきます。

「**設計士**」「**インテリアコーディネーター**」「**職人**」は外注することが多いです。規模の大きい住宅メーカーでは設計士やコーディネーターも雇っている場合がありますが、職人を雇っているケースはほぼありません。ただし、一部住宅メーカーなどが、鉄骨などの専門的な構造部やオリジナル建材を作る専門の職人を雇っていることはあります。設計士やコーディネーターは契約前・工事前の業務に携わり、職人は現場監督から依頼を受けて決められたタイミングで工事を行っています。

住宅メーカーや工務店の経営管理者

住宅メーカーの経営管理者は少数であることが多く、業界での生き残りをかけて競合との差別化を図り続けています。

利益を最大化するため営業手法の確立から仕入コストの削減、商品開発や顧客満足度の調査など、経営管理者たちはさまざまな部門の数字や人に目を光らせているのです。

営業マン
顧客に商品の紹介やプランの提案をして契約を結ぶ人。ほとんどが歩合制で期間ノルマが設けられている。

現場監督
工事の責任者として現場の統括を行う人。資材発注から職人の手配まで、業務は多岐にわたる。

設計士
設計図面の作成やその補助などを行う人。建築士資格の有無は問わず、住宅メーカーの設計部門や設計事務所に所属している場合もある。

インテリアコーディネーター
顧客の希望をもとに内装をプランニングする人。設備の種類や配置、カラーの提案などを行う。

職人
熟練した技術を用いて実際に建築工事を行う人。大工、設備工事などの業務を1人または少人数で行う。

業界の職種と関係性

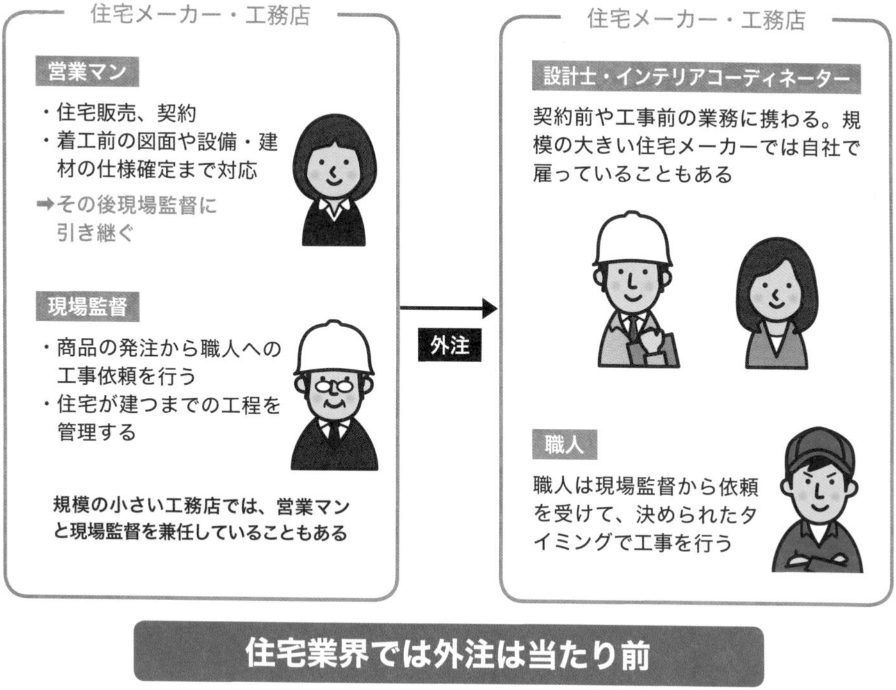

住宅メーカーや工務店の経営者の業務

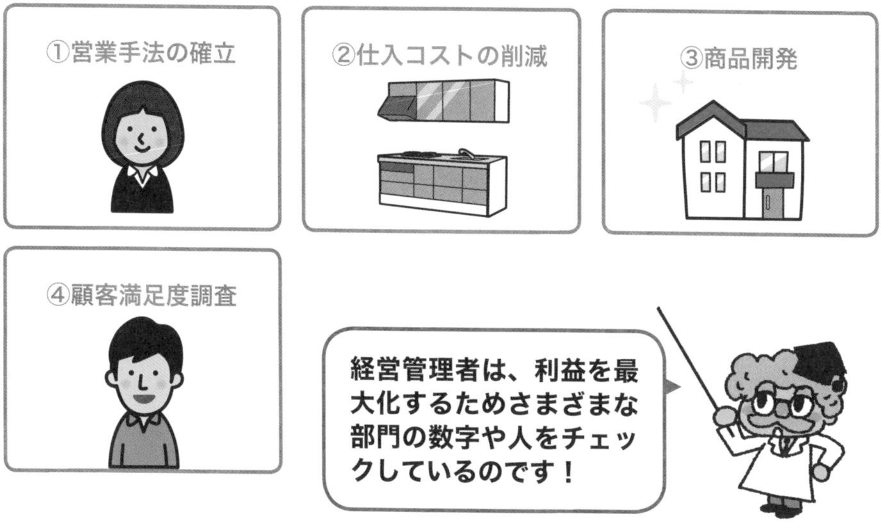

Chapter2 04

幅広い知識が必要となる

住宅業界の多種多様な資格を知る

人命や財産に関わる住宅。その建設や販売を担う住宅業界には、さまざまな資格があります。難易度や受験資格などは資格によって異なりますが、多く保有することに越したことはないでしょう。

主な国家資格

不動産の賃貸・売買、それに建築、デザイン、管理、住宅ローンに関わる資格など多岐にわたり、また各資格は国家資格と民間の資格に分類されます。

もっともメジャーな資格としては「**建築士**」があります。建物の設計を行うための資格です。建物の設計は人命や財産に関わるため、さまざまな法律で規制されており、資格試験の難易度は高く受験条件も厳しく設定されています。

国家資格でもう1つメジャーなものが「**宅地建物取引士（宅建）**」です。これは、土地・建物などの不動産物件を売買する場合などに、重要事項を説明するための資格です。この資格を保有していないと、重要事項を説明してはいけないため、車の免許に近いイメージといえます。難易度は低く、国家資格としては保有者や受験者数の規模がもっとも大きいのが特徴です。

ほかに「土地家屋調査士」という資格があり、不動産の登記に必要な土地や建物の調査・測量を行うためのものです。

建築士
建設設計の責任者や事務所開設者のための国家資格。公共施設や大規模な建造物の建設業務ができる一級建築士、中小規模の建造物や戸建住宅の設計を対象とする二級建築士、木造建築を専門に行う木造建築士の3種類がある。

宅地建物取引士（宅建）
不動産会社において、専門的な業務を行うための国家資格。顧客への重要事項の説明や契約書への記名・押印などは宅建士の独占業務として認められている。

民間の資格

民間の資格として有名なのが「インテリアコーディネーター」「ファイナンシャルプランナー」などがあります。

またほかにも、「キッチンスペシャリスト」「住宅ローンアドバイザー」「賃貸不動産経営管理士」など多数あります。

民間の資格は主に、消費者から営業や販売員を見たときに、「どんな専門知識を保有しているのか」「営業や販売員の情報は適正なものか」などを判断しやすくするために存在します。住宅業界で働くならば、多く保有することに越したことはありません。

住宅業界の国家資格

国家資格は、それぞれが対応する実務を実際に行うために取得する

建築士

建物の設計を行うための資格

建物の設計は人名や財産に関わるため、さまざまな法律で規制されている

↓

難易度は高く、受験条件も厳しく設定されている

宅地建物取引士（宅建）

不動産物件を売買する場合などに重要事項を説明するための資格

資格を保有していないと、重要事項を説明してはいけない

↓

難易度は低く、国家資格としては保有者や受験者数の規模がもっとも大きい

そのほかにも土地家屋調査士、マンション管理士、管理業務主任者などの資格があり、それぞれ対応する業務を実施する際に取得するのです

住宅業界の民間資格

消費者から見て営業や販売員がどんな知識を持っているのか、またその情報が適正かどうかを判断するための基準として存在する

間取り・デザイン

- インテリアコーディネーター
- キッチンスペシャリスト
- インテリアプランナー
- マンションリフォームマネージャー

住宅ローン

- ファイナンシャルプランナー
- 住宅ローンアドバイザー

売買・賃貸

- 賃貸不動産経営管理士
- 不動産キャリアパーソン
- 不動産鑑定士

住宅業界を目指すなら、資格はたくさん持つに越したことはありません

建売住宅と注文住宅

Chapter2
05

2つの販売方法とターゲットの違いを知る

顧客ニーズに合わせて、さまざまな住宅を提供している住宅業界。販売方法は「建売住宅」と「注文住宅」に分けられ、それぞれの建設過程には異なる特徴があります。販売方法の特徴を理解していきましょう。

建売住宅と注文住宅の違い

建売住宅
建物と土地のどちらも購入する建築済みの新築一戸建てのこと。分譲地に建てられていることが多く、交通機関や公共施設などが充実している。

注文住宅
土地探しから住宅の設計、建築まで行う新築一戸建てのこと。設計時の自由度が高く、理想の家作りができる反面、料金は高額になる。

戸建ては主に「**建売住宅**」と「**注文住宅**」に分けられます。これらの建設過程には、異なる特徴があるため、関わる会社の特徴も大きく異なっています。

建売住宅を販売する会社は主に「パワービルダー」「不動産会社」「工務店」などです。とくにパワービルダーは、大きな土地を大量に購入し、分譲してから一気に住宅を建てて販売します。

そのため土地の仕入値や建材費を抑え、比較的に安く住宅を販売することができます。建売住宅は「戸建て＋立地のよさ」というニーズを持つ顧客をターゲットにしているといえます。

一方で、注文住宅は主に「住宅メーカー」「工務店」などが販売を行います。顧客ひとりひとりの要望を聞きながら間取り・設備などを選択し、顧客に合わせた住宅を提供している点が特徴といえるでしょう。また、各世帯のライフスタイルに合わせた住宅を建てられる反面、建物の金額は高額になりやすいです。

注文住宅は「生活に合わせた住宅にしたい」というニーズや、すでに土地を所有している「建てかえ顧客」がターゲットとして挙げられます。

また、建売住宅の会社と注文住宅の会社では、社内部門の構成にも違いがあります。

住宅メーカーは顧客ひとりひとりに対応するため営業部・設計部の従業員が多いです。また、1棟1棟異なる間取り・設備・建材のため、現場を管理する監督も多くなります。

一方で、パワービルダーや不動産会社では土地の仕入が販売価格や売上に直結します。そのため、仕入れを担当する専門部隊があります。

建売住宅と注文住宅の2つの販売方法の違い

	建売住宅	注文住宅
主な施工会社	パワービルダー・不動産会社 土地仕入れの専門部隊がある	住宅メーカー・工務店 営業・設計・現場監督の従業員が多い
ニーズ	戸建て＋立地のよさ	生活に合わせた住宅
特徴	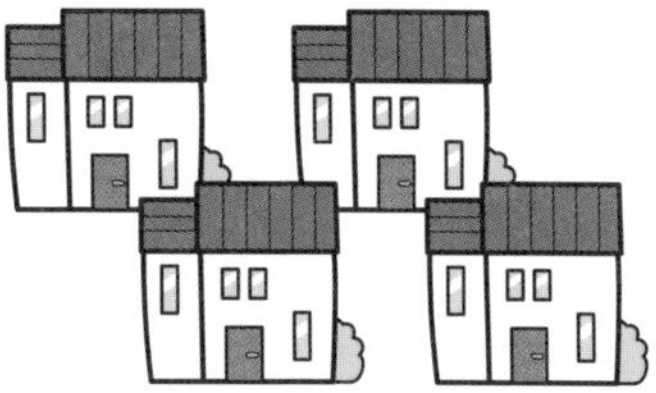 大量購入して安く販売できる	 施主の要望に合わせてカスタマイズ

ONE POINT

利益の確保を重視しつつ高品質な住宅を目指す建売住宅

20~30年前に大量に建売住宅が作られ、販売が強化された時代がありました。その時代は回転率を上げるために工期短縮が進められ、施工の質は悪いものが多くなりました。また、利益を確保するためより安い素材を使っていたこともあり、建売の品質は悪いというイメージが蔓延しました。しかし現在はしっかりとした品質の建売住宅も販売されるようになっています。

工夫を重ね差別化を図る

Chapter2 06

住宅の構造や骨組みの種類と特徴を把握する

さまざまなニーズに合わせて変化を続けている住宅業界。戸建て住宅と大型マンションでは構造が異なっていることも多くあります。住宅の構造や工法の特徴を知り、比較をしていきましょう。

軸組工法である在来工法と2×4工法

住宅メーカーにおける基本的な構造・骨組みは「**木造**」「**鉄骨造**」「**RC（鉄筋コンクリート）造**」の3種類です。それらをベースに、構造に工夫を重ねて差別化を図り、各メーカーが工法にオリジナルの名称を付けています。

木造の工法は、大きく分けて**在来工法**と**2×4（ツーバイフォー）工法**の2種類になります。在来工法は日本の伝統的な工法で、基礎の上に柱や梁、筋交いなどを組み立てる方法です。設計や間取りの自由度が高くなるメリットがあります。

2×4工法は2×4インチの角材と合板をつなぎ合わせて、箱状の空間を作っていく工法です。2×4工法による住宅は「柱」というより「面」で作られた住宅、といえます。耐震、耐風に強く、ほかの工法と比べて施工が比較的簡単になるというメリットがあります。

軽量・重量鉄骨とRC工法

鉄骨の中では軽量鉄骨・重量鉄骨の2種類に分かれます。鉄骨の厚みが6mm以上であれば重量鉄骨になります。重量鉄骨は軽量鉄骨に比べて、少ない本数で骨組みを作ることができます。そのため、メーカーは間取りの空間を広く取るために重量鉄骨を採用しています。また、重量鉄骨は戸建て住宅だけでなく、マンションにも使われています。

RC工法は鉄筋コンクリートを骨組みとした工法です。かなり高額になるため、戸建てで採用しているメーカーはとても少ないのが現状です。耐荷重は木造や鉄骨よりも大きくなるため、大型のビル・マンションなどに採用されています。

木造
木材を主な材料とする建築工法。日本の一戸建ての工法の中では一般的とされる。

鉄骨造
骨組みに鋼鉄を用いる建築工法。部材は工場製のため品質が安定しており、強度や間取りの自由度が高い。

RC造
鉄筋の骨組みにコンクリートを流し込む建築工法。マンションや公共設備に用いられることが多い。

在来工法
柱・梁・筋交いなどの木材の組み合わせで支えを作る工法。日本古来の建築法を現代に応用させたもので、取り扱う業者が多い。

2×4工法
均一サイズの角材を箱型に組み合わせる工法。19世紀に北米で生まれ、日本では1974年に三井ホームが初めてこの工法を用いた。

主要な住宅メーカーとオリジナル工法

工法	住宅メーカー	オリジナル工法の名称※1
在来工法	住友林業	ビッグフレーム工法
	ヤマダホームズ	木造軸組パネル工法
	桧家住宅	ハイブリッド工法
	アキュラホーム	マルチストロング工法
2×4工法	ミサワホーム	木質パネル接着工法※2
	一条工務店	ツインモノコック構造
	三井ホーム	プレミアム・モノコック構法
	住友不動産	ウッドパネル工法
軽量・重量鉄骨※3	大和ハウス工業	――
	積水ハウス	βシステム構法
	セキスイハイム工業	ユニット工法
	旭化成ホームズ	ハイパワード制振ALC構造
	パナソニック ホームズ	制震鉄骨軸組構造（HS構法）

※1　商品やグレードによって工法名が異なることもあります。
※2　一般の2×4工法は片面壁パネルに対して、木質パネル接着工法は両面壁パネルとなっています。
※3　鉄骨住宅を中心とするメーカーの一部は木造住宅も販売しています。

出所：各ホームページ

各メーカーは既存の構造に独自の工夫を加えた「オリジナルの工法」を作り、差別化を図っています

ONE POINT

現場の作業を効率化する プレハブ工法

プレハブ工法は建物の一部、たとえば洗面室などを工場で作り、現場に運送し組み立てる工法を指します。つまり、ここでいう「工法」は、住宅の骨組みを作る際の「工法」とは異なる意味合いを持ちます。プレハブ工法を取り入れている主な住宅メーカーは、鉄骨系の大和ハウス工業と積水ハウス、木質系のミサワホーム、ユニット系のセキスイハイム工業の4社です。ユニット系とは、鉄骨フレームとパネルでできた箱を工場で作り、それを現場で組み合わせる工法です。

Chapter2
07

弱点は新技術の開発

古くからある
地元工務店の現状

会社の規模により、住宅メーカーと工務店は区分けをされています。規模が小さくても、IT技術の進化により工務店も情報を発信できる時代です。工務店は生き残りをかけてさまざまな努力をしています。

淘汰されていく地元工務店

地元工務店と住宅メーカーの間には、明確な違いはありませんが、基本的に会社の規模で区分けされています。規模が小さい工務店は、地元の顧客に密着して地域に根付いていくことを戦略の基本としています。

地元の工務店は、ほかの業界でいえば商店街などの個人事業主や零細企業、中小企業と同じ位置付けになります。リーマンショック後の不景気などでは、資本力が少ない工務店から経営破綻が続きました。

また、たとえば近年では国がZEH（ネット・ゼロ・エネルギーハウス）という省エネ能力の高い住宅の普及を目指し、補助金を充実させていますが、工務店は開発力の弱さからどうしても不利な状況に陥ってしまいます。

おそらくコロナ禍の影響により地元工務店はますます厳しい状況になるでしょう。

生き残りをかけた工務店の戦い

工務店は生き残りをかけてさまざまな努力をしています。たとえば職人を自社で抱えている工務店は、規模の大きい住宅メーカーやリフォーム会社から工事を受注することもあります。

工務店のメリットは金額が安いだけでなく、間取りの自由度が高い点などが挙げられます。

また、営業・現場監督（または職人）が同じ場合が多くキメ細かい要望に応えられる点、フットワークが軽い点など、も挙げられます。それらを活かしつつしっかりと差別化を図っている地元工務店は生き残り成長を続けています。

ZEH（ネット・ゼロ・エネルギーハウス）
断熱・省エネ・創エネに取り組み、年間のエネルギー収支をゼロにすることを目的とした住宅。経済産業省・国土交通省・環境省が連携して普及を推進しており、補助金制度も設けられている（228ページ参照）。

生き残り
これまで、規模の小さい工務店は地道にチラシを配布して営業活動するしかなかったが、インターネットやSNSが普及したことで、規模の小さい工務店でもITの活用による活路が見い出された。

住宅メーカーと地方工務店の違い

特徴	住宅メーカー	工務店
会社規模	大きい	小さい
間取り、設備、建材	選択肢が少ない	選択肢が多い
工期	短い	長い
営業・監督	分業	同じ人が行う

建設業許可業者数の推移

建設業法の規定による建設業の許可を受けて、建設業を営む建設業許可業者数の推移を示している

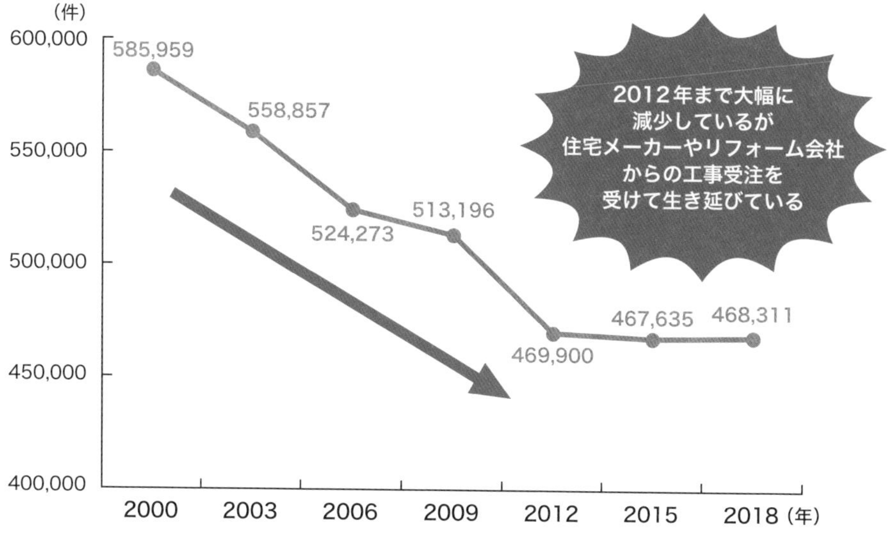

出所：国土交通省

売上規模は大きく、利益率は低い

Chapter2 08

フランチャイズ化とM&Aが進む背景を知る

新しい構造や商品を開発する資本がない状況で強みを見つけ、利益を出している工務店。大きな変革を求められているいま、住宅業界では、フランチャイズ化やM&A、共同出資が目立つようになってきました。

住宅メーカーのフランチャイズ化

ここ数年で、大手住宅メーカーの**フランチャイズ化**や**M&A**の急激な加速化が進んでいます。それだけ住宅業界全体が非常に厳しい状況に追い込まれているといえます。

とくに発展途上の新興住宅メーカーはフランチャイズ化を進めています。この原因は住宅メーカーの利益率に起因します。住宅メーカーは売上規模が大きいものの、利益率はおおよそ5～10％前後です。新しい地域に出店していきたいものの、そのためには多大な市場開拓費用がかかり、利益を圧迫してしまうおそれがあります。また、新しい地域にはしっかりと地域に根付いた工務店があるのも原因の1つといえます。

逆に工務店は、46ページで記載した通り、新しい構造や商品を開発する資本がない中でジリ貧で戦っています。優秀な人材（営業・職人など）の能力を活かせない状況になっているのです。しかし、フランチャイズに加盟すれば、その住宅メーカーのブランドや商品を利用することができ、優秀な人材を活かすことができます。

フランチャイズ化
本部・親会社と契約を結んだ加盟店・子会社が、ブランド使用料を納めるかわりに、商品の販売権や商標などを取得できるシステム。

M&A
合併と買収という意味である Mergers and Acquisitions の頭文字を取った言葉。国内企業同士のみならず海外企業の買収事例も多い。

大手住宅メーカーのM&Aや資本提携

たとえば、2016年に**トヨタホームズ**がミサワホームを子会社化、2020年にはヤマダホールディングスがヒノキヤグループを子会社化しています。一部上場の大手住宅メーカーによるM&Aが目立ってきています。

この動きは少子化や**職人不足問題**、そこにコロナの影響も加わり加速しました。住宅業界は人・物・金、そして技術を活かして、この大きな問題に対抗するための基盤作りをしているのです。

トヨタホームズ
2020年1月にトヨタホームズとパナソニック ホームズが、住宅業界の新たな成長機会の発見を狙い、共同出資会社「プライムライフテクノロジーズ」を設立した。

職人不足問題
3K（16ページ参照）に加え、福利厚生の不十分さ、時代変化による「職人離れ」なども要因として挙げられる。

フランチャイズ化の戦略と住宅メーカー

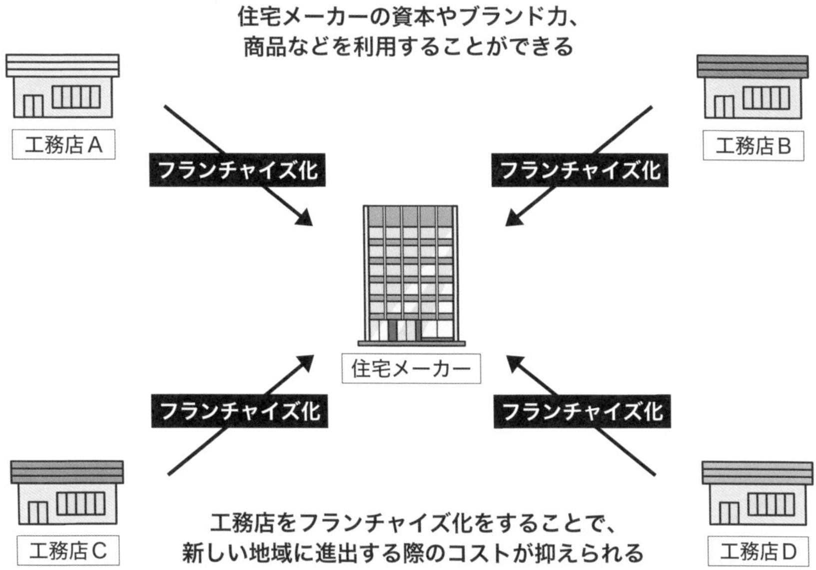

近年のハウスメーカーによるM&Aや資本提携

会社名	M&Aの内容	目的
桧家ホールディングス（2018年・現ヒノキヤグループ）	ハウジーホームズを子会社化	東海地方での営業展開
住友林業（2017年）	熊谷組を業務・資本提携	木化・緑化関連の建設事業での地位確立
旭化成ホームズ（2017年）	中央ビルト工業を業務・資本提携	首都圏での生産体制の強化
トヨタホーム（2016年）	ミサワホームを子会社化	既存事業の効率化
積水ハウス（2015年）	鴻池組と資本提携	営業エリアとシェアの拡大
タカラレーベン（2014年）	日興建設を子会社化	横浜エリアでの事業強化と不動産管理事業の拡大

出所：各社ホームページ

Chapter2
09

ゼネコンは建築業界のリーダー

戸建てを建てる住宅メーカーとマンションを建てるゼネコン

ゼネコンと住宅メーカーは取り引き相手が異なります。ここでは、ビルなどの巨大施設の建設を担うゼネコンの特徴や、長い歴史を持つスーパーゼネコンと呼ばれる企業について見ていきましょう。

ゼネコンは「総合建設業者」

大手住宅メーカーの一部はマンション事業を行っていることがありますが、多くのビル・マンションは**ゼネコン**（ゼネラル・コントラクター）が建設しています。

ゼネコン
大手の総合建設業者。営業、設計、施工、下請け業者への指示・監督、また耐震技術や建設物の構造研究まで、多岐にわたって事業を行う。

ゼネコンは「総合建設業者」と呼ばれており、ビルやマンションだけでなく、たとえば病院やデパートなどの巨大施設の建設も行います。また、国や自治体からの競争入札を勝ち取り、建設を行うこともあります。とはいえ、自社ですべての施工を行うというより、元請けとしてほかの土木や建設会社を管理・コントロールするリーダーとしての役割を担っています。

スーパーゼネコンと住宅メーカー

日本のゼネコンで売上規模が1兆円にもなる5社**竹中工務店**・**清水建設**・**大林組**・**大成建設**・**鹿島建設**はスーパーゼネコンと呼ばれています。この5社は歴史も長く、施工のみならず、設計や研究開発も幅広く行っており、高い技術力を持っています。

ゼネコンの売上ランキング
（2019年度）

1	大林組（2兆730億円）
2	鹿島建設（2兆108億円）
3	大成建設（1兆7513億円）
4	清水建設（1兆6983億円）
5	竹中工務店（1兆3521億円）
6	長谷工コーポレーション（8460億円）
7	五洋建設（5738億円）
8	戸田建設（5187億円）
9	前田建設工業（4879億円）
10	安藤・間（3781億円）

出所：各社有価証券報告書をもとに作成

ゼネコンと住宅メーカーは市場が異なる

ゼネコンと住宅メーカーの売上規模などを比較しても、大きな差は見られません。一方で、住宅メーカーは一般消費者を相手にしていますが、ゼネコンは国や自治体、また巨大な土地を保有・売買している不動産デベロッパーを相手にしています。そのため、業務の内容が大きく異なるのです。また、従業員の平均年収などを比較するとゼネコンのほうが高く、業務難易度の高さが表れています。ゼネコンが建築業界において、リーダー的ポジションに位置していることがわかります。

建築業界におけるリーダー

建設を行う土木会社や建設会社を管理・コントロールする役割をに担っている

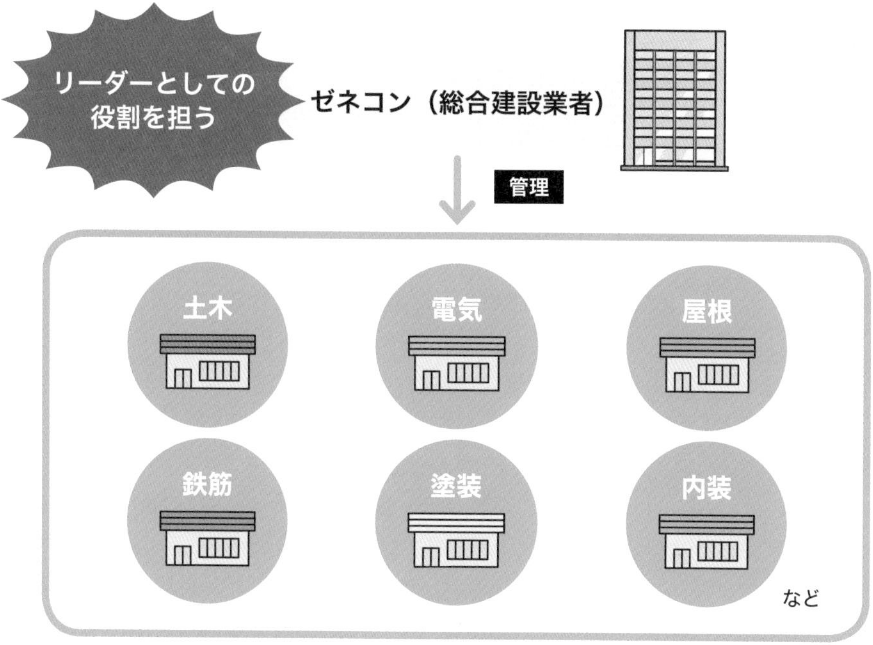

ゼネコンと住宅メーカーの違い

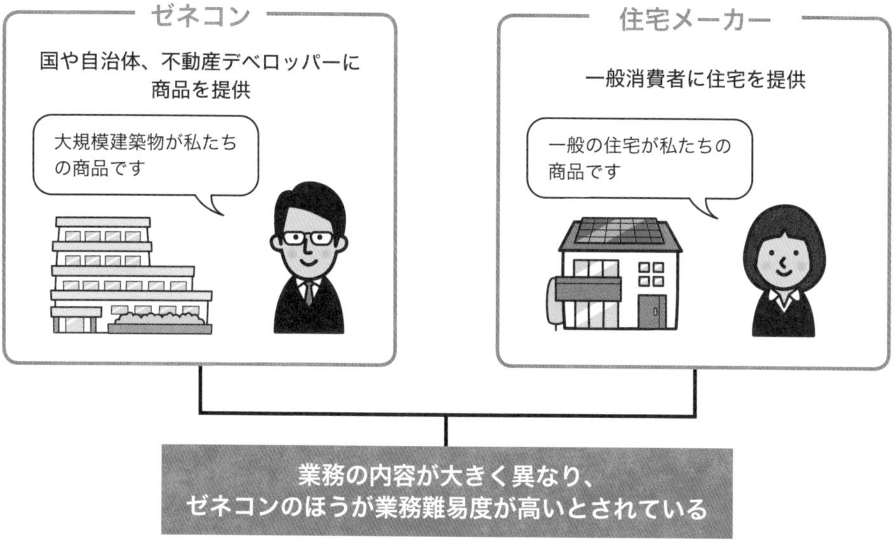

Chapter2
10

売買仲介から賃貸仲介、物件管理まで

土地や建物の売買における不動産会社の働き

土地や建物は、個人間で売買を行うことができます。しかし、不動産売買では、不動産会社によって仲介が行われることがほとんどです。その理由と、不動産会社の働きについて見ていきましょう。

土地や建物の売買仲介

不動産会社は主に土地・建物の「**売買仲介**」「**賃貸仲介**」「**管理**」の3つの役割があります。

土地や建物を個人で売買することは可能ですが、さまざまな法律が絡み、個人間で起きたトラブルはすべて自己責任になります。そのため、基本的に個人売買をする人はほとんどいません。

不動産の売買では、宅地建物取引士や建築士などの資格や専門知識を持つ人が、売り主と買い主の間に立って仲介を行います。仲介会社の実際の業務は、物件の告知・宣伝や値段交渉、事務手続き、法的に定められた重要事項説明など多岐にわたります。

売買仲介
物件の売り主と買い主を仲介して売買を成立させること。物件数は安定しているが1つの物件に対して価格が高く、顧客数が少ない。仲介手数料で収入をえる。

賃貸仲介
物件の貸し主と借り主を仲介して契約を成立させること。購入物件と比べて価格が低いため、物件数・顧客数が多い。仲介手数料で収入をえる。

管理
物件の管理を行う業務。契約管理のみならず、入居者対応、防犯・警備体制の強化、共用部の管理など、多岐にわたる業務を行う。物件のオーナーからの管理手数料で収入をえる。

賃貸物件の仲介

マンションや戸建てを所有するオーナーと、一定期間借りて住みたい人との間に立つのが不動産会社の役割の1つです。

契約内容は売買と賃貸で異なりますが、基本的な業務の流れはどちらも差はありません。しかし、売買と賃貸では扱う金額が異なりますし、顧客層や対応する数もまったく異なるため「違う仕事」ととらえておくのがよいでしょう。

物件や入居者の管理

不動産会社にはマンションや戸建てを貸し出しているオーナーのかわりに、物件や入居者を管理する役割もあります。

入居者から賃料を毎月回収することに加え、建物の設備の故障や修繕などの対応も行います。賃貸物件の管理は仲介をした不動産会社がそのまま行う場合と、仲介とは別の管理会社に委任される場合があります。

不動産会社の役割と分譲

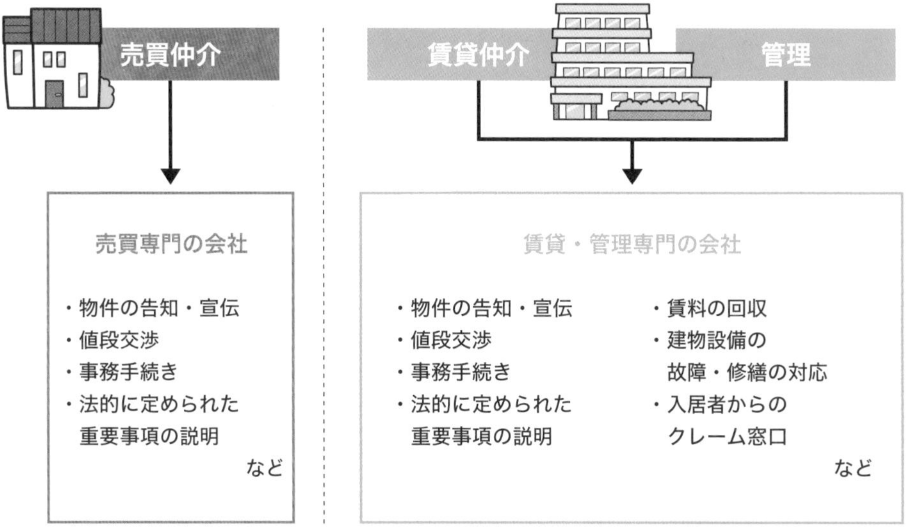

扱う物件によって業務が大きく異なるため、会社が売買専門と賃貸・管理専門に分かれていることが多いです

不動産の売買と賃貸における業務の違い

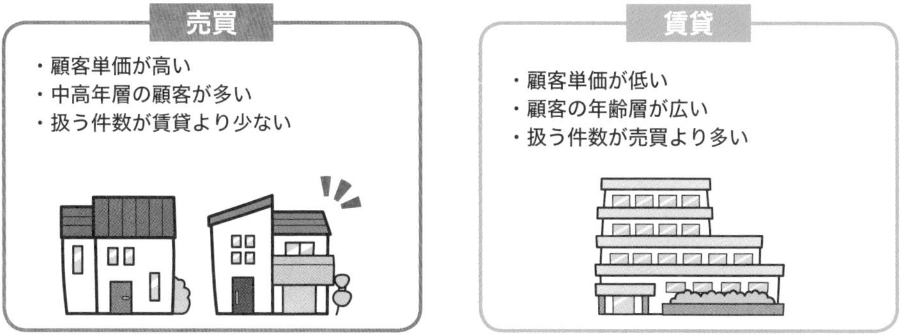

不動産の売買と賃貸は「違う仕事」ととらえておくとよいでしょう

Chapter2
11

不景気や構造部の性能向上

ニーズの変化によって業績を上げているリフォーム会社

不景気の継続や戸建てやマンションの骨組みの性能向上、設備メーカーなどの新商品開発などにより、リフォーム会社のニーズが高まっています。リフォーム市場の「いま」と「これから」を見ていきましょう。

リフォーム会社が伸びている理由

住宅業界の中で新築市場は低迷状態が続いています。一方でリフォーム会社の業績は安定し、リーマンショック以降少しずつ伸びています。その理由として、18ページで「マイホームブームに建てた家が築30～40年になっている」ことを挙げました。

さらに**消費者のニーズの変化**も要因の１つに挙げられます。消費者は、リーマンショックやコロナ禍による不景気とも重なり「できるだけ長く使えるものを買う」「多少高くても品質のよいものを買う」という新たな価値観に移行しています。その結果、築年数よりもスペックなどを重視し、中古住宅を購入しリフォームする流れが増えています。

また、戸建てやマンションの骨組みである**構造部の性能が向上**し、**建物の寿命**もどんどん延び、しっかりとリフォームとメンテナンスをしていけば100年持つともいわれています。

そのほか、リフォーム市場の伸びに合わせて設備メーカーなどによって低価格の新商品の開発も行われています。リフォームが割安で気軽にできるようになっていることも要因の1つになっています。

リフォーム業界の今後

今後、余暇の増加に伴い室内で過ごす時間が増えることで、リフォーム業界はさらに伸びていくことが想定されます。反面、少子化に伴い日本の人口はどんどん減少、新築市場はますます落ち込むでしょう。つまり住宅業界全体で見れば下降していくことは間違いありません。リフォーム業界が伸びていくとはいえ、楽観視はまったくできないのです。

消費者のニーズの変化
とくに団塊の世代が住宅を購入していた1960年代は、「マイホームブーム」の影響によって、品質よりも価格の安い住宅が求められていたが、1990年代のバブル崩壊を経て、人々の消費に対する考え方に変化が起こり、価格ではなく品質を重視した住宅が求められるようになった。

構造部の性能が向上
鉄筋コンクリート造住宅の耐震・断熱性向上や、木造建築の防耐火性能の進歩などが挙げられる。

建物の寿命
「建物耐用年数」と呼ばれる、住宅や建築物利用に耐えうる年数が指標となる。耐震性や経年劣化に加え、経済的理由や都市開発なども影響する。

リフォーム受注高の推移

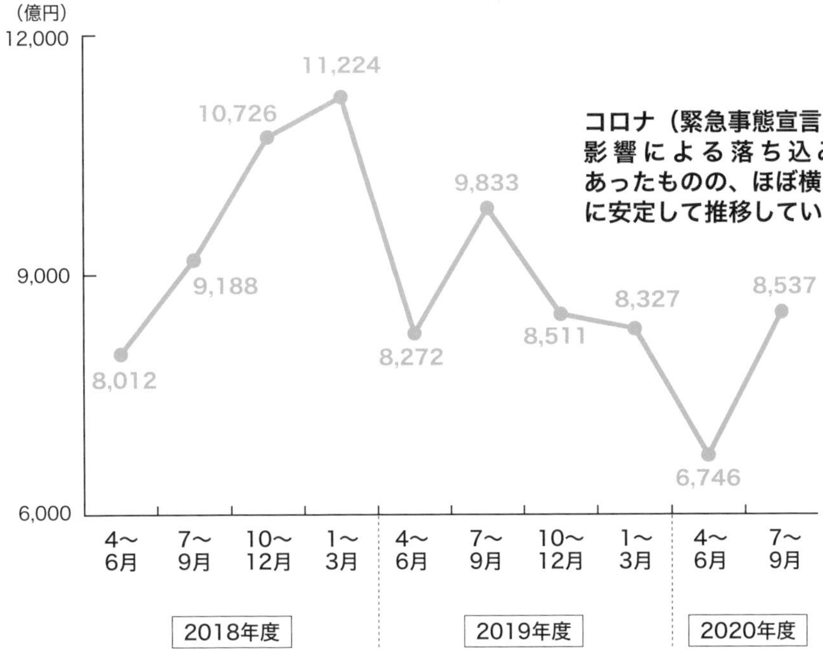

出所：国土交通省

リフォーム業界の需要増加の理由

❶マイホームブームの影響

マイホームブームに建てられた住宅が築30〜40年目を迎え、リフォームの需要が増加している

❷消費者ニーズの変化

消費者のニーズが「できるだけ長く使えるものを買う」という傾向に変化してきた

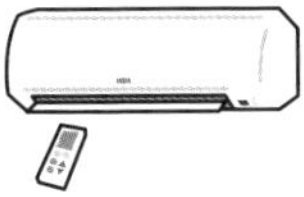

❸新商品の開発が活発化

設備メーカーなどもリフォーム市場に参入し、新商品を開発。従来よりも手軽にリフォームができるようになった

Chapter2
12

設計のプロ集団

設計事務所の仕事と業界内でのネットワークを知る

住宅メーカーや工務店が設計を委託している設計事務所。施主と打ち合わせをしながら見積りや予算を調整したり、設備などの仕様についての打ち合わせをしたりと設計以外にも多くの仕事をしています。

設計事務所の具体的な仕事

設計事務所は、「**設計のプロ集団**」です。事務所を1人で経営している場合と複数人で運営している場合があります。

規模の大きい住宅メーカーや工務店は自社で設計士を抱えていることもあります。しかし、多くの場合、建物の間取りは設計事務所や個人の設計士に委託しています。

自社で設計士を抱えている場合も、見積りを見れば「設計料」が必ず入っていますが、設計事務所に委託すれば設計料はより高額となります。施主の負担は大きくなるため、設計事務所の設計はデザイン的にも機能的にも優れたものでなくてはいけません。

また、設計事務所の仕事は図面を書くだけではありません。施主と見積りと予算を調整したり、設備などの仕様についての打ち合わせを行ったりします。

そのほか、実際の工事前後に「設計監理」も行い、建物が予定していた設計・図面通りに作られているかをチェックします。

設計のプロ集団
設計には、デザインや間取りを決める意匠設計、建物強度や構造解析を行う構造設計、配線やインフラ担当の設備設計がある。グループ系組織ではNTTファシリティーズや三菱地所設計、独立系組織では日建設計や日本設計などがよく知られる。

設計事務所と工務店とのつながり

前述した通り設計事務所は設計のプロです。他社と差別化を図りつつ、デザインや機能に優れた設計を目指します。しかし、自分たちの作った設計でレベルの低い施工をされてしまっては死活問題になります。そのため設計事務所と工務店はお互いに信用できる相手と仕事をすることが多く、業界内で**ネットワーク**ができ上がっていることがほとんどです。

また、住宅メーカーは制約が多いため、自由度が低い傾向にあります。デザイン性が高い設計事務所ほど、小回りが利く地元工務店などと連携していることも特徴の1つです。

ネットワーク
住宅業界の低迷や現場の人手不足もネットワーク強化の要因として挙げられる。インターネットを介した情報の共有や実務者向けのセミナー・勉強会を通した連携の強化が求められている。

設計事務所の業務

設計事務所と工務店

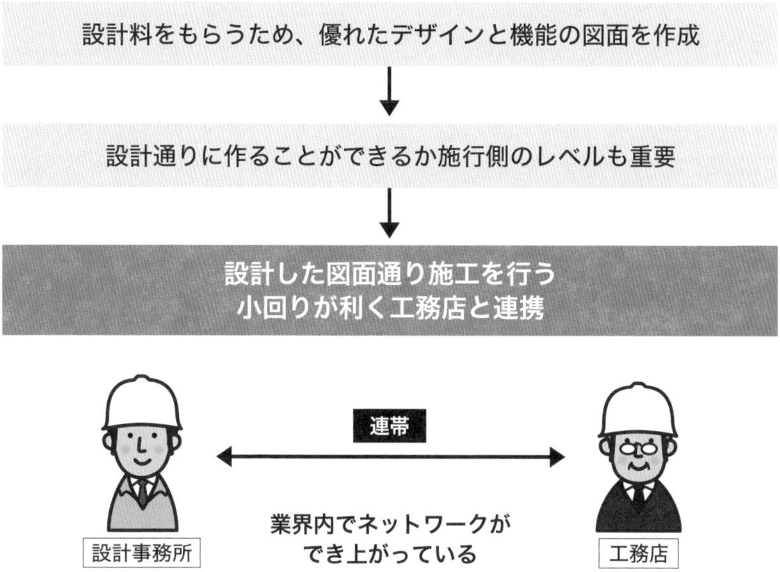

COLUMN 2

氾濫する住宅業界の情報

複雑な業界の構造によって誤った情報が定説化される

住宅業界はさまざまな業種・職種に分類され、かつ多様な建材・設備メーカーや職人によって支えられています。つまり、1つの建物を建てるのに多くの人・物が関わっているのです。

そのため消費者が業界を見ると非常に複雑に感じ、どうすれば自分たちにとって適切な住宅を建てられるのかがわかりにくいのです。時代とともに技術は進化し、情報はどんどんアップデートされているため、業界で働く従業員でさえ把握できていないこともあります。

この複雑な構造を持つ業界だからこそ、誤った情報が定説になってしまっていることも多くあります。たとえば「鉄骨」は「木造」より強度が高い、といわれています。同じ体積で素材の強度を比較すれば、当然鉄骨のほうが強いでしょう。しかし、建物全体の構造で強度を考えると話は変わってきます。まず木造のほうが骨組みに使用する量が多くなります。建物の強度には骨組みの組み立て方、厚み、金具、壁の量、基礎、など多くの要因が関わっています。そのため単純に鉄骨のほうが強度が高いとはいえないのです。

情報の精査と学び続ける姿勢が重要

しかし、鉄骨メーカーの営業マンなどから鉄骨住宅のほうが耐震に強い、という情報が発信されれば、疑うことなく鵜呑みにしてしまうことも多いでしょう。

この定説の複合的な要素を踏まえ、正しい情報として提供するなら「鉄骨のほうが使用する量が少ないため空間を広くできる」「鉄骨（重量鉄骨）のほうが上からの荷重に耐える力が強いため、4階建て以上のマンション・ビルには向いている」となります。

住宅業界で働く人たちは、氾濫する情報に疑いの目を向けながら、何が正しくて何が正しくないかを精査していくことが必要です。時代とともにアップデートされる情報を学び続けることが重要になります。

第3章

住宅業界の利益構造

住宅業界には、パワービルダーや住宅メーカー、工務店、リフォーム会社など、さまざまな会社がありますが、それぞれどのようなしくみで利益を上げているのでしょう。住宅を構成する部材やパーツなどの視点も含めて、その利益構造を解説します。

Chapter3
01

豊富な資金でコストカット

建売住宅を一気に作るパワービルダー

住宅業界で、もっとも効率的に利益を追求しているといえるパワービルダー。豊富な資金を活かし、広い土地を低価格で購入し戸建てを数棟〜何十棟と建設しています。その戦略としくみを見ていきましょう。

パワービルダーとは

明確な基準はありませんが、建売住宅を毎年一定以上の棟数を建築する企業を**パワービルダー**といいます。

パワービルダーは豊富な資金を活かし、広い土地を低価格で購入しています。そして分譲し「建売住宅」「**土地のみ**」「**建築条件付き**」の3種類で販売をするのです。

分譲した土地は人気がある土地から売れていきますが、決して売れ残る土地がないように、販売状況を見ながら柔軟に対応していきます。たとえば余った土地に建売住宅を建てて格安で販売を行ったり、付けていた建築条件を外したりします。パワービルダーは広い土地を一気に購入することでコストカットを実現しているのです。

そのほかにも建材・設備などを大量に仕入れることでコストカットを実現しています。建材・設備メーカーにとってもパワービルダーと取り引きがあるかどうかで売上に大きな差があります。そのため、建材・設備メーカー間で競争が生まれ、低価格な取り引きが可能になります。

パワービルダー
1990年代後半から首都圏において勢力を伸ばしてきた、建売住宅を低価格で建設、販売する住宅業者のこと。

土地のみ
希望の土地だけを購入し、あとから住宅を建てる手法。

建築条件付き
売主が買主に対して、一定の条件を指定して売る土地のこと。「一定期間内に、指定した建設業者で家を建てる」といった条件が付けられる。

工期短縮と工事費を抑えるしくみ

パワービルダーは工事においてもむだを省いています。似たような間取り・設備・建材を用いて建設しています。注文住宅のような細かい段取りや打ち合わせを省くことができるため、工期が短縮されます。また似たような施工をくり返すことで、作業を効率よく行うことができます。工期が短くなれば必然と工事費を抑えることができ、低価格の販売でも利益をしっかりと確保できるようになるのです。

販売状況によって販売条件を柔軟に変更する

低価格販売のためのコストカット

①土地の大量仕入れ
②設備・建材の大量仕入れ
③工期の短縮による工事費抑制

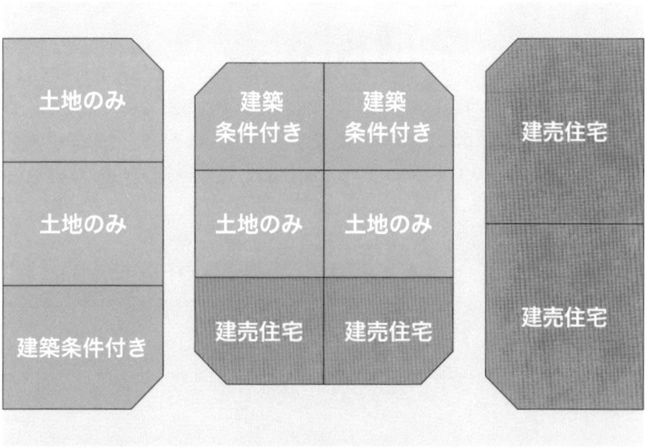

パワービルダーの一覧と売上（2019年度）

グループ会社にパワービルダーを多く持っている会社は、売上高が高くなる

飯田産業	1兆4020億1900万円
三栄建築設計	1149億3838万円
グランディハウス	455億4196万円
ファースト住建	435億9355万円
誠建設工業	27億5033万円

出所：各社有価証券報告書をもとに作成

Chapter3
02

2つの収入源を持つ

住宅メーカーの利益構造を把握する

住宅メーカーの収入は家を建てたことによるものと、家を建てた際の紹介事業によってえるものがあります。市場が縮小傾向にある中、これら2つの収入をどちらも伸ばすことが重要になるのです。

粗利益は売上の25～35%

住宅メーカーの利益は大きく分けると「**粗利益**」と「**紹介料**」の2つに分類できます。これらの利益から会社のさまざまな費用を差し引くと純利益となります。住宅メーカーにおける2つの収入源を解説します。家を建てる場合、さまざまな建材や設備、それから各施工業者に支払う費用、つまり「原価」があります。住宅メーカーはその原価に25～35%前後の利益を上乗せして見積書を作成し、施主に支払ってもらいます。たとえば2000万円の原価がかかる場合には、約2650～3050万円の売上、約650～1050万円の粗利益、となります。バブル前後の粗利益は4割前後でしたが、現在の粗利益はどの住宅メーカーや工務店も25～30%が一般的です。そこから人件費や広告宣伝費、そのほかの固定費を支払うと住宅メーカーの純利益は1～10%程度となります。

粗利益
売上高から売上原価を差し引いた金額。売上総利益ともいう。住宅メーカーや工務店では、一般的に25～30%が粗利益といわれている。

紹介料
住宅メーカーの営業が提携業者に顧客を紹介し、紹介先の業者で工事などを行う場合に、住宅メーカーに支払われる手数料のこと。

大手住宅メーカーだからできる紹介料

住宅メーカーに限らず、すべての住宅会社にとって粗利益が最大の収入源です。ただし、大手住宅メーカーにはほかにも収入源があります。それが紹介料です。たとえば注文住宅の場合、家を建てる際に必ず必要となる「空調」「カーテン」「外構」「仮住まい・引っ越し」「解体工事」「火災保険」などがあります。これらは住宅メーカーの営業マンが顧客を別の提携業者に紹介することが多いです。もし顧客がその紹介先の業者で工事などを行えば、住宅メーカーに紹介料が支払われることになります。粗利益ほどの収益にはなりませんが、これは規模の大きな住宅メーカーだからこそ発生する収入源です。

住宅メーカーの利益構造

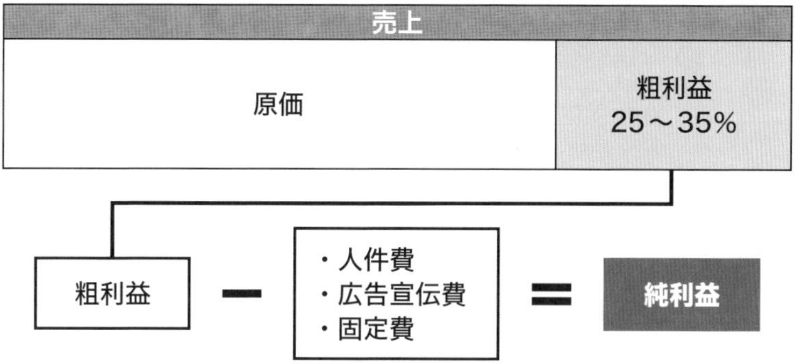

住宅メーカーの純利益は1～10%

紹介料による収入のしくみ

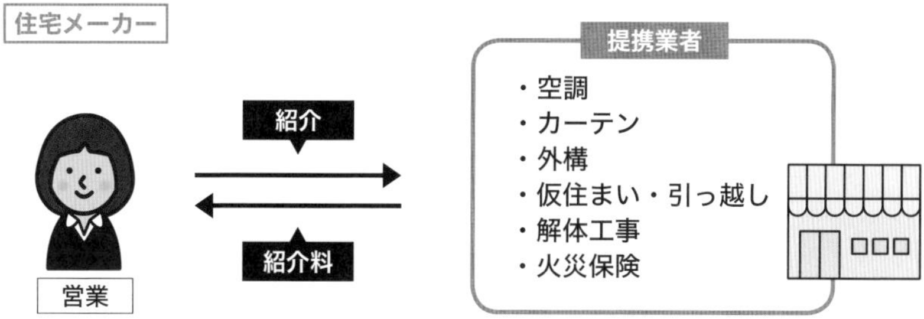

住宅メーカーが顧客を提携業者に紹介する

↓

顧客が紹介先の提携業者で工事などを行う

↓

紹介先の提携業者から
住宅メーカーに紹介料が支払われる

規模の大きな住宅メーカーは、顧客からだけでなく、
提携業者からも利益をえることができるのです

Chapter3
03

広告宣伝費を抑えて口コミを伸ばす

工務店が利益をえるしくみと大規模な住宅メーカーとの違い

同じ建材や設備を大量に仕入れることができない工務店。仕入れの際に粗利を確保するほかに、規模の大きな住宅メーカーやリフォーム会社の事業でも収入をえています。工務店のビジネススタイルを見ていきましょう。

仕入れコストでは不利な工務店

工務店は住宅メーカーよりも粗利益を確保するというポイントにおいては不利な部分があります。

工務店に限らず、住宅メーカーやリフォーム会社では、住宅の建材、設備を問屋を通してメーカーから仕入れます。その際、商材によって定価に対する掛け率が決まっています。たとえば定価20万円のトイレの掛け率が50％ならば、工務店は10万円で仕入れることができます。そして仕入価格に工務店が5万円の粗利益を乗せて、15万円で見積りに加えます。

規模の大きい住宅メーカーやパワービルダーならば、同じ建材や設備を大量に仕入れることができるので、仕入れコストを抑えることができます。しかし規模の小さい工務店ではそれができないため、粗利益では不利になってしまうのです。

利益確保のための努力

工務店では住宅メーカーと比較して粗利益を確保するのは不利になるため、純利益を伸ばそうとするならば当然費用を下げるしかありません。もっとも優先して下げるのは**広告宣伝費**です。規模の小さな工務店は、広告を最小限に抑え、なるべく地域に密着して口コミから受注につながる努力をしています。またコストのかからないＳＮＳも、宣伝に活用する必要があるでしょう。

工務店では職人を雇用していることや、そもそも社長が職人ということもあります。その場合は、住宅メーカーと比較して工事費を抑えることができるようになります。また工務店は規模の大きい住宅メーカーやリフォーム会社から工事の施行を受注することで、副業のように収入をえていることもあります。

広告宣伝費
新規の顧客獲得のために、広告や宣伝を行う際にかかる費用。

建材・設備の仕入れと販売の流れ

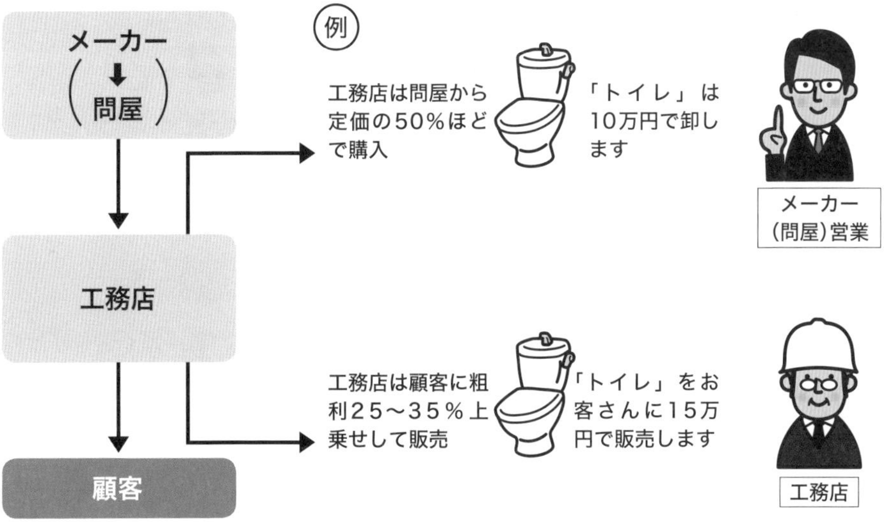

工務店の現実と2つの対策

規模の小さい工務店は大量仕入れができない → 仕入れの掛け率で不利になりやすい

利益のための2つの対策

広告宣伝費を抑える
➡地元に密着し、口コミから受注につなげる

職人作業で収入をえる
➡規模の大きい住宅メーカーなどから工事の施工を受注

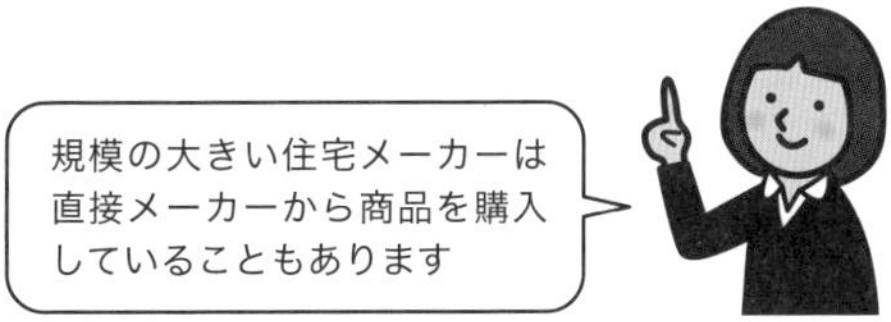

Chapter3
04

正確な工事費がわからない

リフォーム会社の利益構造とリフォーム専門業者の特徴

蓋を開けてみないと正確な工事費がわからないリフォーム。住宅メーカーや工務店と同じ収益のしくみを持ちつつも、粗利を多めに上乗せして見積りを作成している点など、異なる点がいくつかあります。

リフォーム市場の特殊な粗利益

リフォーム会社も住宅メーカーや工務店と同様に、建材や設備は問屋から安く購入し、粗利を**上乗せ**して販売しています。また工事を依頼する外部の職人に支払う工事費にも粗利を上乗せして見積りを作成します。その粗利益はおおよそ30％前後です。

ただ、住宅メーカーや工務店よりもその利益率はやや高く設定されています。

リフォームの場合、壁の中や設備の裏・床がどうなっているのかなど壊してみないとわからないことが多くあります。

つまり、蓋を開けてみないと正確な工事費がわからないのです。施主には事前に見積りを提示しますが、工事中に毎回追加料金を取るわけにはならないため、リフォーム会社は最初から少し多めに利益を乗せています。

上乗せ
すでにある金額に、さらに付け加えること。住宅業界では、建材・設備・工事費などの諸経費に25～30％の粗利益を加えて売上を計上する利益構造が一般的となっている。

塗装や外構などの専門業者

リフォーム会社の中にはどんなリフォームもすべて請け負う会社と、塗装や外構などを専門に行う**リフォーム会社**があります。どんなリフォームも対応する会社は、大型リノベーションなど複数の職人や業者を管理できるため、顧客から見たら気軽に相談できるメリットがあります。

一方、塗装や外構などの**専門業者**は、自社で職人を抱えているため中間マージンが不要となります。

そのため事業を比較的安く提供でき、かつ利益を残しやすいというメリットがあります。しかし、監督する立場の人がいないため、会社によって施工や対応のムラが大きくなるというデメリットがあります。

リフォーム会社
住宅の内装や外装を改装・改築する業者のこと。リフォーム会社は、住宅の老朽箇所の修復といった身近な作業から、増築や間取りの変更のような大規模なリフォームまで手がける。

専門業者
塗装や外構など、建築の部分的な施工を専門的に請け負う業者のこと。

リフォーム会社の利益構造

基本の利益構造は住宅メーカー・工務店と同じ
➡粗利益は30%前後

↓

しかし……
・蓋を開けてみないと正確な工事費がわからない
・工事中に毎回追加料金を取るわけにはいかない

↓

利益率が少し高めに設定されている

リフォーム会社によるリフォームと専門業者によるリフォーム

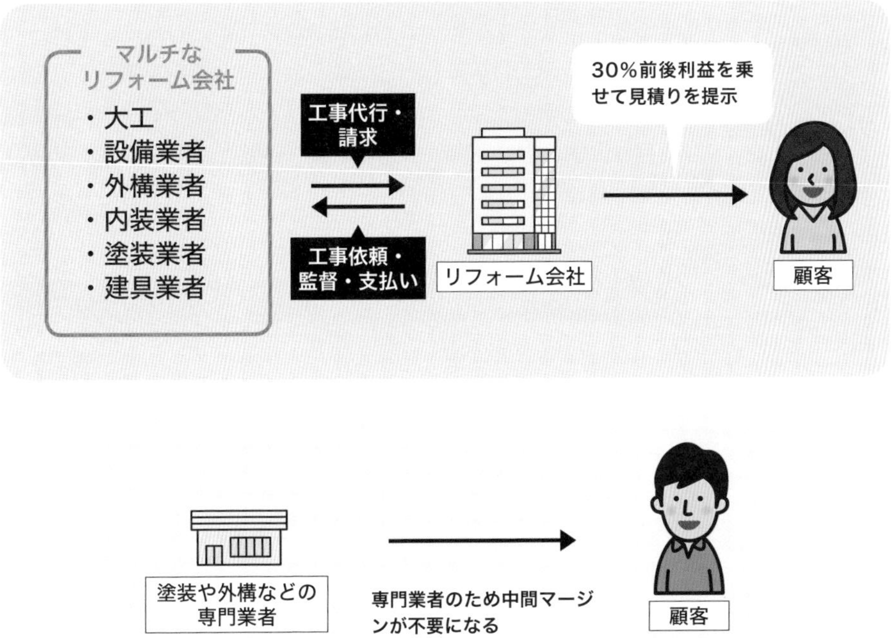

Chapter3
05

オリジナル工法による販売戦略

リフォーム売上の上位は住宅メーカーが独占する

リフォームの売上ランキングの上位は、大手住宅メーカーが独占しています。これは住宅メーカーが新築住宅を販売する際に用いているオリジナル工法が関係しています。

住宅メーカーがリフォームを独占するしくみ

毎年発表されるリフォーム売上のランキングは、大手の住宅メーカーが上位をほとんど独占している状況が続いています。注文住宅の売上ランキングに対して、リフォームのランキングに変動が小さいのは住宅メーカーが取っている販売戦略・しくみに関係があるのです。

独占するしくみには「住宅の保証」が関わっています。大手住宅メーカーでは販売している住宅に対し、基礎や柱、雨漏りなどの不具合に対して20〜60年の保証期間を設けています（10年間は法的な保証義務があります）。この保証には条件があり「10年ごとに自社でリフォームした場合に限る」となっています。つまり、10年ごとに200万円前後のリフォーム費用を支払うことで、保証期間を追加できることになります。もしほかのリフォーム会社にリフォームを依頼すれば構造部の保証は打ち切られてしまうため、建築した住宅メーカーにリフォームを依頼せざるをえないのです。

住宅リフォーム売上ランキング

1	積水ハウスグループ（1414億円）
2	住友不動産グループ（1243億円）
3	大和ハウスグループ（1145億円）
4	積水化学工業グループ（950億円）
5	住友林業グループ（703億円）
6	ミサワホームグループ（671億円）
7	旭化成リフォーム（583億円）
8	パナソニックホームズ（524億円）
9	エディオン（483億円）
10	三井不動産グループ（468億円）

出所：『リフォーム産業新聞1378号』

オリジナル工法のリフォームは敬遠される

大手住宅メーカーはそれぞれオリジナルの工法で住宅構造を作っていますが、場合によっては一部の建材がオリジナルだったり、内装の仕上げ部分に特徴・クセがあったりします。そのため、住宅メーカーの住宅において構造部に関わる大型リフォームを行う場合、ほかのリフォーム会社はやや敬遠する傾向にあるのです。

逆に住宅メーカーとしては、自社で建てた家をほかのリフォーム会社がリフォームをした場合、適切なメンテナンスされたかがわからない以上保証できない、ということになるのです。

住宅メーカーのリフォーム独占のしくみ

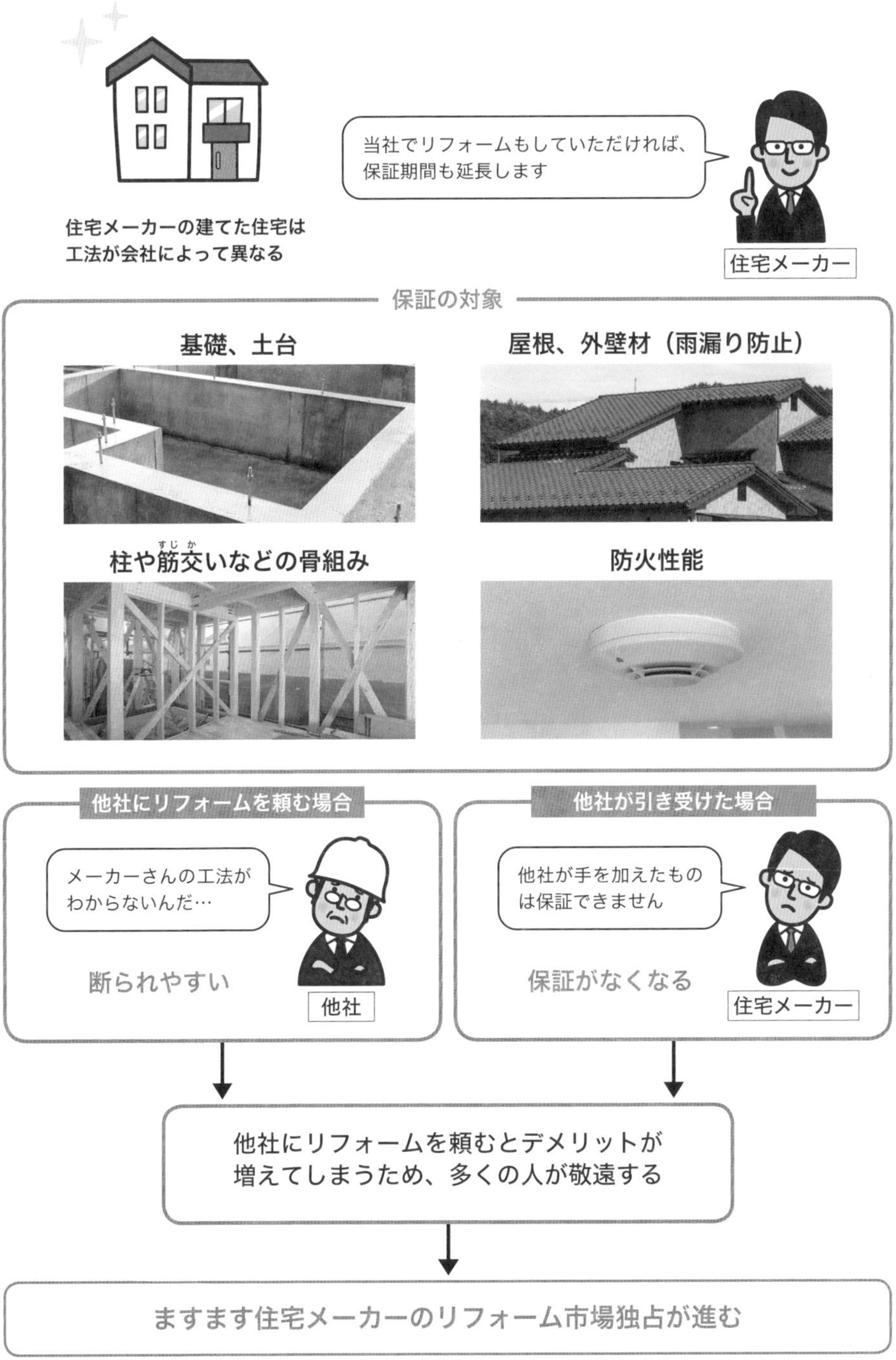

Chapter3
06

仲介手数料を主軸にリスクを減らす

不動産会社が利益を上げるしくみ

不動産会社は、仲介手数料、売買のキャピタルゲイン、アパート経営などの賃料・管理代行の3つの軸で収入をえていますが、近年はリスクを下げるため仲介手数料をメインにする会社が増えています。

収入の柱は仲介手数料

不動産会社の収入の軸は「仲介手数料」「売買のキャピタルゲイン」「アパート経営などの賃料・管理代行」の3つです。

仲介手数料の限度額は法律で定められており「(売買代金の3%＋6万円)×消費税」となります。片手仲介の場合に3000万円の土地を売買すれば「(3000万×3%+6万円)×1.1＝105.6万円」の収入です。また土地の売主が別にいる両手仲介の場合は、片手仲介の2倍の仲介手数料をえることができます（最大211.2万円)。仲介手数料はいっさい原価がかからず、土地や建物を所有していなくても収入をえることができるので、リスクがなく営業が可能になります。

仲介手数料
不動産の売買契約が成立した際に、不動産会社に支払われる成功報酬を「仲介手数料」という。仲介手数料は、宅地建物取引業法により、その上限額が定められている。

リスクが高いキャピタルゲインと賃料

建物・土地を安く仕入れ少しでも高く売ることによって発生する**キャピタルゲイン**。これは不動産会社にとって大きな収入の柱になる可能性が高いですが、建物・土地を所有することには大きなリスクが伴います。災害リスクはもちろん、風評被害や周辺環境の変化による地価の下落など、リスクはさまざまです。とくにバブル崩壊やリーマンショック以降はなるべくリスクを避けるため、仲介手数料を主軸にする不動産会社が増加しています。

売買同様に不動産会社がアパート・マンションを経営して賃料をえるにも、建物・土地を所有するためリスクが伴います。また、アパート経営はさまざまなクレーム対応など簡単に解決できない問題も発生するため、かなり大変です。そのため、賃貸をメインで行っている不動産会社が物件を所有せず、オーナーのかわりに管理を行うことが多くなるのは必然といえます。

キャピタルゲイン
株式や債券、不動産投資などにおいて、資産を保有していることでえられる売買差益のこと。不動産を購入したときの価格よりも、売却した価格のほうが高かったときに利益が発生する。

不動産会社の収入の軸

3つの軸

❶仲介手数料

いっさい原価がかからず、収入のほとんどが利益になるため、リスクがない

❷売買のキャピタルゲイン

売買の差額による収入。土地や建物の所有にかかるリスクがある

❸アパート経営などの賃料・管理代行

土地や建物を保有するリスクに加え、クレーム対応なども発生する

↓

❶の仲介手数料で手堅く稼ぐ会社が増加傾向！

仲介手数料の最大化

仲介手数料の限度額計算

（ 売買代金の3% ＋ 6万円 ）× 消費税

土地3000万円の売買の場合……

（ 3000万円 × 3% ＋ 6万円 ）× 1.1 ＝ 105万6000円（仲介手数料）

※賃貸契約なら「家賃1カ月分×消費税」

Chapter3
07

物件情報ネットワークの活用

中古住宅の販売による収益

消費者のニーズが変化し、建物の寿命が伸びているため、中古住宅の売買は右肩上がりに上昇しており、今後も伸びていく可能性が高いでしょう。その中古住宅を扱う不動産会社はどのように利益を上げているのでしょうか。

中古住宅を扱う不動産会社の思惑

70ページで説明した通り、マンション・戸建てなど中古住宅の売買では、不動産会社は仲介手数料で収益をえています。そのため、なるべく買い手と売り手の両方から仲介手数料をもらおうと考えているのです。

また、なるべく取り引き額が土地・建物の相場よりも下がらないように（損しないように）しっかりと**適正価格**を分析して取り引きを行います。

適正価格
土地や建物の適正価格は、基本的に周辺地域の土地・建物の売値などから、当該物件の価格を分析する。中古住宅の場合、周辺地域にある築年数が同じくらいの建物の相場から、適正価格を把握する。

不動産会社のネットワーク

不動産会社の間には、「レインズ（不動産流通標準システム）」という物件情報ネットワークが存在し、そこに中古住宅や土地の情報を登録、公開することができます。この物件情報は基本的に不動産や住宅会社の関係者しか閲覧することができません。そのため、不動産会社は中古住宅を探している買主に対し、多数の物件をスピーディに紹介することができます。

逆に、中古住宅を売りたい売主に対しても、即座に情報を公開し、素早く買主を探すことができます。このシステムのおかげで不動産会社は多数の中古住宅の売買ができるようになっているのです。

中古住宅とリノベーション

また、近年の中古住宅の売買には**リノベーション**もセットになってきています。不動産会社は物件を売って終わりにはせず、リフォーム会社と連携を取りながら紹介料としての収益をえたり、自社でリノベーションを手がけたりしているのです。

リノベーション
中古住宅に対して大規模な改修工事を行い、間取りや内装などを刷新し、その機能や価値を再生すること。

不動産流通標準情報システム「レインズ」

レインズのメリット

- 中古住宅を探している買主に対し、多数の物件をスピーディーに紹介できる
- 中古住宅を売りたい売主に対し、即座に情報を公開し、素早く買主を探すことができる
- リアルタイムの物件取り引き状況が確認できる

出所：REINS Market Information

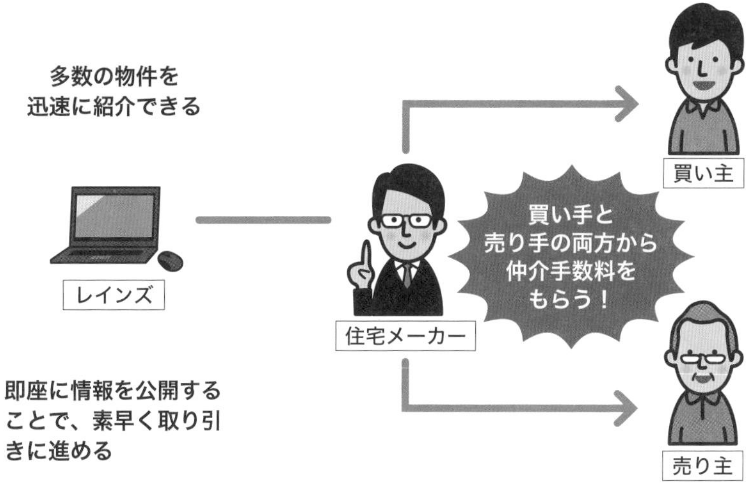

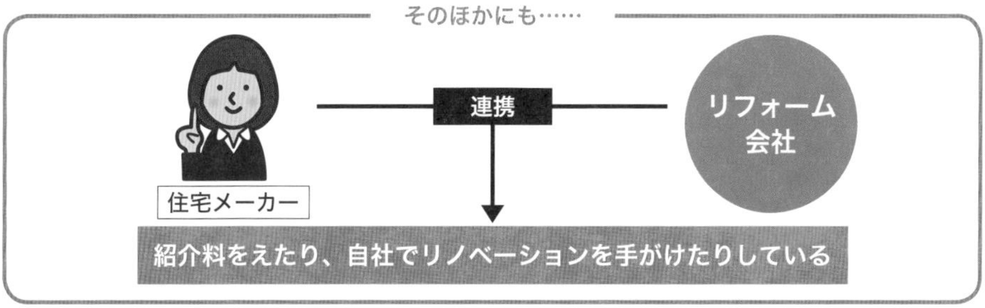

Chapter3
08

住宅メーカーが接客・営業に専念できる

モデルハウスが並ぶ 住宅展示場公園のしくみ

住宅メーカーや工務店は、毎月高額な賃料を支払ってモデルハウスを運営していますが、もちろん賃料以上のメリットがあるからこそ出店しているのです。そのメリットについて、解説します。

住宅展示場を運営する企業

住宅展示場公園（住宅展示場）を運営する企業には不動産デベロッパーが多く、とくに土地活用を専門にしています。彼らは自社で大きな土地を購入し住宅展示場を作ります。住宅メーカーや工務店から出店希望を募り、賃料をもらいながら運営していきます。

運営会社は土地の貸し出しだけでなく「集客」「企画」「市場調査」「情報収集」も行います。

たとえば集客のためのイベントを企画し、インターネットで告知したり、チラシを配布したりします。住宅展示場公園に来場した顧客の人数や客層などの情報を集め、出店している各住宅メーカーに共有もしています。また、定期的に住宅メーカーと打ち合わせを行い意見交換もします。

住宅展示場に出店する住宅メーカー

住宅展示場に出店するためには、毎月何十万～何百万円という賃料が必要となります。それに、**モデルハウス**建設のために何千万円という投資をしなくてはいけません。もちろん、モデルハウスの常駐する従業員の人件費も発生します。出店するのは、規模が大きい住宅メーカーに絞られるのです。

しかし、出店することができれば、集客は運営会社に任せることができるため、接客・営業に専念できるという大きなメリットがあります。また、出店するだけで地域に認知してもらうことができるため、**ドミナント戦略**として地域シェアの拡大を目指すこともできます。これは少子化や職人不足問題など、住宅業界が抱える大きな問題に対抗するための基盤作りとなります。

住宅展示場公園
住宅メーカーや工務店などが、1つのエリアにモデルハウスを建て、展示している場所。顧客が住宅の購入を行う際に、比較検討するため、実際に展示されている住宅に足を運ぶ。

モデルハウス
販促活動の一環として、住宅メーカーが住宅展示場や分譲地などに建てる住宅のこと。パンフレットや図面よりも、より住まいのイメージを伝えやすい。

ドミナント戦略
特定の地域に出店を集中させ、市場の独占を狙う経営戦略。市場の独占化のほかに、特定地域での知名度の向上や、物流の効率化といったメリットもある。

住宅展示場を運営する主な企業

サンフジ企画	総合住宅展示場企業では業界でシェアNo.1であり、自社運営しているのが特徴。土地活用に力を入れており、土地オーナーや住宅購入者へのサポートが手厚い
エー・ビー・シー開発	朝日放送グループの子会社として、住宅展示場の企画・運営を行う。新築からリフォーム、２世帯住宅など幅広い分野での住宅を扱っている
ファジー・アド・オフィス	用地開発、企画立案から運営までの広範囲をプロデュース。関東エリアを中心に多数の住宅展示場を開催してあり、各種イベントやセミナーも充実している

運営会社の取り組み

運営会社は賃料に対し、集客や企画といった付加価値を提供している

住宅展示場公園の課題

出店に必要な費用

- 賃料
- モデルハウス建設費
- モデルハウスメンテナンス費
- 維持のための人件費

Chapter3
09

顧客の予算や要望に適した建材・設備を提案

住宅を構成する部材・パーツは多種多様

住宅を構成する部材・パーツは、構造部から内装、設備にいたるまで、多種多様に存在します。さらに、日々新商品も開発されているため、営業マンや設計士などが顧客の要望に対し、適切なものを提案する必要があるのです。

新陳代謝をくり返す部材やパーツ

住宅を構成する部材・パーツは膨大な種類が存在します。基礎・柱などの構造に使われる建材から、床・壁・天井の内装に関わる建材に加え、**建具**や**サッシ**、さらには水回りから給湯システム、空調や換気などの設備まで無数にあります。

建具
ドアや窓、襖など、建築物の開口部に設けられる仕切りのこと。

サッシ
窓枠として用いる建材。住宅に合わせて、木製のものやアルミ製のものなど、さまざまな材質で作られる。

それらを作っているのは、専門の各メーカーです。各建材や設備において、1社のメーカーが独占していることはまずありません。必ず競合し、日々生き残りをかけて研究・開発を続けています。競争に負けた建材や設備は市場から消え、また高性能な商品が登場し、日々新陳代謝をくり返しているといえます。

建材や設備を提案する側が重要

住宅構成する建材や設備の種類が多く、さらにラインナップが日々更新されています。そのため、住宅を建てる顧客がそれぞれを細かく調べて、納得のいくものを選択するというのはとても困難です。

そこで、とくに注文住宅の販売に携わる営業マン、設計士、インテリアコーディネーター、現場監督は顧客の要望をしっかりとヒアリングしつつ、顧客の予算や要望に適した建材・設備を提案しなくてはなりません。また、変化するラインナップの情報をリアルタイムに把握していくことも重要となるのです。

しかし、すべての建材・設備を性能が高いものにすると高額な住宅になってしまいますが、安価なものを選べば魅力がなくなってしまいます。そのため、メーカーによって、たとえば構造の耐震性、水回りの設備、断熱性、などお金をかけるポイントを変えて、差別化を図っているのです。

住宅を構成する部材・パーツ

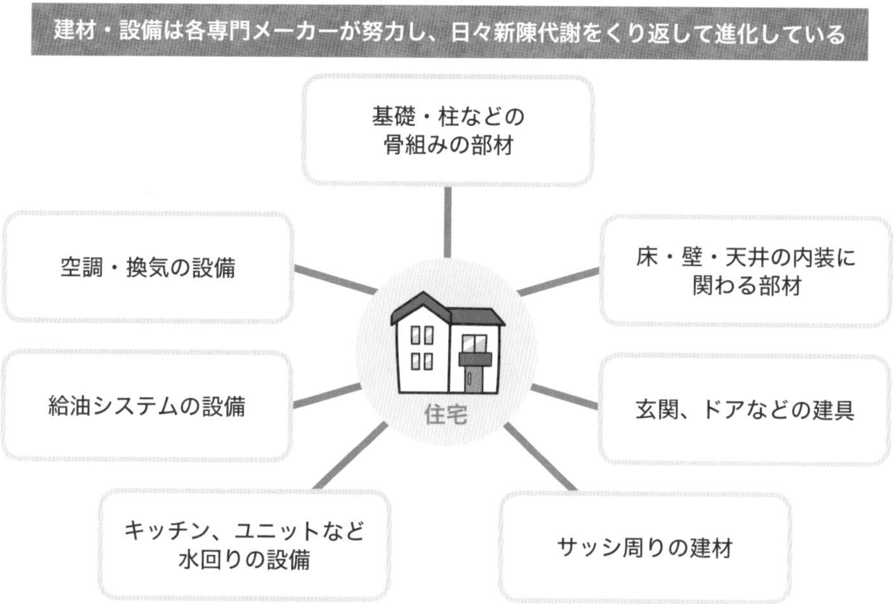

顧客の要望に合わせた提案が重要

Chapter3
10

設備ランクに込められたメーカーの戦略

デザイン性や機能性で変わる建材・設備の値段

同じ設備でも、安いものから高いものまで幅広いランクがあります。ランクによってどのような差があるのか、また、メーカーがどのような戦略でそれらの商品を展開しているのかを解説します。

建材・設備の4つの差

各建材、設備は多数の種類が存在すると同時に、次の4つのポイントを基準に商品のランクが分かれます。それは「デザイン性」「機能性」「耐久性」「メンテナンス性」です。たとえば外壁材であれば、**タイル**のように将来的なメンテナンスが不要で傷などへの強度が高いものは高額になります。またタイルの中でもデザイン性が高く、汚れにくい**光触媒機能**が付いているものはさらに高額になります。逆にデザイン性や機能が低いタイルはサイディング材に近い金額のものもあります。

タイル
傷に強く、変色や劣化もしにくいため、基本的にタイル自体のメンテナンスは不要。しかし、目地のシーリング補修などメンテナンスが必要なポイントもある。

光触媒機能
二酸化チタンが太陽光などの光に当たることで、表面に強力な活性酸素を作り出し、汚れや有害物質を分解したり、撥水効果を生じさせたりする触媒を「光触媒」という。二酸化チタンを主成分としたコーティング剤として塗布されることが多い。

建材・設備メーカーの思惑

建材や設備のメーカー側としては、競合他社よりも優れた商品を開発し売上を伸ばしたいと考えていますが、同時になるべく高単価の建材・設備を購入してもらいたいという思惑があります。そのため、各メーカーとも低価格帯のものはなるべくデザイン・機能などをあえて制限し**マグネット商品**として宣伝を行い、そこからデザイン・機能がワンランク高いラインナップに誘導する手法を取っているのです。

各建材や設備の競合商品同士を比較すればどこかにデメリットとなるポイントも存在することになります。しかし、メーカー側がデメリットを公表することはないので、顧客はデメリットを予測し、インターネットや住宅メーカーの営業マンやコーディネーターから情報を集める必要があります。

その際、どうしても販売者側の思惑が混じります。情報が錯そうし、誤った情報が出回りやすくなるため、販売者側はなるべく忠実な情報を集め続ける必要があるのです。

マグネット商品
小売店舗において、客を引き寄せる集客力のある商品のこと。

建材・設備の４つのポイント

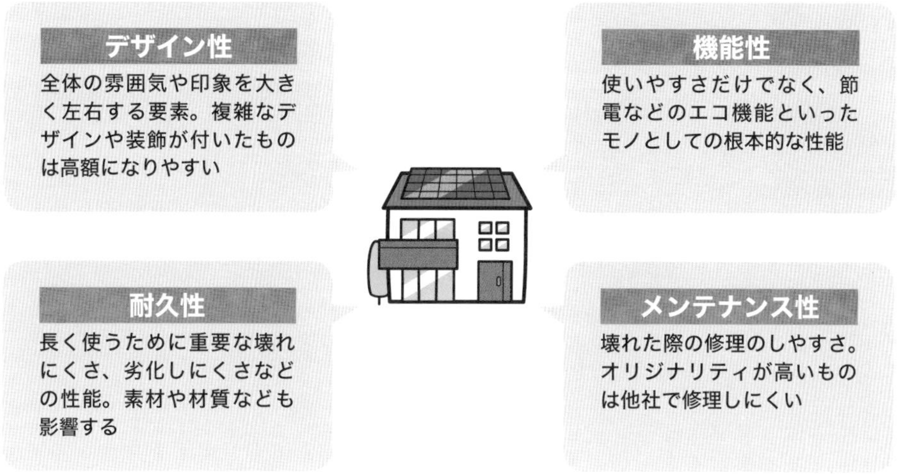

メーカー側と顧客の思惑

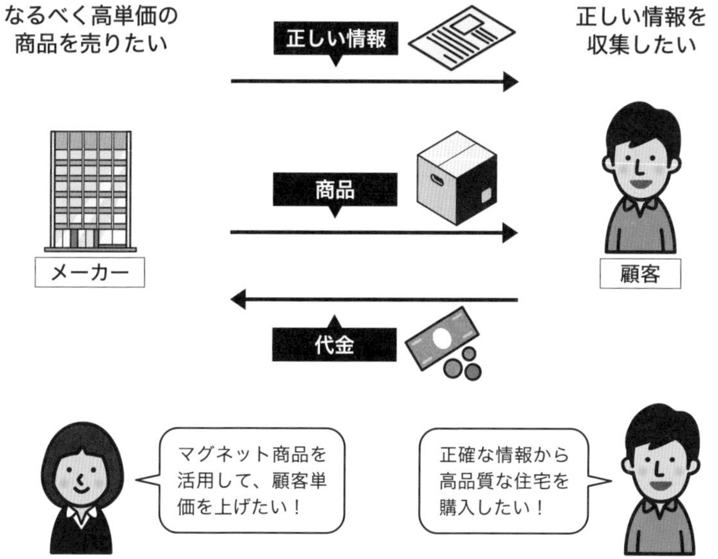

Chapter3
11

管理費のコントロールが課題

総コストに占める施工費・管理費の割合

住宅メーカー・工務店などにおけるコストは、材料費、施工費、管理費の3つです。それぞれ、住宅の建て方やメーカーによっても異なりますが、管理費をコントロールすることが業界の課題となっています。

施工費の割合

住宅販売の粗利益は、販売価格の25～35％ほどです。たとえば2000万円の住宅なら、約600万円が粗利益、残りの1400万円が「材料費＋施工費」となります。施工費は基本的に「職人の日当（約2万2000円）×工事の日数」で考えます。たとえば、工期4カ月の注文住宅ならば、約90日、1日2人ほどで工事が進むので「2万2000円×90日×2名＝396万円」となります。

販売価格2000万円の注文住宅の場合、約20％が施工費、約50％が材料費です。どの住宅メーカー・工務店においても、施工費はそれほど大きな変動はありません。しかし、使用する建材・設備によって材料費が大きく変動するため、メーカーによって費用の割合は変わってしまうのです。

管理費の割合

管理費は、建てる住宅に直接関わる材料費や施工費とは別に発生する費用のことです。たとえば、営業・設計・現場監督などの人件費、広告宣伝費、モデルハウスや事務所の運営費・家賃、工場設備などの**減価償却費**などがこれに当たります。

管理費は会社の損益計算では、「粗利益－管理費＝純利益」となります。住宅メーカーや工務店の**純利益**は売上の5～10％なので、逆算すると売上に対して管理費は20～25％という計算になります。

現在の住宅メーカーは競合他社と比較され、不景気や人口減少の影響もあり、以前のようにしっかり粗利益を取ることができなくなっています。そのため、この管理費をしっかりとコントロールすることも業界の課題といえるのです。

減価償却費
企業会計において、建物の設備や機械装置などの、時間の経過によりその価値が減少する資産を計上する際に使用される勘定科目のこと。減価償却費は、その資産の使用可能期間の全期間にわたり分割して経費を計上する。

純利益
売上から、製造や販売などにかかった費用のすべてを差し引いて求めた額。企業の純粋な利益のことで、その企業の収益力を示す指針となる。

総コストにおける割合

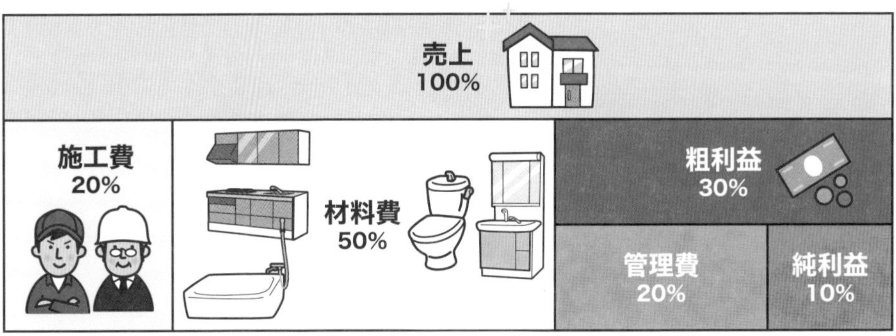

たとえば販売価格が2000万円の注文住宅の場合

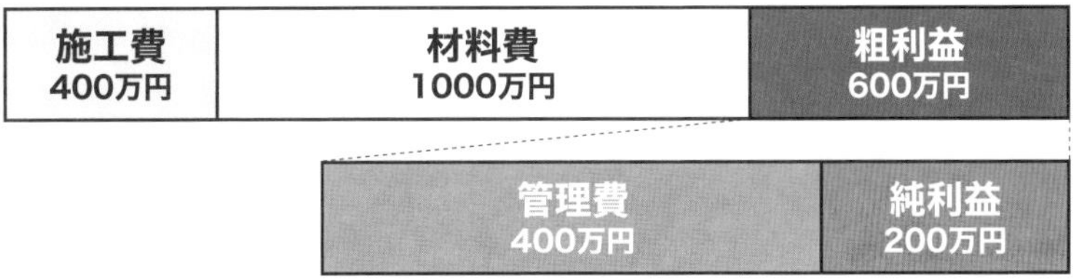

住宅メーカーや工務店のコストの計算

売上の30%		売上の20〜25%		売上の5〜10%
粗利益	−	管理費	＝	純利益

❶工場設備・機械器具の減価償却費
❷水道・光熱費など
❸営業・設計・工事管理スタッフ人件費
❹賞与準備金
❺現場管理交通費・車両費
❻モデルハウス運営費
❼宣伝広告費
❽事務所家賃

COLUMN 3

住宅価格に関する2つの真実

コスパのよし悪しは思い込みが多い

高価格帯の大手住宅メーカーなどで、たとえば「弊社の屋根・外壁材は将来のメンテナンスが不要だから初期投資が多くてもトータルではお得になる」という営業トークがあります。これは屋根・外壁材の部分をピックアップすれば確かに正確です。しかし、大手住宅メーカーの場合、さまざまな建材・設備が高額なものになる傾向にあり、それにともないメンテナンス費用も増加する可能性が高くなります。それに、大手住宅メーカーで建てると、10年後、20年後にも同じ住宅メーカーにメンテナンスを依頼することなってしまいます。つまり、トータルでお得になることは考えにくいのです。

しかし逆に、大手住宅メーカーは規模が大きい分、大量に建材・設備を仕入れることができるので「仕入れコストが下がりコスパがよくなる」という側面もあります。広告宣伝をするからといってコスパが悪くなるイメージも、実は一部分のみをとらえただけの思い込みの可能性があります。住宅を購入する際、コスパを重視する顧客も多いです。しかしその中身はとても複雑で、比較することは難しいというのが現実なのです。

住宅の値下げは人を見て判断される？

とくに注文住宅やリフォーム会社の場合、契約後の顧客との付き合いが長く、また深くなります。打ち合わせも含めて何十回と顔を合わせるからです。また、住宅メーカーにとっては、契約した顧客がほかの顧客を紹介してくれるかも重要です。

そのため、実は住宅メーカーやリフォーム会社側も顧客を選ぶ側面を持っています。それが顕著に反映されるのは、やはり値下げです。文句や嫌みばかりいう人、度を越えた値引き交渉をしてくる人、異常に神経質な人など、とにかくトラブルが置きそうな人を避けたがるので、そういう顧客には多めの金額を伝える、あるいは値下げをしない形で見積りを提示するのです。

第4章

住宅メーカーの組織構造

住宅メーカーは住宅を作り提供するため、主力部隊である営業部門と工事部門を始め、会社を先導する商品開発部門や資材調達部門など、さまざまな部門を抱えています。それぞれの部門がどのような仕事をして、どのように連携しているか解説します。

Chapter4 01

住宅メーカーはどんな仕事に分かれている？

巨大組織である住宅メーカーは、顧客に住宅を提供するためにさまざまな部門を作り、それぞれに適した人材を配置しています。ここではそれぞれの役割を大きく3つに分けて、業務内容を説明します。

先導する経営層と開発チーム

会社という大きな船の操縦士である経営管理部門は、顧客に対してどのようなコンセプトの住宅を提供していくかを決めていきます。また全部門の管理・統制や資金・数字管理、問題点の洗い出しから解決などを行います。

また、商品開発部門や資材調達部門は、住宅メーカーの業績に大きく関わるため、経営管理部門が示すコンセプトに合わせて、より高性能な商品の開発を行っています。顧客に対して少しでも価格を抑えられるよう、利益を確保できるように、高品質の資材を低価格で調達できるように日々努力しています。

2つの主力部隊とバックアップ部門

住宅メーカーの中でもっとも人員が必要となる主力部隊は営業部門と工事部門です。注文住宅の場合は顧客によって好みや要望、建てる敷地などが大きく異なるため、それぞれの顧客に対応するための営業マンがたくさん必要になってきます。

また、その次に従業員が多いのが工事部門の現場監督です。家を建てるための実働隊の役割を担っています。

上記部門以外にも実務をバックアップする部門がいくつもあります。顧客の要望に合わせて、設計図や仕様書を作り提案する設計・コーディネート部門。また、設計図や仕様書から必要な材料やその数量を算出する積算部門。引き渡し後に**定期点検**など顧客のフォローを行うアフター部門などがあります。

住宅メーカーによっては土地購入のサポートをする不動産部門、自社建物のメンテナンスを行うリフォーム部門を所有していることもあります。

定期点検
住宅建築後のメンテナンスサービスのこと。引き渡しから、3カ月後、半年後、1年後などの期間でスケジュールを組む。壁紙と壁の間に隙間ができるなど不具合があった場合、修繕してもらうことができる。

住宅メーカーに携わる各部門

Chapter4
02

ヒト、モノ、カネの調整や総括を行う

自社のビジョンを具現化する経営管理部門

ほかのすべての部門を統括する経営管理部門はもっとも責任が重く、企業の向かうべき道を先導する指揮官の役割を担っています。ここでは住宅メーカーの経営者がどんな仕事を行っているのかを解説します。

住宅業界における経営管理の仕事

住宅メーカーの頭脳である「経営管理」。一般的に経営管理とは、企業が経営活動を通して会社のビジョンを達成するために、資産である「ヒト」「モノ」「カネ」の調整や総括を行うことを指します。そのほか、従業員の行動指針を策定し向かっていくべき方向性を指し示す、非常に重要な役割があります。

住宅メーカーの場合は衣食住の「住」を通して、どんな社会貢献ができるかがビジョンとなります。そのビジョンを具現化するために、社内のヒト、モノ、カネを調整していくのです。

行動指針
企業が営利活動をする中で定めた理念やビジョンを具体的なアクションに落とし込んだ行動の方針。積水ハウスでは「人間愛」を企業理念とし、それをもとに、9原則からなる行動指針を作成している。

アメと鞭と顧客満足

住宅業界は昔から企業ランキングの入れかわりが多く、競合が激しい業界でした。その特徴のためか、従業員に対して業績ノルマやインセンティブ制度を設け、とにかく販売力を高めようという傾向がありました。

その反面、ノルマに対しての締め付けが強く、従業員が不正をしてでも販売をする、という問題が発生していました。しかし、それでは顧客満足につながりません。

近年ではインターネットなどで各住宅メーカーの情報（口コミなど）が簡単に手に入るようになってきたので、顧客満足が以前より重要視されるようになってきました。

経営者はこの販売力と顧客満足のバランスを取ることも重要な役割なのです。

日本の少子化・人口減少の中では、今後住宅メーカーの経営は年々難しくなるでしょう。その中でも「船が沈没」しないように新しいビジネスモデルの展開が経営者に求められています。

インセンティブ制度
ノルマなどの一定の数値達成を対価に報酬を与える制度。一般に報酬は金銭であることが多い。ほかにも、成績優秀者が参加できる海外旅行などを用意している会社もある。

経営管理部門の仕事内容

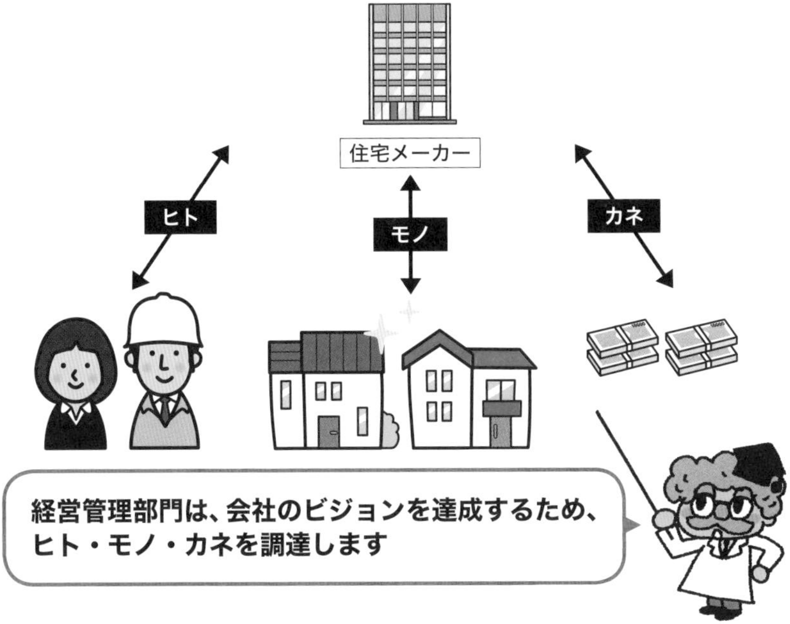

顧客満足の重視

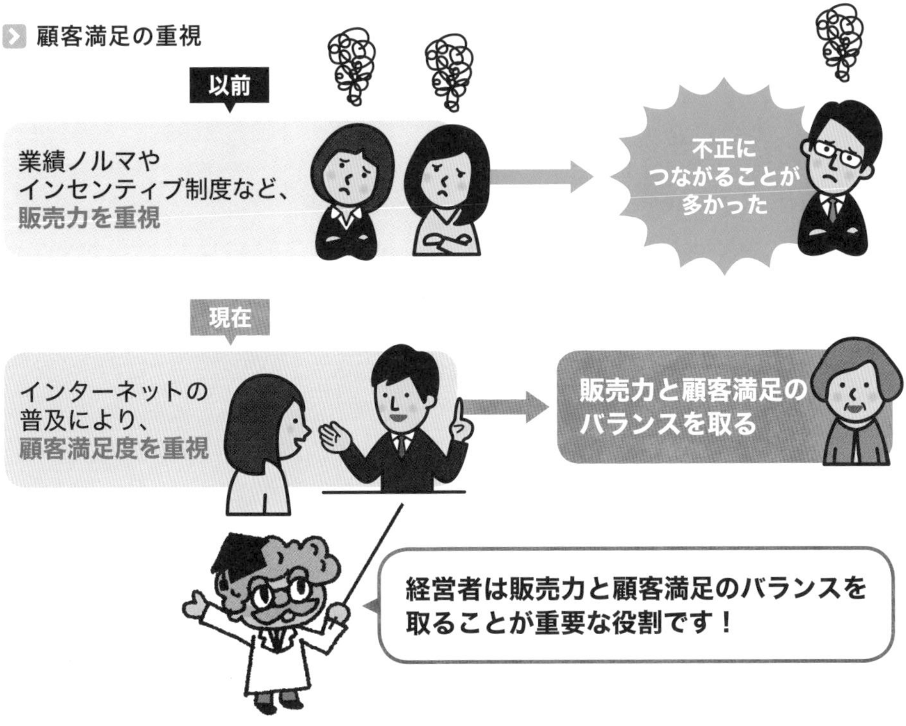

自社開発でコストを下げる

研究開発をくり返す商品開発部門

近年、多くの住宅メーカーが商品開発に力を注ぎ、住宅の性能やオリジナリティを競っています。そんな住宅メーカーの生命線である商品開発部門では、実は商品の開発だけ行っているわけではありません。

商品開発部門の仕事内容

商品開発部門はその名前の通り、新しい商品開発の開発を行っています。とくに自社で主に行っているのは構造部の研究開発です。住宅メーカーによっては研究所を所有し、たとえば**耐震**などの強度などに問題がないかなど、くり返し試験・検証を行っています。

しかし、商品開発部門の仕事はそれだけではありません。たとえば木材・鉄骨・金具などのさまざまな部材を仕入れる前に、本当にその部材が性能的に、またコストパフォーマンス的にも問題ないのかを確認する採用試験も行っているのです。92ページで説明する資材調達部と綿密に連携を取っていくことになります(住宅メーカーによっては同じ部門の場合もあります)。

耐震
住宅が地震などに対して損傷を防ぐ機能。また、構造の要となる柱などの被害を少なくすることを耐震設計という。

進む自社開発

ほかの業界、たとえばコンビニエンスストアやホームセンターなどでも、組織が大きくなれば自社でオリジナル商品の開発を行うケースがあります。自社商品は**中間マージン**がなくなるため、仕入れコストを抑えて安く商品を提供できるからです。

住宅メーカーにおいても同様に、大手になればなるほど建材や設備を自社開発するようになっていきます。昔は自社の強みである商品、たとえばオリジナルの建材の自社開発が主流でしたが、近年ではキッチンなどの設備の開発も進むようになりました。

商品開発部門は新部材の採用試験や構造部の性能アップだけではなく、顧客のニーズがどこになるのか各所から情報収集を行い、新しいコンセプト商品の開発も行っています。たとえば健康志向の住宅、子育て向きの住宅などです。

中間マージン
売り手から買い手に商品が渡る過程で仲介などのサービスを行うことにより、売り手からえる利益のこと。仲介手数料ともいう。

商品開発部門が担う主な仕事内容

構造部などに関する新しい商品の開発

各商品の性能や強度などの試験・検証

導入資材の採用試験

これらの開発・試験・検証のために研究所を保有している住宅メーカーもあります

新商品の自社開発

顧客のニーズを情報収集したり、新しいコンセプトを発想したりして新商品の開発に励む

オリジナルの建材

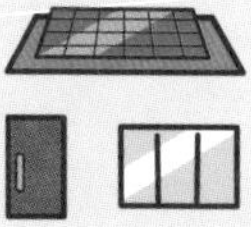

健康志向や子育て向きの住宅

住宅に備え付けるキッチンなどの設備

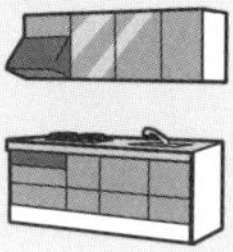

近年は自社開発の技術力も向上し、設備メーカー顔負けの商品も開発されている

自社商品の開発により、中間マージンがなくなり仕入れコストを抑えることができるため、商品をより安く提供することができます

Chapter4
04

建築士が所属する住宅建築の要

法令を遵守した間取りを作成する設計部門

住宅を作っていく上での計画の要となる設計図。営業や顧客と打ち合わせを重ねながら設計部門のメンバーが作っていくことになります。ここではそんな設計部門の役割や必要な知識やスキルを解説していきます。

設計部門の役割

設計部門には必ず建築士二級以上を保有する設計士がいて、設計において会社が法律を厳守しているという責任を負っています。

間取り
施主が要望する建物の構造や骨格部分、部屋の配置、設備などを図面化したもの。基本設計図とも呼ばれ、工事用の詳細な設計図を作成する前に簡易的な設計図として用いられる。

設計部門の設計士は、顧客に対して**間取り**を作成する仕事が基本ですが、社内で賄いきれないオーダーがある場合は外部委託するケースも多々あります。ときには営業マンがプランを作成するときもあります。

ただ、外部の設計士や営業に間取りを作成してもらっても、社内の設計部隊が法的に問題ないか、また自社商品に適したプランになっているか、しっかりチェックしています。

設計する上で必要な知識

住宅メーカーの戸建て（注文住宅）を設計し、法的に問題ないことを証明するためには、建築士二級の資格を保有している必要があります。

194ページで詳しく説明しますが、図面を作成する上で建築基準法や消防法などの法的知識がなければ作成は不可能です。また、間取りにおけるセオリーや**動線**はもちろん、所属している住宅メーカーの商品知識も必要になってきます。

動線
日々の生活において、建物内の人の動きや移動を線で表したもの。家事をするときの家事動線や、トイレに向かう際の衛生動線などがある。

設計部門に求められるスキル

住宅メーカーの場合、設計事務所のような高いレベルの設計を求められることはありません。ある程度商品がパッケージ化されているからです。しかし、要望を奥深く聞くヒアリング力や、隠れた要望を想像する力はとても重要です。その力が契約や顧客満足度に大きく結び付くからです。

設計部門の役割

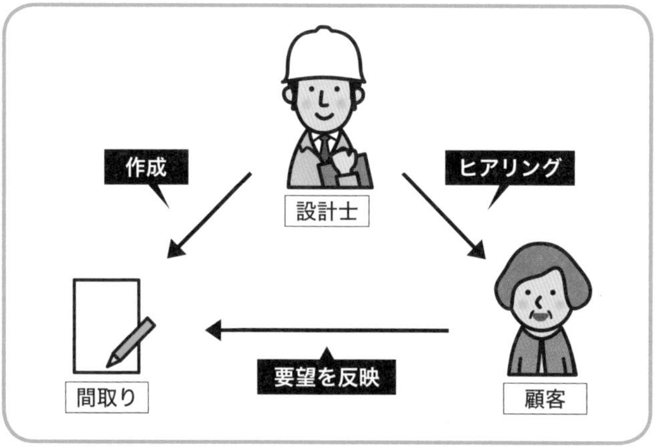

住宅設計図案（間取り）の作成

図面が法的に問題ないかをチェック

自社商品に適したプランかどうか確認

設計部門に必要な力

知識

- 建築基準法・消防法などの法的知識
- 間取りにおけるセオリーや動線
- 住宅メーカーの商品知識

スキル

- 要望を奥深くヒアリングする力
- 隠れた要望を想像する力

Chapter4
05

ルールを設定し環境問題にも配慮

低コスト化を目指す資材調達部門

住宅メーカーにとっていかに資材を安く仕入れ、原価を抑えるかは死活問題です。同時に、住宅メーカーは元請けの大きな組織として資材を調達する上で守らなくてはいけないルールがあるのです。

資材調達部門の仕事内容

資材調達部門は、住宅を建てる上での建材・設備などを仕入れる役割を持っています。商品開発部門と連携しつつ、自社の商品基準（性能や安全性）をクリアできるような資材を世界規模で探したり、価格交渉をしたりします。また、仕入れている建材や設備が一定以上の品質を保っているのかもチェックしています。

住宅を建てるにはどうしても大量の木材が必要になります。規模の大きい住宅メーカーが安いという理由だけで１つの場所から大量に木材を発注すれば、環境問題に発展するでしょう。そうならないよう、また信頼をえられるように大手の住宅メーカーは自ら資材調達におけるガイドラインを設定し告知しています。たとえば、三井ホームグループの場合、「木材・木材製品の合法性の確認」「持続性のある森林資源の調達」「貴重樹種の保護」「サプライチェーンの管理、推進」を掲げています。

環境問題
特定地のみ森林伐採を行った結果に引き起こる問題。地球温暖化や砂漠化、生物の絶滅などが起こる。

また、維持すべきモラルとして、仕入れ先を競合させる競争落札を過度にしないようにしたり、癒着が起きないように公正・公平を宣言したりしている住宅メーカーもあります。

仕入れコストを抑えるための工夫

住宅メーカーは仕入れコストを抑えるためにさまざまな工夫を行っています。たとえばキッチンを仕入れるメーカーや商品を絞ることで、顧客のキッチンを選べる選択肢は減るものの、キッチン１つ当たりの仕入れコストを抑えることができるため、提供価格も安くできるわけです。そのほか、フランチャイズをどんどん展開させ、スケールメリットを活かして大量発注し、仕入れコストを抑える方法も行っています。

資材調達部門の仕事内容

自社商品基準を
クリアできる資材探し

できるだけコストを
抑えられるように
価格交渉

きちんと基準を
満たしているかどうか
品質チェック

ほかの部門と連携しながら、自社の求める商品基準に合った資材を世界中から探します

資材調達の留意点

環境破壊を起こさないために、各社は資材調達におけるガイドラインを作っています

❶木材の発注にかかる環境破壊に配慮する

資材調達ガイドライン（三井ホームグループの例）

（1）木材・木材製品の合法性の確認
違法伐採の可能性のある国・地域から産出される木材・木材製品の合法性を確認して使用する

（2）持続性のある森林資源の調達
保護価値の高い森林を守り、生態系や生物多様性が保たれ、森林再生が図られている木資源の調達を推進する

（3）貴重樹種の保護
絶滅危惧種などの貴重樹種の保護に努める

（4）サプライチェーンの管理、推進
木材関連事業者として、合法性・持続可能性のサプライチェーンを管理、推進する

出所：三井ホームホームページをもとに作成

❷仕入れコストを抑えるための工夫

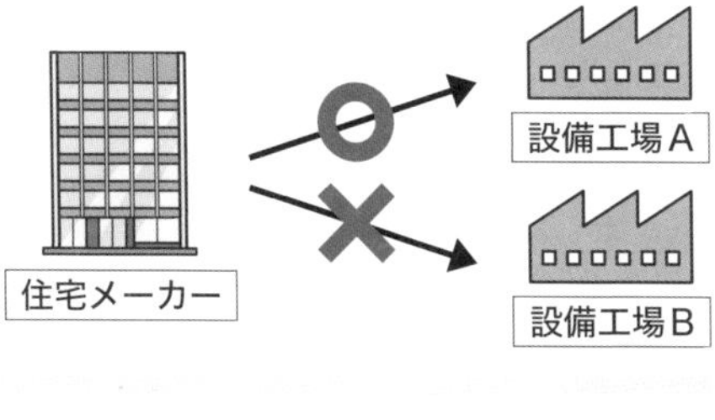

メーカーや商品を絞ることで仕入れ価格・提供価格を抑えられます

Chapter4
06

住宅建設にかかる費用を計算する

図面や仕様書から材料の数量や原価を算出する積算部門

図面や仕様書から原価を算出する積算は家作りにおいて非常に重要です。この計算が狂ってしまえば適切な利益を確保できないだけでなく、住宅の設計図が間違った状態で工事が進んでしまう危険性もあるのです。

積算部門の仕事とは

住宅メーカーの積算部門では、設計士などが作った図面や仕様書にもとづき、材料費や工事にかかる人件費などの原価を算出する業務を中心に行っています。

また、それだけではなく建築CADソフトを活用しつつ1／50スケールの細かい図面を起こしていく業務も行っていきます。

たとえば建築CADのソフトを使って、どこにどれだけ柱などの建材を使用して耐震基準をクリアすればよいのか、点検口をどこに設置すべきかなどを検討します。そして構造の留意点を加味したうえで、1／50図面に落とし込んでいくことが積算部門の仕事の1つとなっています。

建築CAD
建物を設計するための専用ソフトのこと。近年は3Dモデルをベースに設計・施工・維持管理ができるソフトウェアも導入されている。

点検口
住宅内の換気扇や電気配線、水道管などの機械や設備配管の点検に必要な入口。

積算部門では、複雑な構造図面をもとに、どれだけの量の建材や設備が必要になるのかを算出し、見積書や発注書に落とし込んでいきます。

そのため、幅広い建築知識・商品知識が必要になるのです。

昔と今の積算・見積りの流れの違い

昔は職人自身が、木材がどれだけ必要か、釘が何本必要なのかなど、すべての積算をしてからそこに利益を上乗せして見積りを作っていました。そのため顧客の要望を聞いてから見積りを提示するまでは非常に時間がかかっていました。

しかし現在は、住宅メーカーが営業部門、設計部門、積算部門にそれぞれ分かれ、合理的に業務を進めるようになりました。営業部門が住宅商品をパッケージ化することで誰でも簡単に見積りを作れるようにし、積算部門は契約した顧客の図面のみ積算を行うようになりました。

積算部門の業務内容

図面や仕様書にもとづき
原価を算出する

1／50スケールの
細かい図面を起こす

1／50スケールの図面

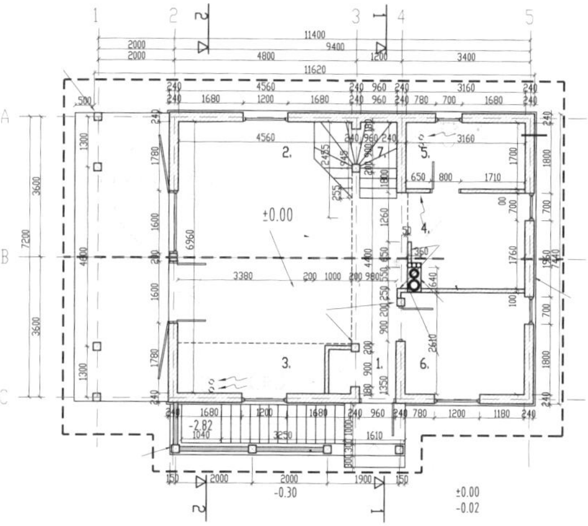

1／50スケールの図面に落とし込むことで、柱の位置や点検口の場所など、より細かく建物の構造を把握できる

積算業務の昔と今

昔

昔はすべて職人が1人で作成していたため、見積りを提示するまで時間がかかっていた

今

それぞれが分業して合理的に進めるため、簡単に見積りを作ることができる

Chapter4
07

顧客を最後までサポートする

もっとも多くの人員が配置され顧客のサポートを行う営業部門

多くの住宅メーカーの中でもっとも従業員が多いのが営業です。ほかの業種であれば商品を販売・契約までの仕事がほとんどですが、住宅メーカーの場合、契約後のほうが仕事量の割合が多いこともあります。

契約までの営業の仕事内容

昔の営業は飛び込み営業やチラシのポスティングが主でした。しかし、現在では営業スタイルは大きく変わりました。

住宅展示場の集客は、住宅展示場の運営会社がインターネットやSNSを活用し行っています。そのため、基本的に営業はモデルハウスに来た人に住宅商品や予算などの説明を行います。

住宅展示場の来場者が住宅メーカーを気に入った場合、そこから**見積書**やプランを提示して、契約へと進んでいきます。ただ、見積書・プランを提示するまでには、顧客が家を建てる土地の採寸や調査を行う必要があります。

また、顧客の要望をヒアリングし、設計士に土地の情報や要望をもとにプラン作成を依頼します。**住宅ローンの事前審査手続き**の手配も行うこともあります。

住宅は大きな買い物なので、顧客はすぐに購入を決断できません。購入に対する不安を払拭するために、さまざまな比較検討資料を作成して提示した上で、ようやく契約に結び付くのです。

見積書
購入予定の商品やサービスの金額などを概算した書類。予算の設定や競合他社の価格帯と比較する資料となる。

住宅ローンの事前審査手続き
金融機関が住宅購入者の返済能力を審査するための手続き。事前審査通過後に土地や住宅の契約が行われ、本審査へ移る。

契約後から引き渡しまでの営業の仕事内容

住宅メーカーの場合、契約後、工事は現場監督に引き継ぐことがほとんどです。しかし、引き継ぐ前には設計士やインテリアコーディネーターとの打ち合わせを手配し、プランや仕様を確定させていく必要があります。また、建築確認申請のために建築設計事務所に委託するなどの細かい手続きも行います。

工事については現場監督に引き継ぎますが、住宅ローンの手続きや登記手続きなどにおいては、引き渡しまで顧客をサポートするのも営業の重要な仕事です。

営業部門の昔と今

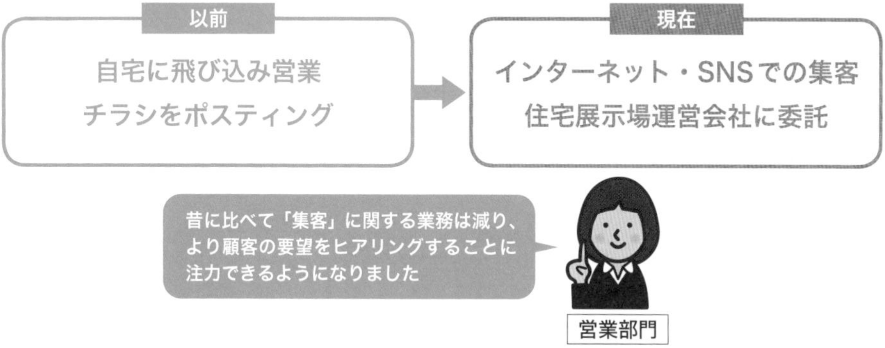

1つの案件にかかる営業の仕事の流れ

Chapter4 08

顧客の信用に直接関わる

企業の成長に関わり品質の鍵を握るアフター部門

どの業界においても、販売したあとのアフターサービスは企業の成長を左右する重要な要素です。住宅業界にとっても必要不可欠な要素です。そんなアフターサービスを担う部門はどんな業務を行っているのでしょうか。

アフター部門の2つの役割

アフター部門といっても大きく異なる2つの役割があります。1つは住宅販売後のトラブルや困りごとに素早く対応するために設けられた受付センター。もう1つは住宅販売後に定期的な点検などを行う点検部門です。

前者はコールセンターとなっており、たとえば大手住宅メーカーの場合は24時間対応受付をウリにしていることもあります。後者は1カ月、半年、1年などの定期点検を行う部門です。

2種類のアフター部門はどちらも重要な役割ではありますが、とくに点検部門の役割は重要です。実際に完成した住宅を訪れ、点検を行います。どんなメーカーの住宅であっても、建具の動きが悪くなったり、**クロス**に空気が入ったりすることはあります。

点検部門は、直せるものはその場で修理します。また、**リペア職人**などを手配して対応することもあります。顧客の不満や信用に直接関わる業務である以上、非常に重要です。

また、住宅の不具合や顧客の不満などがあれば、担当した営業や監督にしっかりと伝達して連携を取ることも大切な業務です。

クロス
建物内の天井や壁に最後の仕上げとして張る内装材。素材はビニールや紙、織物、木質系などがある。

リペア職人
住宅の修理や修復をする職人のこと。床や扉、家具、フローリングなどの損傷や変質した箇所の修復を行う。

企業の成長に直結するアフター部門

住宅メーカーの中にはアフター部門に力を入れておらず、従業員数が少ないこともあります。そうなると必然と点検時の対応が悪くなり、顧客の不安につながります。

また、お客様からのクレームや社内の問題点を吸い上げることができないため、企業全体の成長につながりません。住宅メーカーランキングを見てもやはり長年上位を占めるメーカーはアフター部門に力を入れています。

アフター部門の2つの役割

受付センター

住宅販売後のトラブルや困りごとに対応する

24時間対応の
電話受付を行うメーカーもある

点検部門

住宅販売後に定期的な点検などを行う

引き渡し後に、1カ月や半年、
1年などの期間ごとに定期点検を行う

アフター部門は住宅の品質の鍵を握ります。顧客の信用に直接関わる部門でもあるため、丁寧な対応が求められます

重要な役割を担う点検部隊

実際に完成した住宅に足を運び、
不具合がないかチェックする役割

点検部隊の業務内容

- 自身で補修できる不具合の場合は、自ら修復する
- 引き渡し後の不具合の修復にリペア職人などを手配する
- 顧客からのクレーム対応や社内の問題点の改善に努める

アフター部門に力を入れていない住宅メーカーは、不具合の対応が遅れるなどして、顧客の不満を買ってしまうおそれがあります

営業が主軸となって業務を進める

Chapter4 09

注文住宅の引き渡しまでには部門間での連携が重要

注文住宅の場合、受注、つまり契約してからの業務がもっとも多くなります。ここでは契約から引き渡しまでの部門別の仕事の流れを簡単に解説していきます。

契約から着工までの業務フロー

契約から着工までは基本的に営業マンが主軸となって業務を進める住宅メーカーが多いです。契約後は、契約前に練ったプランの素案をもとに、着工に向けて打ち合わせを進めていきます。住宅の間取りや建材・設備、カラーコーディネートなど施主と打ち合わせを行っていきます。そのため、設計士やコーディネーターと営業マンが一緒に行動します。

打ち合わせの回数は住宅メーカーや施主によっても異なりますが、契約後は3〜6回ほど行うのが一般的です。そのほか、並行して、敷地に対してどう建物を配置するかを決めていきます。

間取りやプラン、配置が確定したら、建物が法的に問題ないかの建築確認申請を代行業者に依頼します。さらに、施主が土地を新規で購入する際の書類手続きや、地鎮祭の手配や同行をします。また、営業と現場監督は着工前に引き継ぎも行います。

地鎮祭
工事の安全を祈願する儀式。ほとんどが神式で行われるが、施主の意向により仏式やキリスト教式の場合もある。

着工から引き渡しまでの業務フロー

着工から引き渡しまでは基本的に現場監督が主体です。現場監督は地盤改良工事や基礎工事から竣工までの段取りを行います。必要な建材や設備について、そのほとんどを寸法やカラーなど間違いないか入念に確認して発注も行います。また、現場監督は工事中くり返し現場に足を運び異常がないかを確認し、各種検査の手配を行います。

竣工
建築工事が終了すること。竣工後、引き渡し手続きが行われ、売り主から施主に建物の所有権が移転する。

監督に引き継いだあとは、営業マンは登記手続きや火災保険、カーテン選びなどにおいて施主の話を聞きながら専門業者を手配します。引き渡しまで施主をサポートしていくことが、住宅メーカーの営業マンの仕事なのです。

主な注文住宅の業務フロー

業務	担当
プラン確定のための打ち合わせ	営業 設計士 インテリアコーディネーター
建物の配置決め	営業 設計士
建築確認申請依頼	営業

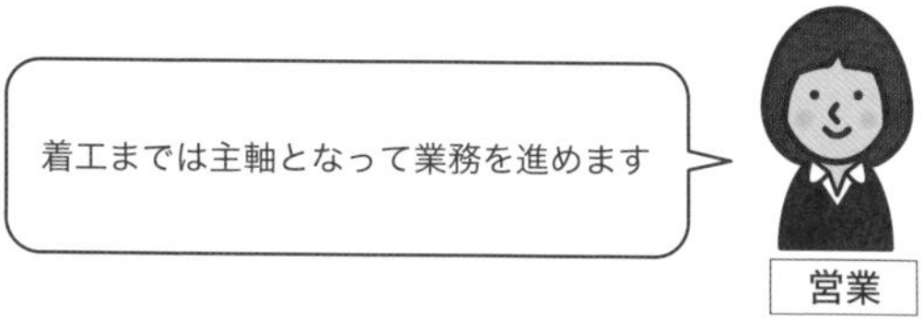

業務	担当
営業から現場監督へ引き継ぎ	営業 監督
工事段取り	監督
現場管理	監督
検査手配	監督
登記の段取り	営業

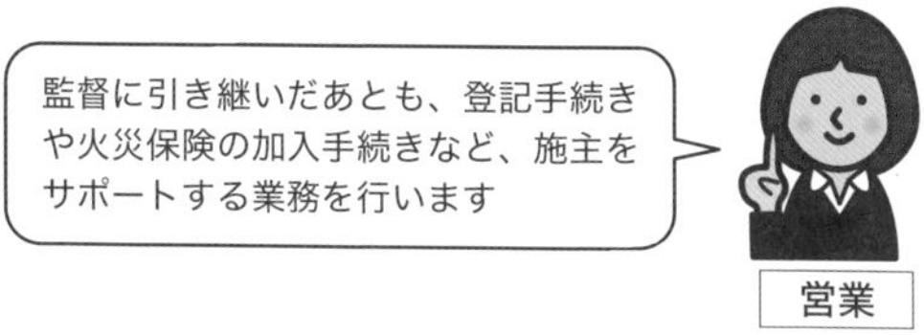

Chapter4
10

顧客にぴったりの生活空間を提供する

仕様打ち合わせにおけるインテリアコーディネーターの仕事

注文住宅では契約後に間取りだけでなく、構造や仕上げ、使用する材料など細かい仕様を決めていきます。ここでは、仕様を決めるための打ち合わせについて解説していきます。

住宅の仕様

住宅メーカーの場合、「標準仕様」という形である程度選べる建材・設備・色などが決まっています。たとえば屋根・外壁材などの建材、キッチン・トイレなどの設備など、選択できるメーカーやグレード・色は限られています。

そこに「オプション」を追加し、価格をアップさせることでグレードの高いものを選べるようになります。

決定すべき仕様の種類は非常に多く、使い勝手や外観・内観デザインに大きく関わるポイントです。施主だけですべての仕様を決めるのは難しいのです。

打ち合わせを行うアドバイザー

住宅メーカーでは専属のインテリアコーディネーターが打ち合わせに参加して、アドバイスを行うケースが多くあります。コーディネーターは、社内で雇っている場合と外部に委託する場合があります。営業マンが対応する場合もあります。

その際、紙ベースでの**プレゼンテーション**だけでなく、実物のサンプルや3D画像などを活用して解説していきます。

また、営業マンが各設備メーカーの**ショールーム**や希望設備が設置してあるモデルハウスに同行して紹介することもあります。

打ち合わせで重要なポイントは、まずは顧客の生活習慣や好みをヒアリングすることです。ここを怠ってしまえば、ピントがずれた提案になってしまい、打ち合わせも長引いてしまいます。当然、顧客の満足度も下がってしまうでしょう。営業マンは、よりよい提案をするために選択できる建材・設備の特徴や実際の使い勝手など、幅広い知識を持っている必要があるのです。

プレゼンテーション
顧客に商品やサービスを説明すること。「プレゼン」と略称で呼ばれることが多い。

ショールーム
住宅設備や家具、建材などの商品を紹介する場所。近年では顧客が実際に設備を使い、家事や洗濯などを体験することができる。

住宅メーカーの仕様

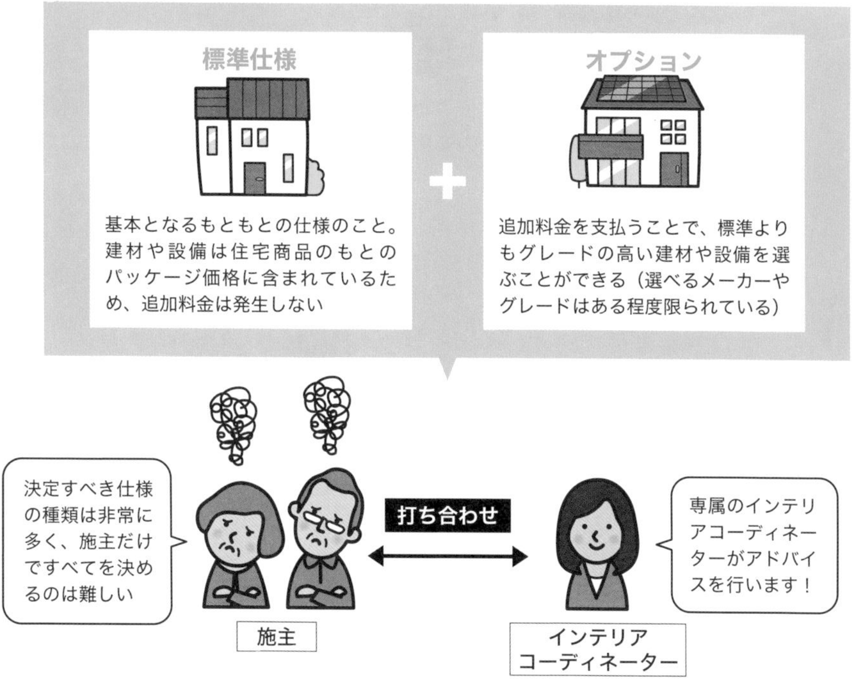

アドバイザーに必要な3つの力

①顧客の要望をヒアリングする力

顧客の生活習慣や好みをヒアリングして、より顧客に合った住宅環境を考える

②建材や設備の特徴などの幅広い知識力

選択できる建材や設備の特徴、実際の使い勝手など幅広い知識で顧客のニーズを実現する

③顧客にわかりやすく伝えるプレゼンテーション力

紙ベースだけでなく、実際のサンプルや3D画像などを活用して顧客がイメージしやすいよう工夫したプレゼンテーションを行う

くり返し顔を出し施工状況を確認する

施工現場での住宅メーカー社員の仕事

建築現場ではさまざまな専門の職人が出入りして工事が進んでいきます。その職人や施工のスケジュールを管理するのが住宅メーカーの社員、主に現場監督の仕事となります。

施工現場にくり返し顔を出す

1つの施工現場に対し現場監督が必ず1人担当しており、施工中は繰り返し現場に顔を出します。多くの場合、1人の現場監督が複数の施工現場を同時に複数個所管理しています。そのため、毎日現場に顔を出すのは難しいこともありますが、要所を抑えて必要なときに現場の確認が取れるようにスケジュールを組んでいきます。

住宅メーカーによっても異なりますが、営業も現場に顔出すことがあります。実際に施主との仕様決めの打ち合わせに参加している営業は、施主の要望通りに工事が進んでいるのかを確認しています。

また、社内設計士が現場を訪ねるメーカーもあります。営業や社内設計士が高い頻度で顔を出す住宅メーカーは現場の施工に力を入れているといえます。

施工現場で行う現場監督の仕事

監督の施工現場の業務は多岐にわたります。まずは施工現場で行う職人への指示出しが基本です。図面や仕様書だけではわからない部分や、間違えそうなポイント、細かい施主の要望などは現地で口頭説明が必要になります。また施工状況を確認しながらスケジュールの再調整も行います。

トラブルが発生すれば当然スケジュールの調整や天候によって調整が必要な工事もあります。

大きな遅れが発生した場合は、別会社の職人にヘルプを出すなどの調整を行い、施主に迷惑がかからないよう引き渡しを行っています。

仕様書
構造や建材の品番、工事範囲など図面では表せない内容をまとめた書類。国土交通省作成の「公共建築工事標準仕様書」を参考に作られることが多い。

施工現場に赴く社員

施工現場で行う現場監督の業務

職人への指示出し

図面や仕様書だけではわからない部分や、間違えそうなポイント、細かい施主の要望などを現地で口頭説明

スケジュールの再調整

トラブルや天気によってスケジュールの調整が必要になったときの、スケジュールの再調整を行う

施工現場の整理整頓・清掃状況の確認

事故や施工ミスが発生しないようにするため、現場のチェックは欠かさず行う

職人たちのマナーを指導

施主が見学に来たときに不快に思わせないため、職人たちの教育・指導を行う

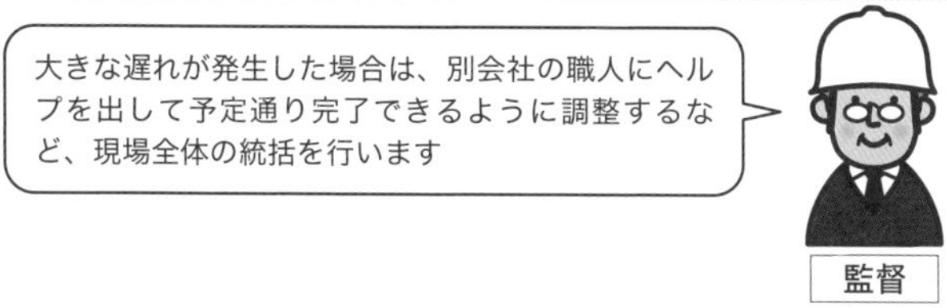

現場監督が確認するポイント

　ちゃんとした現場監督は施工現場の整理整頓・清掃を徹底します。これは、事故や**施工ミス**が発生しないようにするためです。また、施主が見学に来たときに不快に思わないように、職人たちのマナーについても指導や教育を行います。施主にとってこのようなポイントを押さえている現場監督は安心でき、住宅メーカーの教育が行き届いているかを見極める指標になります。

施工ミス
ビスの打ち間違いや、サッシの隙間など施工中に発生する瑕疵のこと。

Chapter4
12

法律の厳守を念入りに確認

引き渡し現場での住宅メーカー社員の仕事

工事が完了し、施主に建物を引き渡す前には完了検査、施主検査、建物決済、登記手続き、引き渡しというように業務が集中します。その中で現場監督や営業がそれぞれの業務に対応しています。

重要な完了検査と施主検査

引き渡し前に、まず行政が行う「完了検査」があります。建築確認申請で提出された図面や配置図の通りに建物が作られているのかを確認します。この検査で行政は不正がないか、建築基準法などの法律を厳守しているのかを念入りに確認します。

図面通りになっていないことがあれば指導が入り、許可証は発行されません。その場合は是正後に再検査を行います。

施主検査は名前の通り、施主が完成した建物を検査します。依頼した通りの仕様になっているか、傷など仕上りに問題がないかを確認します。ここで問題があれば引き渡しまでに是正することになります。施主がこの検査で承認してしまうと、あとから不備があっても文句はいえません。そのため、現場監督だけでなく、施主側にとっても重要な検査となります。

決済から引き渡しまで

決済とは、建物の工事代金の残金を支払う手続きのことを指します。決済が完了しない限り引き渡しはできません。多くの場合、施主は住宅ローンを利用します。そのため、決済は銀行の融資係と施主、住宅メーカーの営業で行います。また同時に登記手続きも行うため、司法書士も同行することになります。

各検査、及び決済・登記が完了すればいよいよ引き渡しです。引き渡しでは監督から各設備の使い方や**メンテナンス**方法などの説明や施主検査での是正箇所の修正確認が入ります。また今後の定期点検やアフターフォローなどの解説、鍵の譲渡が行われ、書類にサインをして住宅の引き渡しに関するすべての業務が完了となります。

メンテナンス
長期間快適に過ごす環境を維持するため、不具合がでた箇所を修繕すること。修繕には、クロスの張りかえや床の腐食部分の交換、外壁の塗装などがある。

建物を引き渡す前の5つの仕事

完了検査 	監督が手配 行政が検査	図面や配置図の通りに建物が作られているのか、不正がないか、建築基準法などを厳守しているのかチェックする
施主検査 	監督が手配 施主が検査	依頼した通りの仕様になっているか、傷など仕上りに問題がないかチェックする
建物決済 	営業がフォロー 銀行が対応	建物の工事代金の残金をすべて支払う手続き
登記手続き 	営業か銀行が手配 司法書士が対応	土地や建物の所在・所有者・担保の有無（抵当権）などの権利関係を登録する
引き渡し 	監督と営業が対応	監督から各設備の使い方やメンテナンス方法などの説明を行い、施主検査での是正箇所の修正確認、定期点検やアフターフォローなどの解説、鍵の譲渡などを行う

鍵を渡され、書類にサインしてすべての業務が完了となる

現場を訪れ調査・採寸からスタート

Chapter4 13

リフォーム会社・部門の仕事内容

メンテナンスやリフォームの専属の会社と住宅メーカー内のメンテナンス・リフォーム部門では、それぞれ特徴が異なります。ここではそれぞれの役割や仕事内容を解説していきます。

リフォーム部門の従業員の仕事内容

住宅メーカー内のリフォーム部門やリフォームに関する子会社には、「自社で建築した建物に対してのみメンテナンスやリフォームを行う部隊」と「自社以外にも販促活動・営業を行う部隊」があります。後者の業務内容は専属のリフォーム会社と同じであり、営業と現場監督の両方を行うマルチタスクなケースが比較的多くなっています。

一方で、大手リフォーム会社や部門では営業と監督が分業になっている場合が多いです。また大型リノベーションを扱うリフォーム会社や部門では、設計や仕様を提案する専属のプランナーを雇っているケースもあります。リフォームのみを行う場合は、外部委託するケースは少ないです。

プランナー
改築に関して設計や仕様をする職能。一般に建築士が行うが、改築の程度によっては建築士の資格が不要の場合もある。

マルチタスクなリフォーム会社の社員

営業が必要なリフォーム会社・部門では、顧客から問い合わせがあると、まずは現場を訪れ調査・採寸からスタートします。それから調査・採寸結果をもとにプランや見積りを提示します。

調査・採寸
建設する場所の周辺の調査や建物の測定などをすること。現地調査ともいい、設計計画を進めるために行う。

契約後は現場職人の仕事に移行し、工程の段取り、商品の発注、職人の手配を行います。工事中は現場にくり返し足を運び、職人の管理を行い、完成後に引き渡しをする流れとなります。リフォーム会社社員の基本的な流れは新築の監督とほぼ同じです。

住宅メーカーのメンテナンス・リフォーム部門でもっとも大きな特徴が、自社の顧客の定期点検があることです。建築10年後・20年後に定期点検を行い、メンテナンスが必要な箇所を確認して見積りとして提示します。見積り通りにメンテナンスをしないと延長保証ができないため、高い確率で受注ができます。

住宅メーカーのリフォーム部門とリフォーム関連子会社の特徴

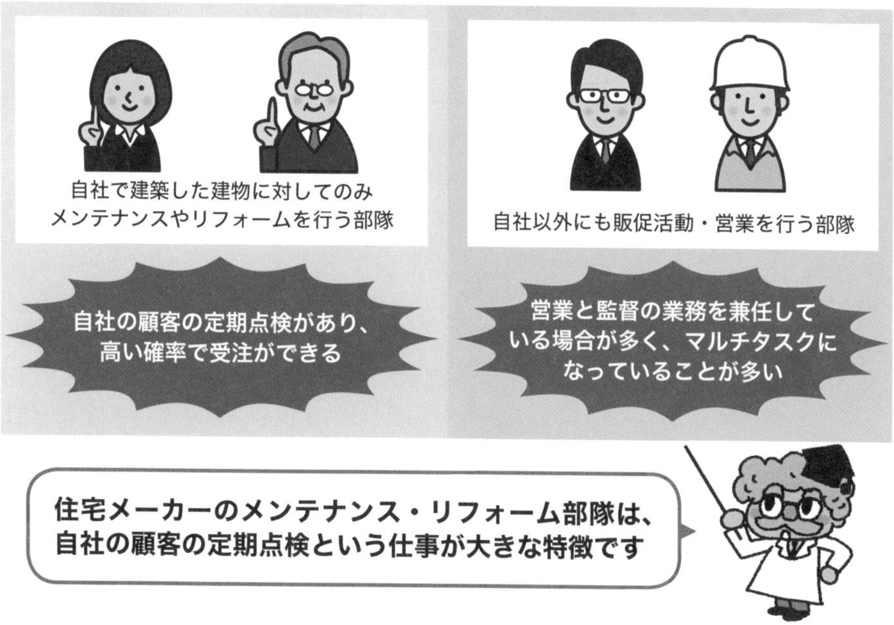

リフォーム会社の社員の仕事内容

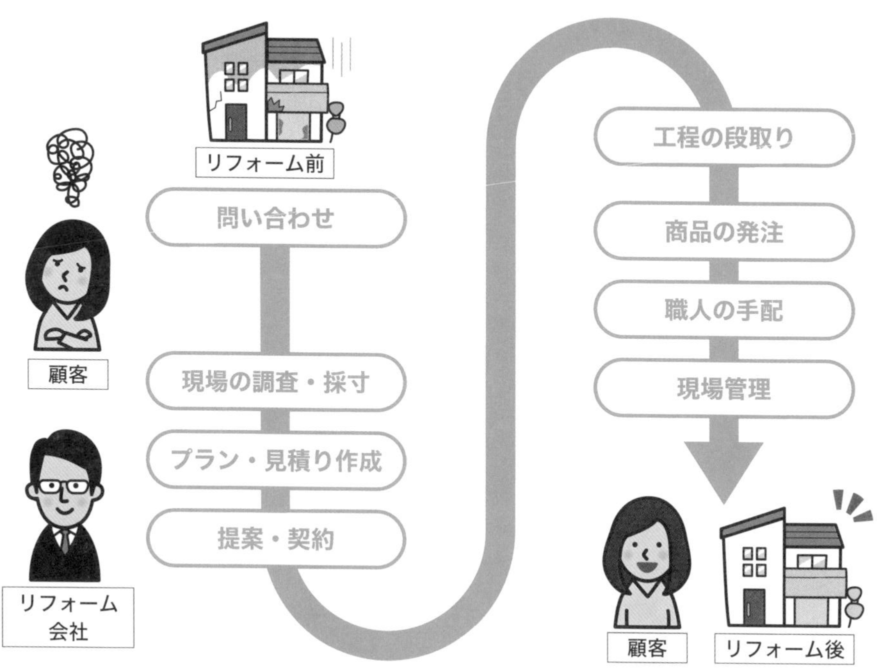

Chapter4 14

想像力と自己プロディース力

住宅メーカー社員に求められる人材と能力

人口減少などの影響により建築・住宅市場が日々衰退していく中、各住宅メーカーは生き残りをかけて懸命に戦っています。その中で今、必要とされる人材や能力はどのようなものなのでしょうか。

絶対的に必要な能力は高い想像力

住宅メーカー社員には営業、監督、設計などさまざまな仕事に分かれていますが、共通して必要な能力が「想像力」です。まず営業においては顧客の求めている要望や、求めている情報など、コミュニケーションにおける想像力が必要となります。また、住宅の構造などを立体的に理解し、かつ顧客に対して説明をする必要もあります。

現場監督も同様の想像力が必要不可欠です。各職人に対して説明する上で、より具体的な立体イメージを頭で描けていないといけません。設計士やコーディネーターなども同様です。

この想像力においては上司や先輩がコツを教えられるものではありません。自身で何度も考え想像し、鍛えていくものなのです。顧客の気持ちに寄り添い、責任感を持って真剣に考えていけば自然に身に付いていくはずです。

専門性と自己プロデュース力

次に必要なのが専門性と自己プロデュース力です。本書で解説しましたが、近年住宅メーカーは競合との差別化を図ろうとさまざまな努力をしています。

またIT化が進む中、とくに営業は仕事が減少してくる可能性があります。企業だけでなく、従業員にとっても他者との差別化が必要になってきているのです。

とはいえ、顧客や会社がまったく必要としていない専門性や知識があっても意味がありません。自身の専門性や強みを意欲的に学び、求められているニーズとマッチさせる自己プロデュース力が重要になります。

IT化
情報処理や通信に関する技術を取り入れること。インターネット上での集客やビジネス用のチャットツールが普及した影響から、飛び込み訪問やテレフォンアポインターを用いた営業方法は徐々に減退している。

住宅メーカー社員に必要な「想像力」

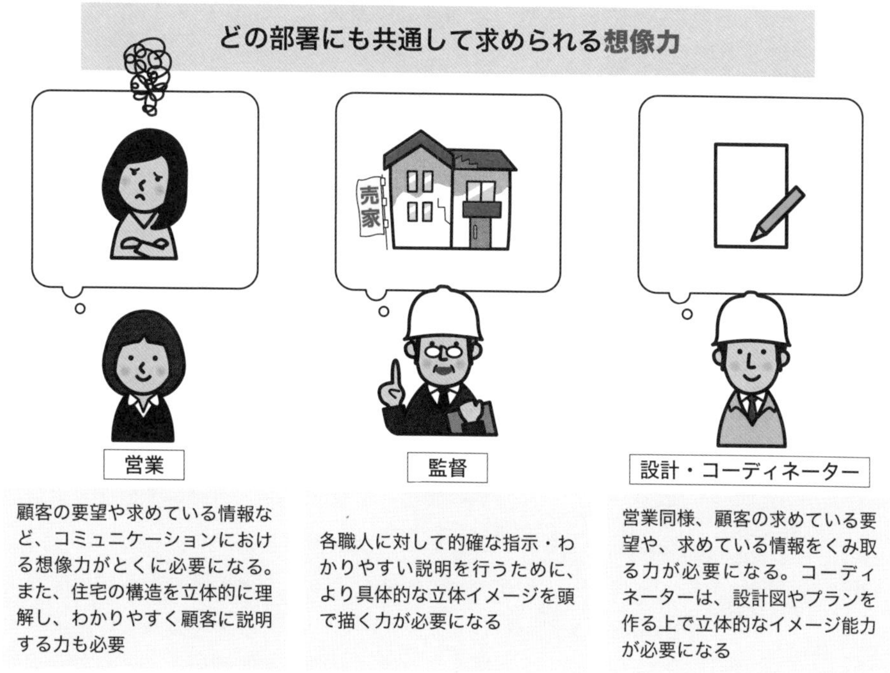

住宅メーカー社員に必要な「自己プロデュース力」

実力の営業部と信頼の工事部

Chapter4
15

住宅メーカー社員の２種類のキャリアパス

住宅メーカー社員のキャリアパスは主に営業部と工事部の２種類に分かれています。それぞれの役割や特徴・必要スキルはまったく異なるため、部門間での異動はほとんどありません。

営業部は実力主義

住宅メーカーによってやや異なりますが、基本的には入社後、店長補佐（副店長または係長）、店長（課長）、エリア長、部門長という流れで進んでいきます。

平均すれば入社後3～5年前後で店長補佐、6～8年前後で店長といったキャリアパスになります。とくに店長までは、**営業成績**によって変動が激しいのが営業部の特徴です。

店長から上のキャリアに関しては、営業成績よりも**管理能力**が優先されます。ただし、マネジメント能力そのものが評価されるというより、各店舗やエリアなどの営業成績のよし悪しで評価されることが多いです。

このように営業部においては、実力主義の住宅メーカーがほとんどです。その分住宅メーカーの営業職は別業界からの転職に対して門戸は広くなっています。

営業の場合、何よりコミュニケーションスキルや顧客のニーズや気持ちを察する想像力がより重要視されます。

営業成績
個人またはチームなど集団の販売実績。住宅メーカーでは、新築住宅の着工契約数やリフォームの契約数などが評価の対象になる。

管理能力
自身が統括する集団の営業成績向上において求められる能力。業務の進捗管理や組織運営、人材育成などを通して組織を監督する。

工事部は信頼度重視

現場監督や点検部隊のキャリアパスについては、売上など数字的な評価ができる指標がほとんどないため、営業と正反対となり実力主義とはなりません。

まずは住宅における専門知識の量によって評価が決まってきます。次に必要なのが職人をしっかりと管理して質の高い施工を行うことや顧客に対して十分な説明を行うことなどが挙げられます。クレームを発生させず満足感を提供できる人、つまり信用度の高い人が評価されるのです。

営業部のキャリアパス

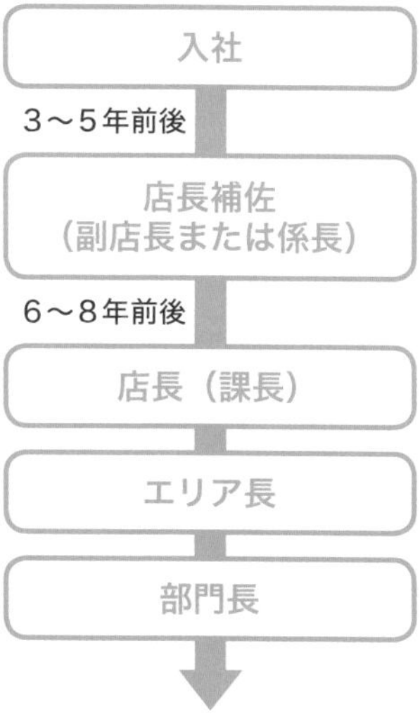

営業部への転職

- 別業界からの転職に対して門戸は広い
- コミュニケーションスキルや、顧客のニーズや要望を察する想像力が重要視される

工事部のキャリアパス

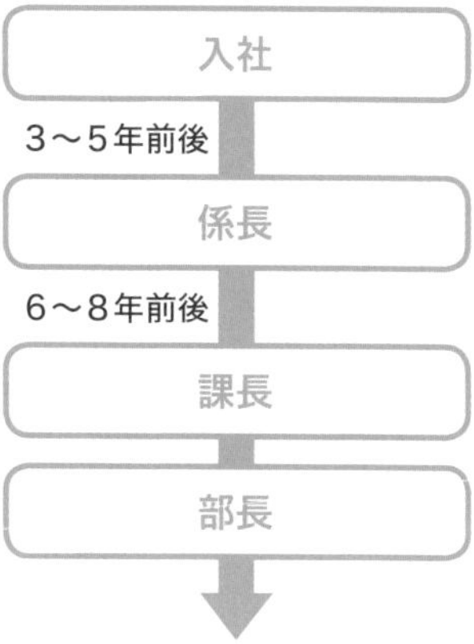

工事部門の評価

- 住宅における専門知識の量によって評価が決まる
- 顧客に満足感を提供できる、信用度の高さが評価される

ONE POINT

一流営業マンは年間2億円以上売り上げる

住宅メーカーの世界では、1人で年間10棟以上や、売上では2億円以上の販売成績を収めるとトップセラーと呼ばれ一流営業マンとして扱われます。この数字は入社して2年～3年目で到達する人もおり、継続して年間7～8棟以上の成績を収めることで早ければ3年で店長に出世する可能性があります。逆に営業成績が悪いと、10年経っても店長補佐に昇格しないケースもあります。

COLUMN 4

値引き合戦の真相

顧客を選びながら
購入の背中を押す

新築の見積りを見ると必ず「値引き」という項目があります。車などの高額商品でも同様ですが、住宅業界においても値引きが当たり前になっています。これは特性というか「文化」といってもよいでしょう。住宅という人生でもっとも大きな買い物ですから、どうしても契約直前に腰が引けてしまう人が多い中、「少しでも背中を押す」という意味で値引きが存在し、この文化はずっと残っているわけです。

しかし、逆をいえば住宅業界の値段はすべて「値引き」を加味した定価設定になっています。住宅そのものの価格はもちろん、キッチンやトイレなどの水回りのメーカー希望小売価格も一部を除きそうなっています。つまり、住宅メーカーに限らず、さまざまな建材や設備メーカーが、購入者に対していかに「お得に見せるのか」を念頭に置いて定価設定をしているのです。

もう1つこの値引きが住宅メーカーや不動産にとって大きなメリットをもたらしています。それは「顧客を選べる」ことです。注文住宅の場合、実はメーカー側の従業員だけがどれだけ頑張ってもよい家は建ちません。施主側の顧客が住宅メーカー側にしっかりと歩み寄ることがよい家の前提となります。しかし、顧客が自分本位で協力的でもないと、時間だけが無駄になり、今度はほかの顧客に迷惑をかけることになります。もしも契約前にその顧客が自分本位で進めるタイプとわかったら、値下げしないことで契約にいたらないようにできるわけです。また、土地や中古住宅の売買においても同様で、質の悪い顧客の場合、周囲への悪影響があるため、値引きしないことで遠ざけることができます。

もしも本書を読む皆さんが住宅業界に勤務している、またはこれから働こうとしているのでしたら、自社の商品や自分たちのサービスにしっかりと誇りを持ち、値下げに頼らず販売していくことが企業全体のプラスになることを念頭に置いておきましょう。

第5章

主な設備・部材メーカー

住宅を建てるには、トイレやバスルーム、キッチンなど、多くの設備が必要です。そして、住宅メーカーは設備の多くを専門メーカーから仕入れています。第5章では、それぞれの設備の主なメーカーとメーカーごとの特徴を解説します。

Chapter5
01

共同戦線を張る

強いつながりを持つ住宅メーカーと設備メーカー

設備や建材のメーカーにとっての顧客は、実際に商品を購入する住宅メーカーです。また施主が自社製品を選択することもあります。住宅メーカーと施主、どちらも大事な顧客なのです。

設備の9割以上は専門メーカーから仕入れる

住宅を建てる際、住宅メーカーや工務店は設備や建材の9割以上を、それぞれの専門メーカーから仕入れています。大手住宅メーカーではオリジナルの設備・建材を**自社開発**していることもありますが、その割合は1割にも満たないのです。

つまり、住宅メーカーや工務店は設備や建材メーカーの商品開発力や宣伝力などに大きな影響を受けているのです。

そのため、設備や建材メーカーには住宅メーカーへ手厚い営業をしています。また、ときには商品を顧客に丁寧に紹介してもらえるように勉強会を開くなどします。

逆に住宅メーカー側も、たとえばメーカーのショールームに行った顧客に、「あの住宅メーカーはお勧めですよ」と太鼓判を押してもらえればプラスになります。

つまり、住宅メーカーと設備や建材メーカーは**パイプ**が強ければ強いほど相互にメリットがあるため、共同戦線が取れるように努力をしているのです。

自社開発
自社の商品やサービスの開発を自社内で行うこと。社員の技術力の向上やコストの削減などのメリットがある。

パイプ
企業と企業の横のつながりや人脈のこと。住宅メーカーと設備・建材メーカーはとても近い距離感にあるため、パイプが強いほど仕入れや宣伝において、直接的なメリットを生む。

現場では責任のなすり付け合いも発生する

住宅メーカーと設備メーカーが強いつながりを持つことは、互いにメリットがあるといっても、それは企業全体の利益に関する話です。実際の工事現場では、どうしても責任のなすり付け合いのようなものが発生することも事実です。たとえば設置した設備が正常に動かなった場合、施工店側は商品の責任があると感じても、メーカー側は施工の問題だと考えるケースなどです。

これればかりは時間がかかってしまいますが、しっかりと原因を追究するしか解決する術はありません。

設備・建築メーカーの仕事相手

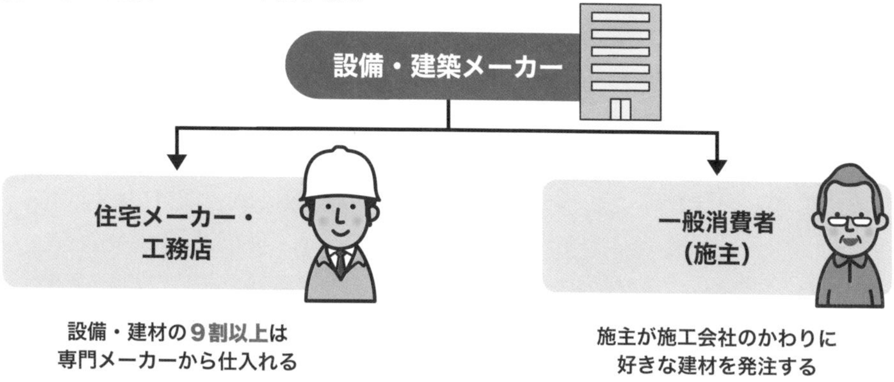

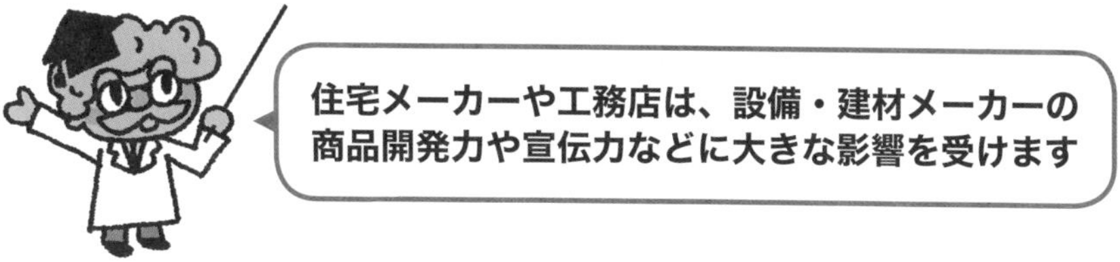

住宅メーカーとのパイプ

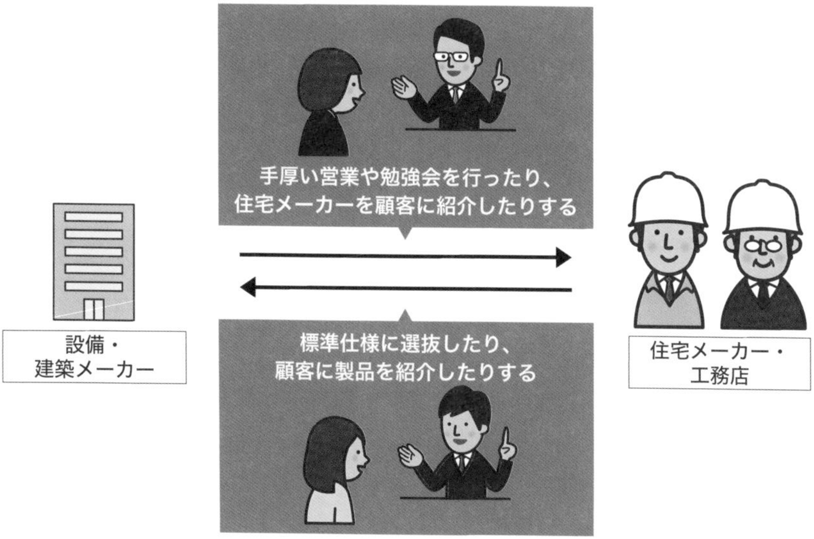

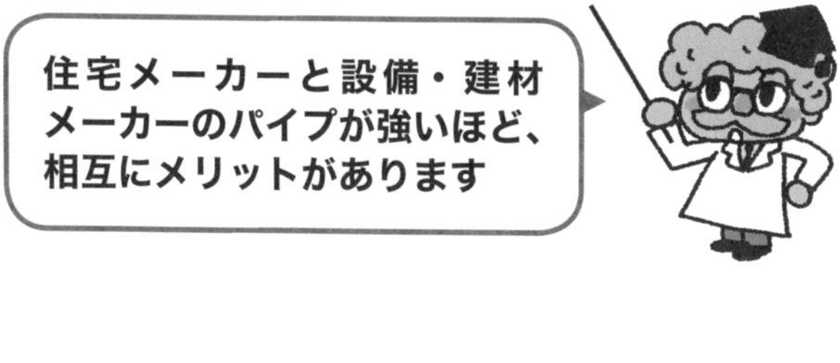

Chapter5
02

日々、技術力で他社と競う

住宅業界全体を支える設備・建材メーカーの分類

住宅は非常にたくさんの設備・建材で構成されています。また、それぞれの設備や建材を作っているメーカーは多数あり、技術の面において日々競合しています。ここでは設備・建材メーカーの分類について解説します。

設備メーカーの分類

設備とは「建物などに備え付けられた機器」を指します。住宅設備とは厳密には「電気・ガス・給排水・換気・冷暖房・消火・排煙などの機器」を指しており、建築基準法で定められています。

つまり、住宅設備とは電気・ガス・水道などで動く機器のことを指すわけです。

まず主要な設備といえば**水回り**の設備が挙げられます。トイレ、ユニットバス、洗面化粧台、キッチンが該当します。

これらの水回り設備を作るメーカーは、たとえばキッチンだけ作っているということはなく、ユニットバスも洗面化粧台も含め、複合的に作っているメーカーがほとんどです。

そのほか、「給湯・ガス・IH」「換気・冷暖房」「照明器具」など、分野ごとにさまざまなメーカーがあり、技術を競い合っています。

水回り
住宅の中で、台所や浴室、洗面所などの水を使う場所のこと。ライフラインに直接関わる場所であるため、毎日使っても故障しない丈夫さや、常に快適に使用できる衛生管理が求められる。

建材メーカーの分類

住宅建材の意味はその名前の通り、「建築する上で構成されている資材・材料」を指します。厳密には上記解説した設備も建材の一部ではありますが、住宅業界では「設備」と「建材」で分けることが多いです。

建材のメーカーを分類すると、「サッシ・建具・床材」「**断熱材**」「屋根、外壁材」「クロス」「カーテン」「畳、襖」などが挙げられます。

そのほか、建築で使用する金物のメーカー、石膏ボード、モルタルなどの下地材メーカーなど、多種多様なメーカーが存在し、住宅業界全体を支えています。

断熱材
物理的に熱伝導率の低い資材のこと。断熱材を利用し、建物の外側と内側の熱移動を遮断することで、外の気温が室内に伝わりにくくなり、「夏は涼しく、冬は暖かい」という快適な住宅環境を作ることができる。

設備メーカーの分類

トイレ・バスルーム・洗面・キッチン

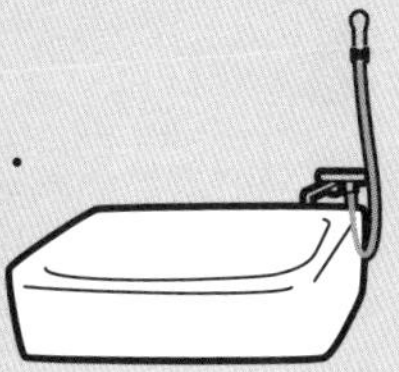

給湯・ガス・IH

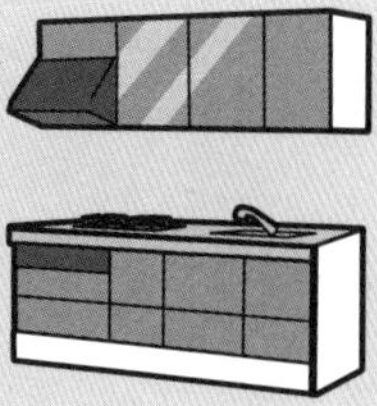

換気・冷暖房

照明器具

建材メーカーの分類

サッシ・建具・床材	断熱材	屋根・外壁材
クロス・カーテン・畳	建築金物	下地材 （石膏ボード、モルタル）

建材	メーカーの一例	建材	メーカーの一例
サッシ	・YKK AP ・三協立山	クロス	・リリカラ ・サンゲツ
断熱材	・古河電気工業 ・廣瀬製紙	カーテン	・住江織物 ・東リ
屋根	・ケイミュー ・ニチハ	畳・襖	・キツタカ ・とりまつ畳

Chapter5
03

機能や価格が重要

トイレやバスルームなどの主な水回りメーカー

トイレや洗面化粧台などを作っているメーカーに関しては、知っている人も多く有名なメーカーが揃っています。新築に限らずリフォーム用にも多数販売されています。ここでは水回りメーカーについて紹介します。

水回り設備3大メーカー

まず、トイレ市場において有名なTOTOは長年シェアNO.1の実績を保持しています。続くのはLIXILやパナソニックです。この不動のトイレ3大メーカーは、ユニットバス・洗面化粧台・キッチンなど、水回り設備全般を販売しており、それぞれ高い販売実績を誇っています。近年、ほかのメーカーの参入はありません。

TOTOの特徴としては、トイレの販売実績NO.1と企業の長年の歴史が挙げられます。とくに**陶器**の汚れにくさや質感に定評があります。ユニットバスなども含めて世間からの信頼度は高く、価格を下げることなくシェアを維持しています。

LIXILはTOTOより低価格で水回り設備を提供しています。また、商品のラインナップや機能が充実しています。

パナソニックは陶器ではないオリジナルの**有機ガラス素材**を開発し、独自路線で戦っています。また、家電と結び付けた商品や豊富なカラーバリエーションを持つデザイン性が高い商品など、多様なラインナップを展開しています。

陶器
セラミックの一種で、土を練り固めて焼いた焼き物。衛生的で耐久性にも優れている。TOTOでは、陶石や粘土、長石などの20種類以上の原料を組み合わせて、製品を焼いている。

有機ガラス素材
透明なプラスチックでできたガラスのこと。水を弾き、表面に汚れが固定しにくいため、陶器よりもメンテナンスがしやすい。さらに、金型を使った生産が可能であるため量産がしやすいというメリットもある。

タカラスタンダードとクリナップ

ユニットバス、洗面化粧台において、上記3大メーカーに続いて実績があるのはタカラスタンダードやクリナップです。キッチンの販売実績が高い傾向にあります。

タカラスタンダードは耐震設計ユニットバスなど、頑丈さをウリにしているのが特徴です。そのほか、規格外のオーダーサイズのユニットバスを作っており、他社との差別化を図っています。

クリナップは保温効果の高いユニットバスを製造するなど、他社とは異なる機能で差別化を図っています。

水回り設備の主なメーカー

水回り設備全般を販売している３大メーカー

TOTO

トイレの販売台数No.1の実績と長い歴史を持つ会社。とくに、陶器の汚れにくさや質感に定評がある。ユニットバスなども含め、世間からの信頼度は高く、価格を下げることなくシェアを維持している

LIXIL

低価格で水回り設備を提供しており、コストパフォーマンスに優れている。商品のラインナップや機能も充実している

パナソニック

オリジナルの有機ガラス素材を開発し、家電と結び付けた商品を展開している。デザイン性を高めた商品ラインナップが特徴

特定の商品において人気を誇る有名メーカー

タカラスタンダード

水まわりって、大切だから

耐震設計ユニットバスなど、頑丈さをウリにしている。規格外のオーダーサイズのユニットバスなどがある

クリナップ

キッチンから、笑顔をつくろう

保温効果の高いユニットバスが特徴で、入浴前から床面や浴室全体を温めることができる商品がある

トイレのシェア

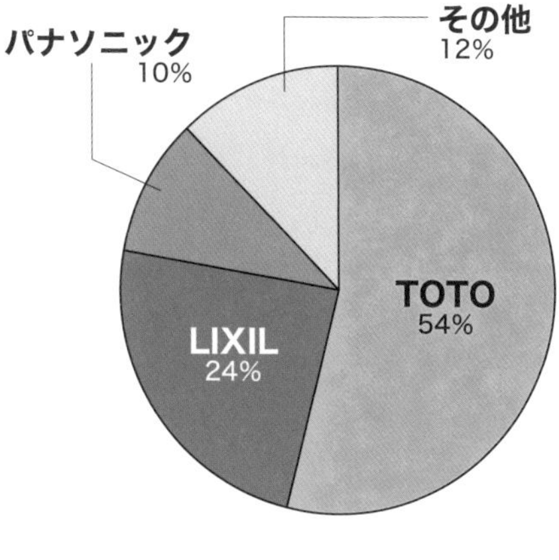

出所：リフォーム産業新聞（2013年）

洗面台のシェア

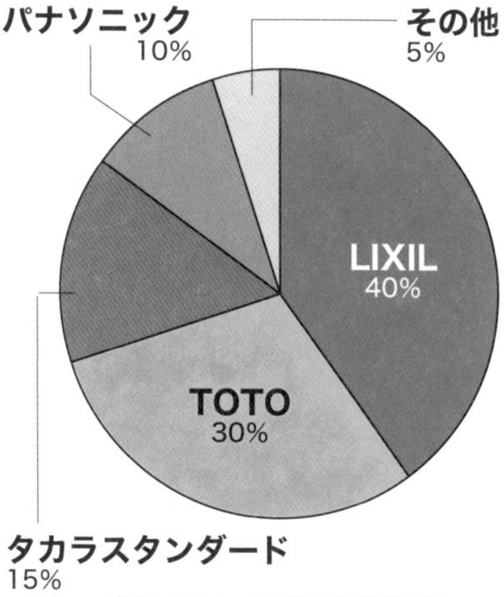

出所：リフォーム産業新聞（2014年）

Chapter5
04

質の高さを追求

顧客ニーズを把握して強みを活かすキッチンメーカー

トイレなどのほかの水回り設備と比べて、シェアや販売実績が異なるのがキッチンメーカーです。キッチン設備においては本体だけでなく、ガスコンロ、IH、レンジフードなど作っているメーカーが異なるのです。

キッチンシェア3強のメーカー

キッチンのシェアを独占しているのがLIXIL、タカラスタンダード、クリナップの3強メーカーです。

LIXILはトイレやユニットバスなどと同様の戦略を取っています。さまざまな価格帯のラインナップを取り揃え、顧客ニーズの高い機能を充実させています。

タカラスタンダードは**ホーロー素材**にこだわり、ユニットバスと同様に耐久性の強いキッチンをウリにしています。

クリナップはもともと**ステンレス流し台**の先駆者で、ステンレスといえばクリナップというほど強いイメージを持つメーカーでした。現在は人工大理石の人気が急上昇したことで、やや路線を変更しつつも、これまでと変わらず質の高さを追求しています。

ホーロー素材
鉄やアルミニウムなどの金属の表面にガラス質の釉薬を高温で焼き付けたもの。ホーロー素材は、鉄の強さとガラスの美しさを合わせ持ち、湿気や油汚れにも強いため、水回りの製品に適している。

ステンレス流し台
ステンレスは腐食に対する耐性を持つため、流し台の素材として最適。クリナップはステンレス流し台の先駆者であり、「採用したい建材・設備メーカーランキング2020（日経ホームビルダー2020年12月号掲載）」のシステムキッチン部門において、3年連続で1位を獲得するなど、その技術は住宅のプロからも評価されている。

独自性を打ち出すキッチンメーカー

上記の3つのメーカーにシェアは劣るものの、独自性を売り出しているメーカー、パナソニック、TOTO、トクラスを紹介します。

パナソニックのキッチンは、やはり家電を活かした展開をしています。とくに高性能なレンジフード、IH、食洗器とセットでの販売が強みです。またトイレなどと同様に軽くて頑丈で汚れにくい有機ガラスを天板に採用しています。

TOTOはトイレなどと同様に質感を重視しつつ、節水性能が高いものを提供しています。清潔感を維持できる機能を備え、充実したラインナップを展開しています。

トクラスは近年急激に伸びてきました。人気が高まっている人工大理石をブラッシュアップし、低価格で高級感のある天板をウリにしたことから販売数が伸びています。

キッチンルームの主な有名メーカー

キッチンのシェアを独占している3強メーカー

LIXIL

LIXIL

さまざまな価格帯のラインナップを取り揃え、顧客が欲しいと思う機能を充実

タカラスタンダード

水まわりって、大切だから
Takara standard

ホーロー素材にこだわり、ユニットバス同様に耐久性の強いキッチンをウリにしている

クリナップ

クリナップ
キッチンから、笑顔をつくろう

ステンレス流し台の先駆者で、ステンレスがウリの企業。質の高さにこだわる

そのほかの独自性を打ち出すキッチンメーカー

パナソニック

Panasonic

家電を活かし、高性能なレンジフード、IH、食洗器とセットでの販売を行う。軽くて頑丈で汚れにくい有機ガラスを天板に採用している

TOTO

TOTO

質感を重視しつつ、節水性能が高く、清潔感を維持できる機能を充実したラインナップを揃えている

トクラス

TOCLAS
トクラスキッチン＆リビング

人工大理石をブラッシュアップし、低価格で高級感のある天板をウリにしている

キッチン（本体）のメーカーシェア

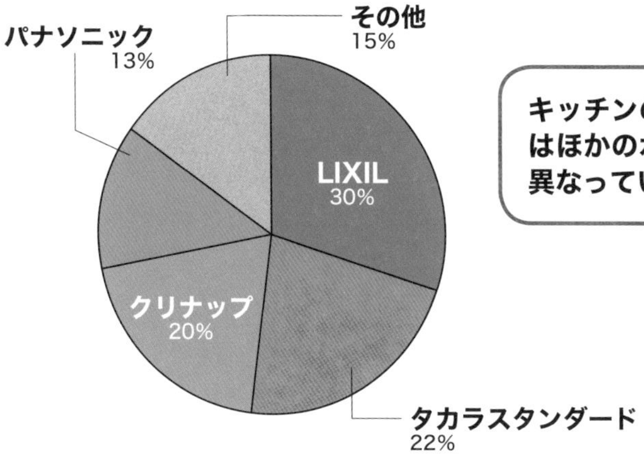

出所：リフォーム産業新聞（2013年）

独自戦略を立てる

Chapter5
05

給湯器・ガスコンロ・IHの主なメーカー

給湯器・ガスコンロ・IHは設備としてはユニットバスやキッチンの一部ではありますが、水回り設備のメーカーとは異なります。お互いに協力体制をとり、顧客に合った製品を提供しています。

給湯器・ガスコンロの3大メーカー

給湯器とガスコンロの国内シェアと販売数のトップ3は、順序も含めて同じメーカーになっており、上からリンナイ、**ノーリツ**、パロマとなります。

国内トップシェアのリンナイの特徴は技術力です。たとえば、給湯器であれば熱交換率が高く、機器が軽いことが挙げられます。

2番手であるノーリツの特徴としては、給湯器の省エネ性能や多機能がウリといわれています。リンナイと比較してもシェアや性能、価格においても大きな差はなく、非常に均衡しています。

パロマは日本では3番手ではありますが、アメリカやオーストラリアで高いシェアを誇っており、連結売上高は3社の中で最大です。給湯器、ガスコンロともに動線を意識した使い勝手のよさが特徴的です。

ノーリツ
ガス台とコンロが一体化したビルトインコンロを日本で初めて作った「ハーマン」と2001年に業務提携して子会社化。そのため、ガスコンロの提供も行っており、リンナイと性能や価格においては大きな差はない。

IHの2強メーカー

IHはパナソニックと日立製作所で国内シェアの7〜8割を占めています。とくにパナソニックは国内シェアの約5割を占めており、独占状態となっています。

パナソニックは、個性的な特徴より万能型のIHを提供しており、デザイン・機能の水準が高い状況となっています。

2番手である日立製作所はパナソニックとの差別化を図るため、料理にこだわりがある客層に対しての大火力を重視するなどの独自の戦略を取っていますが、その差は縮まっていません。

3番手に三菱電機が続いており、同様に差別化された新しいアイデアを盛り込んでいますが、パナソニックの強固な壁に穴は開けられていない状況です。

IH
Induction Heating（電磁誘導加熱）の略。内部の磁力線に電流を流して器具自体を発熱させるため、加熱時に火を使わず、安全に利用ができる。

給湯器・ガスコンロ・IHの主な有名メーカー

給湯器・ガスコンロの3大メーカー

リンナイ

Rinnai

国内トップシェアを誇る。給湯器の熱交換率が高い、機器が軽いなどの技術力が定評

ノーリツ

NORITZ

省エネ性能や多機能搭載の給湯器がウリ。1位のリンナイとシェアや性能、価格においても均衡している

パロマ

Paloma

給湯器、ガスコンロともに動線を意識した使い勝手のよさが特徴。アメリカなど海外で高いシェアを誇る

給湯器･ガスコンロのシェア

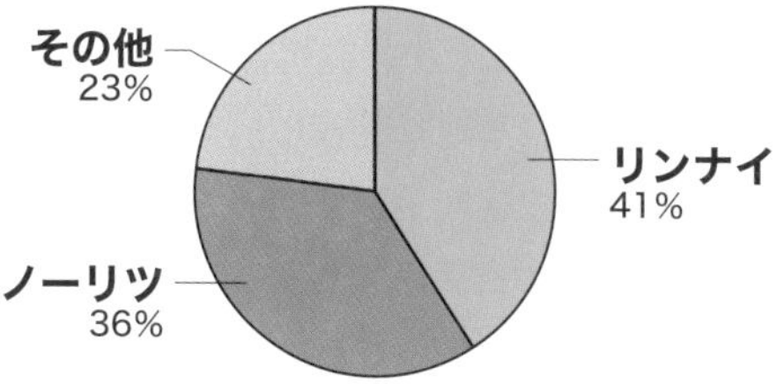

出所：リフォーム産業新聞（2014年）

IHの2強メーカー

パナソニック

Panasonic

万能型のIHとなっており、デザイン・機能の水準が高い

日立製作所

HITACHI
Inspire the Next

料理にこだわりがある客層に対しての大火力を重視した戦略

IHのシェア

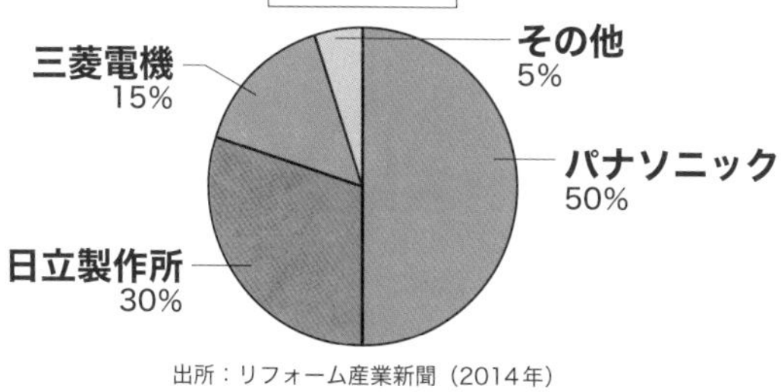

出所：リフォーム産業新聞（2014年）

Chapter5
06

断熱力や耐久性の向上

サッシ・建具・床材の主なメーカー

アルミサッシメーカーは金属系のサッシだけでなく、玄関ドアや勝手口ドアなども作っています。また室内ドアなどの木製建具を作っているメーカーの多くは、木製フローリングや木製巾木などの建材も作っています。

アルミサッシ・玄関ドアの3大メーカー

アルミサッシや玄関ドアのシェアは、LIXIL、YKK AP、三協立山の3社で占めています。

LIXILの特徴としては、トイレなどの設備と同様の戦略で、価格をやや抑えながら商品ラインナップを豊富に展開しているところです。また早期からサッシに**樹脂**を用いて断熱力を上げる取り組みに着手しているため、断熱に定評があります。

YKK APは日本国内での生産にこだわり使い勝手や品質、耐久性向上に力を入れています。

樹脂
植物から分泌される精油類緑物質のこと。天然由来のものは高価であることが多く、人為的に製造された合成樹脂が市場に多く出回っている。樹脂の中には、断熱材に使用されているものもある。

木製建具や床材のメーカー

木製建具や床材などの木製建材を作っているメーカーは多数ありますが、シェアを占めるのは大建工業、永大産業、パナソニックの3社です。ほかにもウッドワン、朝日ウッドテック、ノダ、LIXILなどがあります。

大建工業は創業75年という長い歴史を持つ建築資材の総合企業。木質系複合フローリングではトップシェアとなっており、このほかにも壁材・室内ドア・天井材・収納など、性能の高いかつ多種多様な製品ラインナップを展開することで、空間提案を実現しています。

シェアの2番手である永大産業は、質を重視しています。住宅メーカーでは、オプションによって永大産業の建具やフローリングを選択できることが多くなっています。

3番手に位置するパナソニックは設備と同様の戦略で、カラーバリエーションなどのデザイン性や**抗菌**などの機能性を充実させています。

抗菌
菌の増殖を抑えること。抗菌加工製品は、製品の表面上で菌が長時間滞在しないように、菌が増殖しにくい環境を作っている。

アルミサッシ・玄関ドアと木製建具・床材の主な有名メーカー

アルミサッシ・玄関ドアの３大メーカー

LIXIL

価格を抑えながら商品ラインナップを豊富に展開している。断熱に定評がある

YKK AP

日本国内での生産にこだわり、使い勝手や品質、耐久性向上に力を入れている

三協立山

自社商品で「平成30年度　地球温暖化防止活動　環境大臣表彰」を受賞するなど、社会のニーズを反映した開発に務める

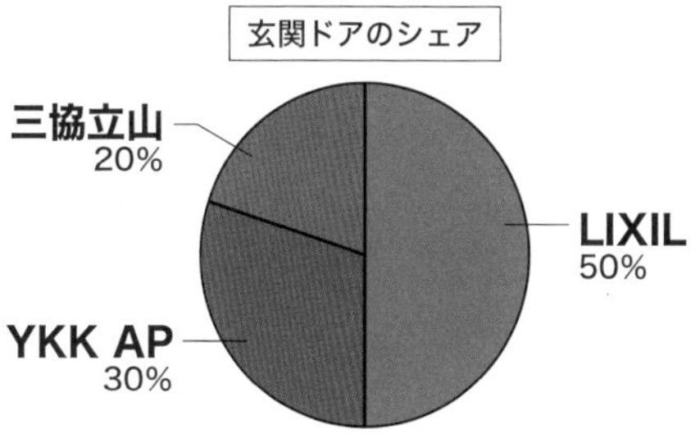

出所：リフォーム産業新聞（2014年）

木製建具・床材の３大メーカー

大建工業

複合フローリングではトップシェア。ほかにも壁材・室内ドア・天井材・収納など、高性能な製品で空間提案を実現

永大産業

質を重視したスタイルの企業。住宅メーカーでは、オプション制で永大産業の建具やフローリングを選ぶことも多い

パナソニック

カラーバリエーションなどのデザイン性や抗菌などの機能性を充実させている特徴がある

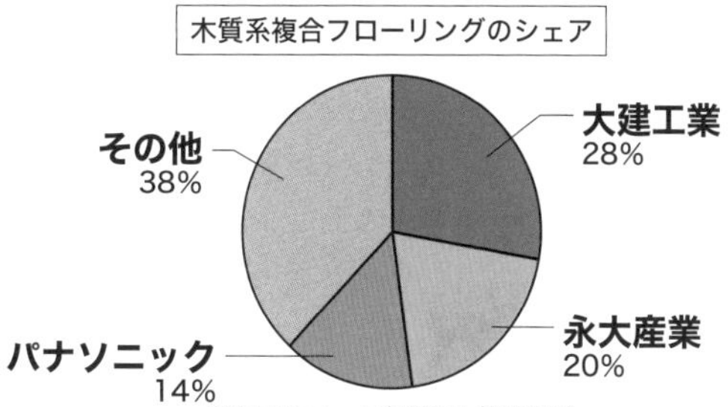

出所：リフォーム産業新聞（2013年）

Chapter5
07

特徴に合った製品を選ぶ

断熱性能や価格、独自性が重要な断熱材の主なメーカー

近年の住宅は高断熱・高性能化が進んでいるため、断熱材そのものの性能や価格が重要視されています。そのため住宅メーカーは、どの種類の、どのメーカーの断熱材を使うべきか、慎重に選んでいます。

断熱材の種類

断熱材はたくさんの種類があり、「繊維系」と「発泡プラスチック系」の2つの系統に分類することができます。

「繊維系」はグラスウールやロックウール、「発泡プラスチック系」は硬質ウレタンフォームやポリエチレンフォームなどがあります。「繊維系」はガラスなどを主原料としており、低コストで高い断熱性があるため、日本ではもっともポピュラーな断熱材となっています。防火性にも優れ、**防水加工**も施されています。一方で、湿気に弱く水分を含んでしまうと断熱性能が落ちてしまうデメリットがあります。

「発泡プラスチック系」はプラスチックや石油などを主材料としており、素材の中に細かい無数の気泡を閉じ込めることで、断熱材としての機能を発揮しています。繊維系よりも高コストではありますが近年急速に人気が上昇してきています。住宅メーカーは種類豊富な断熱材の中から、断熱性能や価格、他社との差別化などを計算に入れて、最適の断熱材を選択しています。

防水加工
とくに繊維系グラスウール素材は湿気に弱い。断熱機能を発揮させるためには、外部との隙間を埋め防水加工を施す必要がある。

断熱材のメーカーは膨大にある

断熱材の種類はたくさんありますが、それぞれの断熱材を製造しているメーカーも複数社あるため、ここでは有名なメーカーを一部だけ紹介していきます。

「旭ファイバーグラス」は、グラスウール製造の国内最大手です。低価格でありながら高い断熱性能を持つことが特徴です。「旭化成建材」は薄い厚さで高い断熱力を発揮する**ネオマフォーム**（フェノールフォーム）という断熱材を製造し、旭化成ヘーベルハウスのオリジナル外壁材に利用されています。

ネオマフォーム
表面に髪の毛の太さほどの微細な気泡が開けられている。空気の流入を最小限にすることで、内部の熱を失いにくい機能を備えている。

断熱材の素材による分類

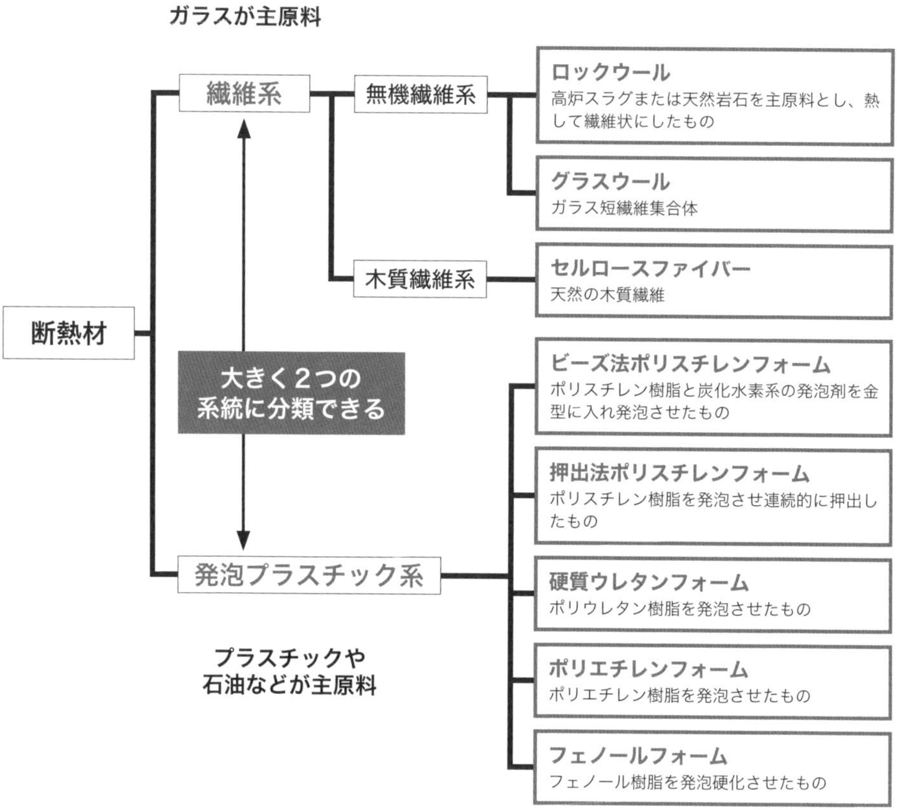

断熱材の有名メーカーと種類

メーカー	種類
旭ファイバーグラス	グラスウール
旭化成建材	フェノールフォーム
マグ・イゾベール	グラスウール
デュポン・スタイロ	押出法ポリスチレンフォーム
カネカ	押出法ポリスチレンフォーム

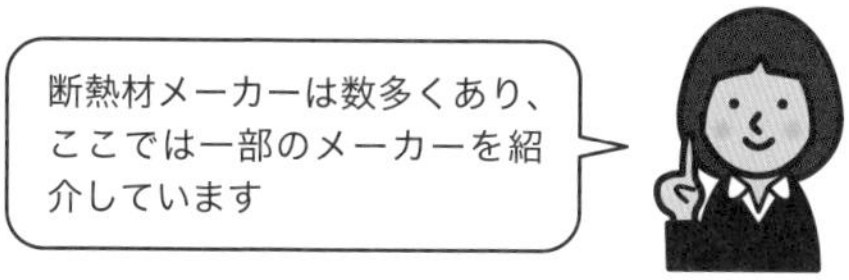

Chapter5 08

高いシェアを維持し市場を独占する

耐久性や軽さが重要な屋根や外壁材の主なメーカー

屋根や外壁材はさまざまな種類の製品と製造メーカーがあります。住宅メーカーは仕入れコストを抑えるため、標準仕様の屋根材や外壁材を絞り込み、顧客の希望に応じて対応する形態をとっています。

屋根材の種類と主なスレート材メーカー

屋根材は大きく分けて、瓦・スレート・金属系があります。近年では瓦屋根は大きく減少し、スレート・金属系が主流となっています。とくに低価格で軽く、耐久性が高いスレートが標準仕様であり、オプションで金属屋根が選ばれることもあります。

スレート系の屋根材は、屋根材の最大手であるケイミューがシェアを独占しています。ケイミューはクボタとパナソニックの住宅外装建材部門が統合して設立した会社で、クボタグループとパナソニックグループの両方に属しています。

また、ケイミューはスレートだけでなく、金属系の屋根材や外壁材も作っており、それぞれが高いシェアを維持しています。

外壁材の種類と主なサイディング材メーカー

外壁材はサイディング・タイル・塗り壁の3つに分けられます。サイディングとは耐火性や耐久性に優れていながら軽い素材で作られた外壁用の板材の総称です。また、サイディングは**窯業系**や**金属系**などさらに細かく分類できます。

近年、新築ではタイルや塗り壁は大きく減少し、低価格で軽く、耐久性の高いサイディングが主流になっています。一方、リフォームを行う場合は、新築時の窯業系サイディングから金属系サイディングに変更し、使用されることが多くなっています。

サイディング材では、ニチハがトップシェアですが、屋根材で紹介したケイミューも2番手のシェアとなっています。ニチハはケイミューに負けず劣らず高品質で低価格な商品を提供しており、サイディング材の継ぎ目である**コーキング**を目立たなくする独自の工法を兼ね備えています。

窯業系
セメントやレンガを製造することを窯業という。窯業系は、金属系に比べて耐火性やデザイン性が高い。

金属系
窯業系に比べて断熱性が高く、耐用年数が長い。一方で傷が付きやすく、錆びやすいため、定期的なメンテナンスが必要となる。

コーキング
緩衝材としてタイルやサイディングボードの継ぎ目などを埋める処理。サッシ周りや、浴槽と壁の隙間などを埋め、劣化・剥がれ・雨漏りを予防する役割も持つ。

屋根材の種類と主なスレート材メーカー

種類		特徴
瓦		瓦屋根は湿気がこもりにくいため、冬は結露が発生しにくく、夏は外の熱が伝わりにくい
スレート		瓦などと比べて非常に軽いため、建物にかかる負荷が少なく、耐震性を高めることができる
金属系		瓦などと比べて重さが軽いため自由に加工できる。また、全般的に耐久性に優れ防水性が高い

屋根材のシェア

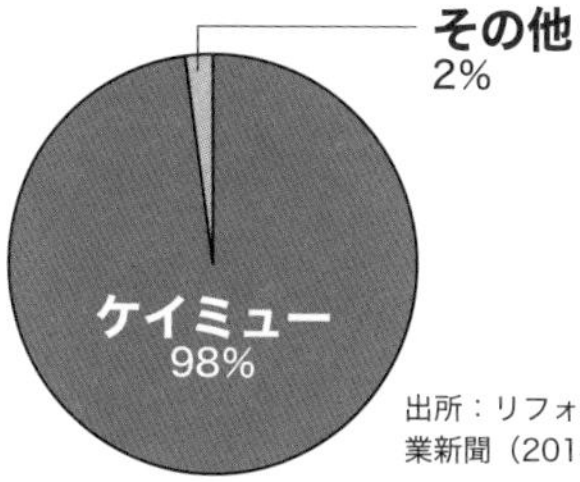

出所：リフォーム産業新聞（2014年）

新築・既築住宅における
ストレート屋根の使用割合

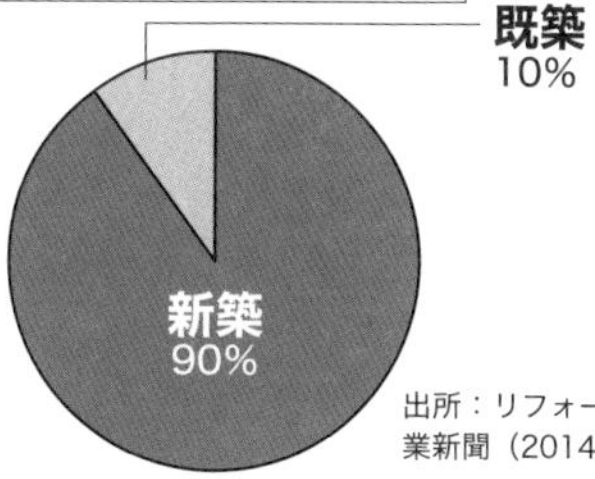

出所：リフォーム産業新聞（2014年）

外壁材の種類とサイディング材メーカー

種類	特徴
サイディング	軽量であるため、施工が容易で工期も短い。また、弾力性があり、衝撃に強い
タイル	汚れやキズに強く、経年劣化が少ない。また、水や汚れが染み込みまない
塗り壁	デザインの自由度が高く、初期費用が安い。職人の腕が仕上がりに影響する

窯業系サイディング材のシェア

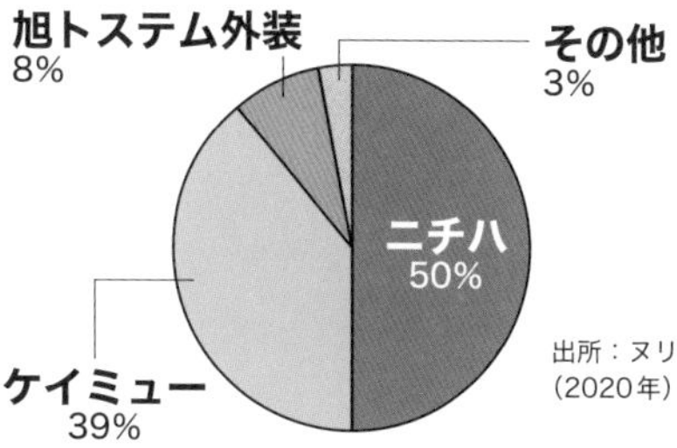

出所：ヌリカエ
(2020年)

Chapter5
09

商業施設や海外への展開も行っている

価格とデザイン性が重視される照明器具の主なメーカー

注文住宅では、間取りや仕様を確定させたあと、着工前後で「電気工事打ち合わせ」を行います。その際にどの照明器具をどこに設置するのかを入念に打ち合わせしていきます。

一般照明器具と住宅用照明器具

一般的なシーリングライトやLED電球では、パナソニックとアイリスオーヤマがシェアを独占しています。王座に君臨するパナソニックに対し、低価格な照明器具を開発・販売したばかりのアイリスオーヤマがわずか数年でほぼ互格の状況になっています。

ただ、一般照明器具と戸建てやマンション・ビルなどで使われる住宅用照明器具はまったく異なっており、販売しているメーカーも大きく違います。住宅用照明器具には**シーリングライト**だけでなく、**ダウンライト**、**ブラケットライト**など、電気工事士しか設置できないさまざまな種類のライトがあるのです。

シーリングライト
天井に直接設置し、部屋全体を均一に照らす照明。現在ではLEDを使用し、機能性だけでなく環境への配慮をした商品が普及している。

ダウンライト
天井に電球を埋め込んで、照明器具が目立たないように施工する照明。新築住宅を建設する際に選ばれることが多い。

ブラケットライト
壁面に取り付けられ、廊下や階段などに用いられる照明。インテリアとしてリビングなどに設置されることも多い。

住宅用照明器具の主なメーカーの特徴

住宅用照明器具のシェアNO.1は、一般照明器具と同じパナソニックです。人気も含めて、機能・性能の商品ラインナップも豊富で、まさに万能のメーカーといえます。デザインは比較的シンプルなものが多いです。そのほかに、住宅用照明器具で人気なのがオーデリック、大光電機、コイズミ照明です。

オーデリックはデザイン性に富んだラインナップが豊富です。また、ほかのメーカーと比較してオリジナル要素の強い個性的な照明器具が多い特徴があります。

大光電機はとくにラインナップの豊富さに定評があり、その種類の豊富さを武器に、商業施設や海外への展開も強めています。

コイズミ照明は、オーデリックや大光電気に次ぐラインナップを展開しており、店舗施設向きの商品も豊富です。とくにインテリア・デザイン性の高い器具を強みとしてプロ向けに展開し、家電量販店での販売などについてはあまり力を入れていません。

一般照明器具と住宅用照明器具

一般照明器具

シーリングライトやLED電球などが挙げられる。**パナソニックとアイリスオーヤマ**がシェアを独占している

住宅用照明器具

ダウンライト、ブラケットライトなどの**電気工事士の資格を保有している人しか設置できないライト**

LED電球・蛍光灯のメーカーシェア

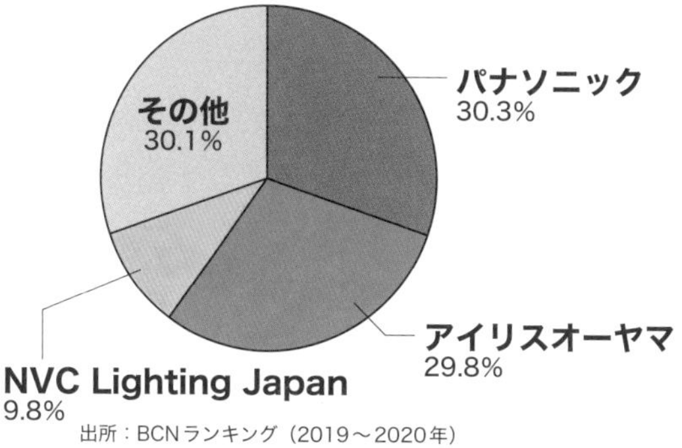

出所：BCNランキング（2019～2020年）

住宅用照明器具の主な有名メーカー

シンプルなデザインでラインナップが豊富なメーカーのシェアが高くなっている

パナソニック	オーデリック	大光電機	コイズミ照明
機能・性能の商品ラインナップも豊富	デザイン性に富んだラインナップを展開	ラインナップの豊富さに定評	インテリア・デザイン性の高い器具が強み

住宅用照明器具メーカーシェア

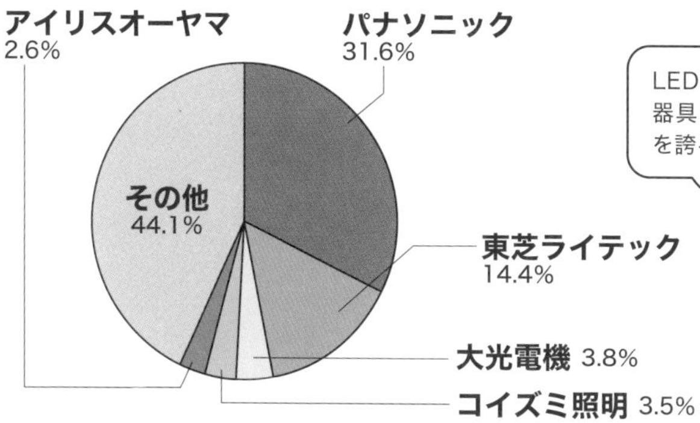

出所：環境ビジネスオンライン（2015年）

Chapter5
10

換気効率を向上する

室内の温度や湿度を一定に保つ換気、冷暖房の主なメーカー

エコ・省エネを重視している住宅業界。住宅メーカーにとってはどのメーカーの換気・冷暖房を採用していくかがとても重要なポイントです。換気と冷暖房をワンセットで考える新たな戦略を見ていきましょう。

熱交換システムの採用

換気には、機械で吸気・排気する「第1種換気」、自然に吸気・機械で排気する「第3種換気」という分類があります。以前は第3種換気が当たり前でしたが、いまの住宅メーカーでは換気効率の高い第1種換気が増えてきています。また機械で吸・排気を行う際、室内の温度が一定に保てるような熱交換システムが主流になってきています。

主な換気メーカー

熱交換できる**換気システム**を製造している有名なメーカーとしてはダイキン工業や三菱電機が挙げられます。

ダイキン工業は空調システムやルームエアコンでも高い品質の商品を製造し、空調・換気では世界でNO.1のシェアを誇る巨大企業です。また、三菱電機もダイキン工業と同様に空調やルームエアコンなども製造する大手総合電機メーカーです。

換気システム
近年「24時間換気システム」を備えた住宅も増えている。1時間で室内の半分の空気が入れかわることを目安に、空気の流れを作っている。

ダイキン工業
空調機器において、世界1位の売上を計上しているグローバル企業。国内外にグループ会社を持ち、事業展開国数は150カ国にも上る。

最新住宅の冷暖房システムの種類やメーカー

住宅の冷暖房システムにもいくつかの種類があります。全館空調や床暖房、蓄熱暖房、温水暖房、地中熱ヒートポンプなどです。それぞれに特化して製造しているメーカーと、複合的に扱っている大手メーカーがあります。

ダイキン工業やパナソニックなどは全館空調・床暖房システムなどを製造しています。また、リンナイやノーリツなどのガス給湯器・ガスコンロを扱うメーカーでは温水暖房なども作っています。蓄熱暖房はオルスバーグジャパン、日本スティーベル、インターセントラルというメーカーが製造しています。

熱交換システムの採用

室内と室外の空気を効率的に換気することで快適な室内環境を保つ省エネルギーシステム

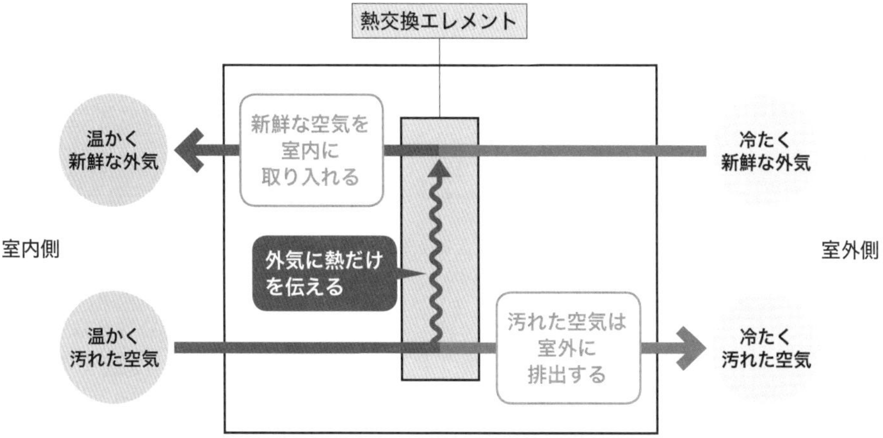

出所：ダイキン工業ホームページの図をもとに作成

メーカーとしては、
ダイキン工業や三菱電機が有名です

最新住宅の冷暖房システム

全館空調

1つの設備で処理した空気を配管によって建物全体に循環させる

- **パナソニック**
- **ダイキン工業**

床暖房

床を温めることで伝わる熱が足元を温め、その熱が空気を伝わり移動することで部屋を温める

蓄熱暖房

暖房機内に「蓄熱レンガ」という蓄熱体が内蔵されていて、そのレンガを温めて熱を貯める

- **オルスバーグジャパン**
- **日本スティーベル**

温水暖房

熱源機で加熱した暖房用の温水を、床暖房などの端末機に循環させ、その熱を利用して温める

- **リンナイ**
- **ノーリツ**

地中熱ヒートポンプ

わずかな電気で地中の熱をくみ上げ、投入エネルギーの約2～4倍の熱エネルギーを貯める

Chapter5 11

2強体制が続いている

価格と耐久性、安全性が重要なクロスの主なメーカー

新築工事における最終の仕上げはクロス貼りです。近年のクロスはホルムアルデヒド量の規制によって健康被害も減少し、防火性も向上しています。ここではクロスの種類や製造するメーカーについて解説します。

クロスの種類と特徴

クロスの種類でもっとも普及しているのはビニールクロスです。ほかのどのクロスと比較しても低価格で耐久性があります。また、カラー・デザインのラインナップや抗菌性、防カビ性、防汚性など機能が豊富で、かつ**手入れ**がしやすい特徴があります。施工会社から見ても施工しやすいというメリットがあり、新築のほとんどがビニールクロスでの施工となっています。

そのほかに、紙の素材でできている紙クロスがあります。海外からの**輸入クロス**が多く、日本のクロスメーカーにはないインパクトのあるデザインや独特な色合いを持つものが多くあります。

織物クロスは絹、麻など織物で作られるクロスです。ビニールクロスと比較すると、高級感や重厚感があります。

紙クロスや織物クロスの施工はビニールクロスと比較すると、非常に神経を使う施工になるため、施工業者は嫌がる傾向になる上、工事費が割増しになります。

手入れ
ビニールクロスの壁面はスポンジやタオルで水拭きすることで、清潔に保つことができる。

輸入クロス
イギリスやドイツなどヨーロッパの輸入クロスが人気。本場のデザインクロスを選択できる一方で、取り寄せや施工に費用がかかり、手入れがしにくいなどのデメリットもある。

主なクロスメーカーとその特徴

クロスメーカーはサンゲツ、リリカラの2強体制となっています。次いでシンコールインテリアが続き、そのほかに東リ、ルノン、トキワなどのメーカーがあります。

サンゲツはシェアの半分を占めており業界最大手です。使いやすいシンプルなデザインからアクセントに使えるインパクトのあるクロスまでラインナップを豊富に取り揃えています。また、抗菌性、防カビ性などのさまざまな機能も充実させています。

リリカラはサンゲツとは差別化を図り、デザイン・装飾性の部分に強みを出しているメーカーです。

クロスの種類と特徴

価格や耐久性、デザインや防カビ性、防汚性など、住宅のクロスはさまざまな特徴を持っている

種類	特徴
ビニールクロス	低価格で耐久性がある。機能が豊富で、手入れがしやすい
紙クロス	海外からの輸入クロスが多く、独特なデザインが特徴
織物クロス	絹、麻など織物で作られるクロス。高級感や重厚感がある

紙クロスや織物クロスは、施工の手間や費用の負担が大きいため、新築のほとんどはビニールクロスです

主なクロスメーカーと特徴

サンゲツ

使いやすいシンプルなデザインからアクセントに使えるインパクトのあるデザインまでラインナップが豊富

リリカラ

サンゲツとは差別化を図り、デザイン・装飾性の部分に強みを持つ

シンコールインテリア

室内の空気を整える機能を持たせるなど、過ごしやすい空間の提供に力を入れている

東リ

汚れに強い壁紙や竹・珪藻土・じゅらくなど素材感のあるクロスが特徴

ルノン

シンコールインテリアと同様に、空気を清潔にすることに着目し、消臭効果で実績を上げている

トキワ

アクアチタンを含浸させた自社商品「ファイテン」は、リラックス状態へとサポートする効果がある

クロスのメーカーシェア

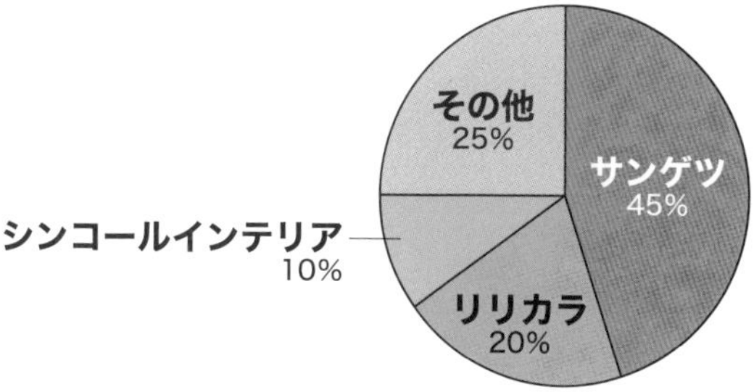

出所：リフォーム産業新聞（2014年）

サンゲツとリリカラで60％を超える2強体制です

Chapter5
12

建材メーカーが複合的に製造している

カーテンや畳などそのほかのインテリアの主なメーカー

住宅を構成するインテリアはカーテンや畳、巾木・廻り縁という造作部材などいろいろなものがあります。これらは第5章で取り上げてきた建材メーカーが複合的に製造していることが多いのです。

カーテンを作っているメーカー

カーテンはサンゲツ、リリカラ、シンコールインテリア、東リなどクロスを製造しているメーカーが製造していることが多いです。このようなメーカーは、ほかにも**塩ビ**の床材であるクッションフロアやカーペット、ソフト巾木などのインテリアも合わせて製造しています。

ほかには、カーテン生地の質やオリジナリティにこだわったアスワン、織物の老舗である川島織物セルコンなどのメーカーがあります。

塩ビ
ポリ塩化ビニルのこと。耐久性や耐火性が高く、断熱性に優れている。住宅のクッションフロアや商業施設などのタイルカーペットにも用いられている。

内装メーカーが作る特殊な畳

大手内装メーカーが製造している畳は、畳屋の職人が編んで作る畳とは大きく異なります。まず、建具や床材で紹介した大建工業はい草を使用していない和紙で作られた畳を販売しています。和紙のため、カラーバリエーションがあり、**色褪せ**しない特徴があります。

また、積水成型工業が作った「セキスイ畳」は高度な樹脂加工技術によって、大建の畳と同様に色褪せず、水や汚れにも強い特徴を持っています。

色褪せ
い草で作られている畳は、紫外線とい草に含まれる葉緑素が反応を起こし、色が褪せることがある。一度色褪せた畳は、もとの色に戻ることはない。

巾木・廻り縁などの造作部材

住宅のインテリアの中には、巾木（幅木）や廻り縁、窓枠（室内側）など、わき役でありながら重要な役割を担っている造作部材があります。これらの造作部材は、建具や床材なども作っているパナソニック、大建工業、永大産業などが製造しています。

カーテンを作っているメーカー

サンゲツ

商品の種類が豊富で、機能性カーテンも充実したラインナップになっている

リリカラ

住宅だけではなくオフィス・医療・福祉など、あらゆるシーンに応えるインテリア商品を提供している

シンコールインテリア

種類やカラーバリエーションが豊富で、防炎・遮光などの機能性が高い商品が多い

東リ

生地が厚く、遮音性や遮光性が優れている。また、個性豊かで上質なデザインの製品も多い

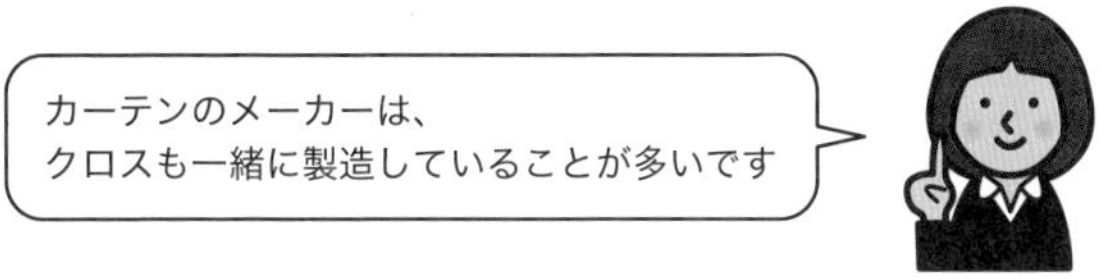

内装メーカーが作る特殊な畳

ダイケン畳

和紙で作られた「ダイケン畳」はカラーバリエーションがあり、色褪せしない

セキスイ畳

高度な樹脂加工技術によって作られた「セキスイ畳」は色褪せず、水や汚れにも強い

畳屋の職人が編んで作る畳

わずかな隙間に空気の層を作り、い草そのものの内部はスポンジ状になっている。断熱効果とともにクッション性のある調節機能がある

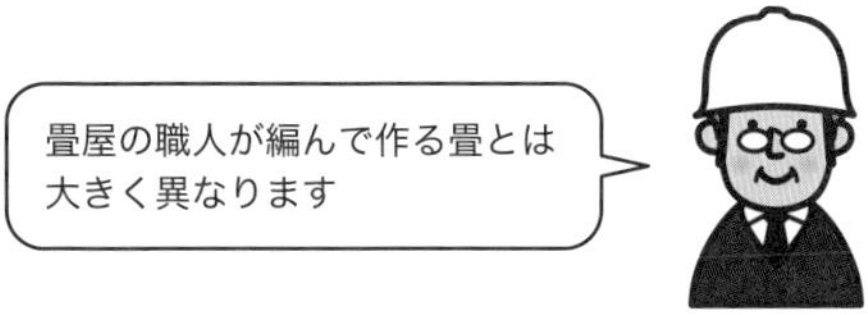

巾木・廻り縁などの造作部材

巾木（幅木）

壁と床の取り合い部分に取り付ける部材。壁を汚れから守り、壁と床との隙間を隠す役割がある

廻り縁

天井と壁の境目に取り付ける部材。天井材と壁材との境目の隙間を隠す役割がある

窓枠（室内側）

窓枠とは、窓の周囲の枠のこと。ガラスやサッシなどの窓まわり建具を収めている。

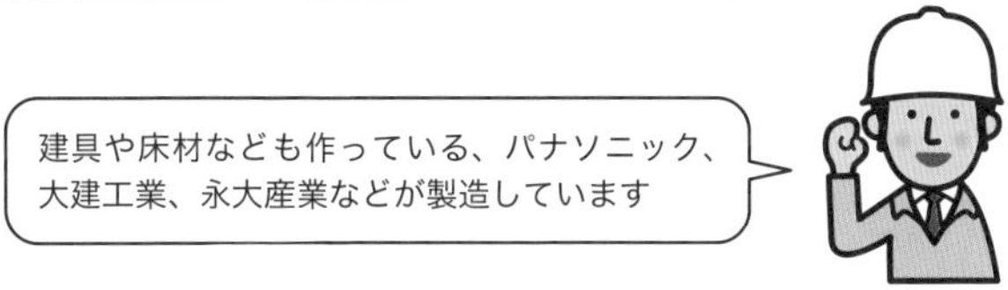

COLUMN 5

競争が激化するリフォーム業界

少子化や人口減少に伴う住宅業界の業績の変化

設備・建材メーカー全体の業績は近年、右肩上がりに伸びてきています。その要因は主に3つあります。

1つ目が東日本大震災や熊本地震などのさまざまな災害から復興するために需要が高まっていることが考えられます。2つ目は2008年頃に発生したリーマンショックの不況から少しずつ回復したことや、日本のオリンピック特需などで景気が上昇したことが挙げられます。3つ目は消費税8%から10%への増税前の駆け込み需要が発生したことです。

しかし、今後コロナの影響などもあり厳しい状況になる可能性が高いです。もちろんリフォーム業界は今後も堅調に推移するものの、少子化や人口減少が進めば、住宅業界全体の市場規模が落ち込んでいきます。そのため、設備・建材メーカーの売上や利益も同様に下がっていく可能性が高いと考えられます。

今後ある程度リフォーム業界が堅調に推移すると考えると、住宅メーカーや工務店などがリフォーム業界への、参入をさらに強める可能性があります。

業界にチャンスを見出し他業界からの参入が増える

また、他業界からもリフォーム業界に関わる設備・建材メーカーにチャンスを見出し、新たに参入してくることも想定されます。実際に近年落ち込みつつある家電量販店やホームセンターは住設機器事業、リフォーム事業への参入を始めています。

競争が激化すれば、新しい発想や技術が生まれるというプラスの面がありますが、価格破壊が起こることもあります。近年では設備メーカーが卸業者を買収し、直接販売することが増えてきました。このような事例がある以上、さらなる価格競争が起きるのは止められません。2011年にINAXやトステムなどの6社が統合してLIXILとなり巨大な企業となったように、今後も業務提携やM＆Aなどが頻繁に行われ、住宅業界で生き残るための準備が進んでいくのです。

第6章

着工現場で行われる工事内容

人々に安心と安全を提供する住宅。そんな住宅を建設する際には、住宅メーカーを始め、建築家、大工など多くの業者や職人が力を発揮しています。一軒の住宅が建つまで、どのような手順でどのような工程を踏んでいるのか紹介します。

Chapter6
01

一定以上の品質が保たれる

責任の所在を明らかにした住宅メーカーの一貫施工

さまざまな業者や職人が関わり住宅を建築する中で、住宅メーカーや工務店は指揮官役として活躍しています。住宅業界には「一貫施工」という合理的なしくみによって作られた関係が構築されているのです。

一貫施工では住宅メーカーや工務店が責任を持つ

住宅業界における「一貫施工」とは、設計から建材・設備の発注、施工などのすべての工程を、住宅メーカーや工務店など1つの会社が責任を持って請け負うことを指します。

施主から見るとすべての工事責任は住宅メーカーや工務店にあります。そのため、業者・職人は、責任を取る立場にある住宅メーカーの指示に従い、また直接施主・顧客とやり取りすることがなくなります。

一貫施工の基本的なメリット

一貫施工には「手抜き工事が減ること」と「工程管理がスムーズになること」という大きなメリットがあります。

工事や商品の品質の責任は住宅メーカー側にあるため、下請け業者や職人に丸投げして関与しないことはありません。また一定以上の品質が保たれるように業者や職人の施工を管理・指導するため、手抜き工事のリスクが減ります。

さらに一貫施工の場合、設計と現場管理の従業員同士でコミュニケーションを図るようになります。設計図と施工内容との食い違いが少なくなるというメリットもあるのです。

下請け業者や職人にとっても一貫施工はメリットがあります。一貫施工では基本的に住宅メーカーや工務店が顧客との窓口になるため、自分たちの専門作業に専念できます。

また、たとえば建築中にトラブルが発生し、責任の所在が不明確な場合でも、業者間での責任のなすり付け合いが発生することはありません。基本的には住宅メーカー側が指揮官として問題を解決するしくみになっています。

工程管理
施工工程全体を監督する業務。施工計画の作成や進捗管理、安全性の確認、職人の業務管理などが挙げられる。

下請け業者
顧客と直接契約を結ぶ元請け業者に対し、元請け業者から仕事を引き受けたり、割り振られたりする業者。

住宅メーカーによる一貫施工

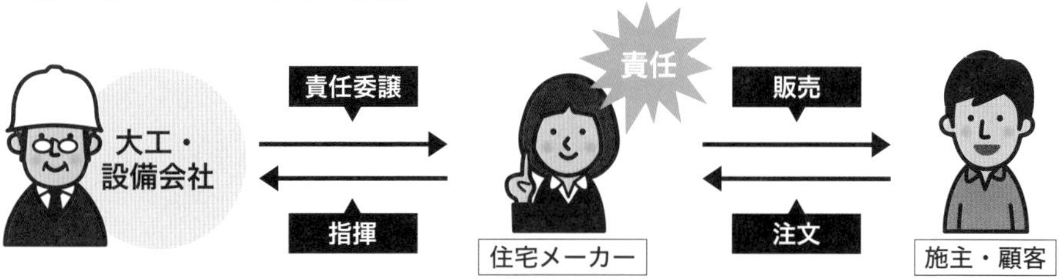

設計や施工など、すべての工務を1つの会社が請け負う

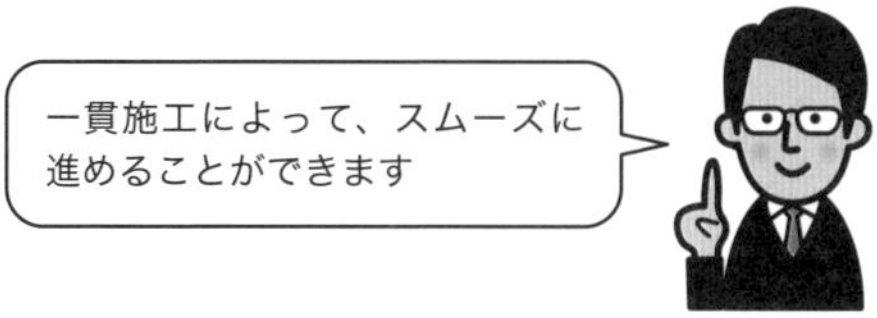

一貫施工のメリット

住宅メーカーのメリット

●手抜き工事が減る
一定以上の品質が保たれるように業者や職人の施工を管理・指導できる

●工程管理がスムーズになる
設計と現場管理の従業員同士でコミュニケーションを図ることになり、設計図と施工内容との食い違いが減る

下請け業者・職人側のメリット

●自分たちの専門作業に専念できる

●建築中のトラブルは住宅メーカー側が解決してくれる

Chapter6 02

職人への教育や管理が重要

多くの住宅メーカーが施工を外注している

住宅メーカーは基本的に住宅施工のほとんどを外注しています。これは実は住宅メーカーに限らず工務店も同様です。一部自社で職人を抱える住宅メーカーや工務店もありますが、それも工事の一部に過ぎません。

住宅メーカーが職人を抱えることは不可能

新築住宅の建設工事に携わる主な専門業者として、測量、解体、基礎、大工、屋根、外壁、設備、電気、水道、ガス、内装、左官、外構などが挙げられます。それぞれにまったく異なる技術が必要なため、すべての過程において、業者や職人が異なります。

これらの職人をすべて自社で抱え続けるのはあまりに非効率的で不可能です。一部の住宅メーカーが大工のみ自社で抱えていることをウリにしていることもありますが、基本的には外注するのが当たり前の業界です。

自社で職人を抱えても高いメリットとはいえない

大工を抱えていることをウリにしている住宅メーカーも存在します。たしかに自社の職人であるなら教育しやすく、とくにマナーレベルや自社製品に対する知識や技術力は高くなります。

しかし、仮に大工のみ教育が行き届いても、職人は大工だけではないため、大きなメリットにはなりません。

また、もしも自社で抱えている職人が大きなケガ・病気をしたり、一定の期間だけ施工件数が急激に上がったりしたときに、対応の融通が利かなくなってしまいます。そのため、自社で職人を抱えることで、**施工水準**が下がることもあるのです。

住宅メーカーや工務店が施工を外注すること自体に良否はありません。住宅メーカー側がいかに日ごろから職人への教育や管理を徹底しているかが重要なのです。

職人たちの管理体制が整っている住宅メーカーでは定期的に**技術・マナー研修**を行っています。また、外注している職人のマナーや技術の社内共有も行っています。

施工水準
施工の完成度、レベル。施工水準の低下は、施工効率や完成度、顧客満足度の低下につながる。

技術・マナー研修
会社が開設する勉強会や講習会。個人のスキルアップや顧客との信頼関係の構築、会社のイメージアップを目的として行われる。

施工の外注

職人

- 新築の工事は膨大な専門業者が携わる
- 業者によって必要な技術がまったく異なる

住宅メーカー

- 管理コストがかかる
- 日程管理が困難である

住宅メーカーが施工のすべてを自社で抱えるのはほぼ不可能

そのため、住宅メーカーは基本的に住宅施工のほとんどを外注しています

職人の教育と管理の重要性

定期的な技術やマナー研修の実施

外注している職人のマナーや技術の社内共有

住宅メーカー側が、日ごろから職人への教育や管理を徹底しているかが重要になります

Chapter6
03

施工別フローチャートで理解

住宅建設の施工にかかる完成までのステップ

住宅メーカーの施工方法には、3カ月ほどで住宅が完成してしまうものから、施工完了まで1年近くかかるものまでさまざまな種類があります。ここでは平均的な工期を例に住宅完成までの流れを解説します。

工期や着工前の準備

新築の工期は住宅メーカーの構造によって大きく異なりますが、おおよそ4〜5カ月ほどが平均といわれています。

着工前にはいくつか必要な準備があります。建てかえの場合は既存住宅の解体からスタートします。

解体が完了して更地になったら、次は専門業者による第三者の判断が必要となる地盤調査を行います。その際に地盤が緩い場合は補強用の杭を打つなどの地盤改良工事を行います。

その後、仮設トイレの設置や電気や水道の確保など仮設工事をして着工前の準備が完了します。

地盤調査
荷重や沈下の程度を調べ、地盤の強さを測るための調査。民間の地盤調査会社や、施工を請け負う建築会社が行う。

着工から外構工事

着工は建物の土台となる基礎工事から始まります。基礎工事中はほかの工事はいっさいできません。基礎のコンクリートが乾いて完成したあとは、大工工事（木工事）が始まります。大工工事では木造軸組工法の場合、1日で柱から屋根までを組み上げます。

大工工事で内部の下地などを進めながら同軸でドアやサッシなどの建具や床フローリングの設置、屋根材や外壁材の施工も進めていきます。また、一部ユニットバスやキッチンなどの大型設備も内装工事の前に設置を完了させます。

大工工事が完了したら、クロスなどの内装工事が始まります。そして内装工事完了後に洗面化粧台やトイレなどの設備を設置していきます。なお、電気・水道などの配線・配管工事は着工から内装工事完了までの間に工事を進めていきます。

内装・設備工事が完了したら、施主検査を行い、引き渡しとなり、その後外構工事が始まります。

大工工事
木材を扱う工務の総称。木材の加工や木工作物の築造、組み立てや取り付けなどが挙げられる。

住宅建設の施工別フローチャート

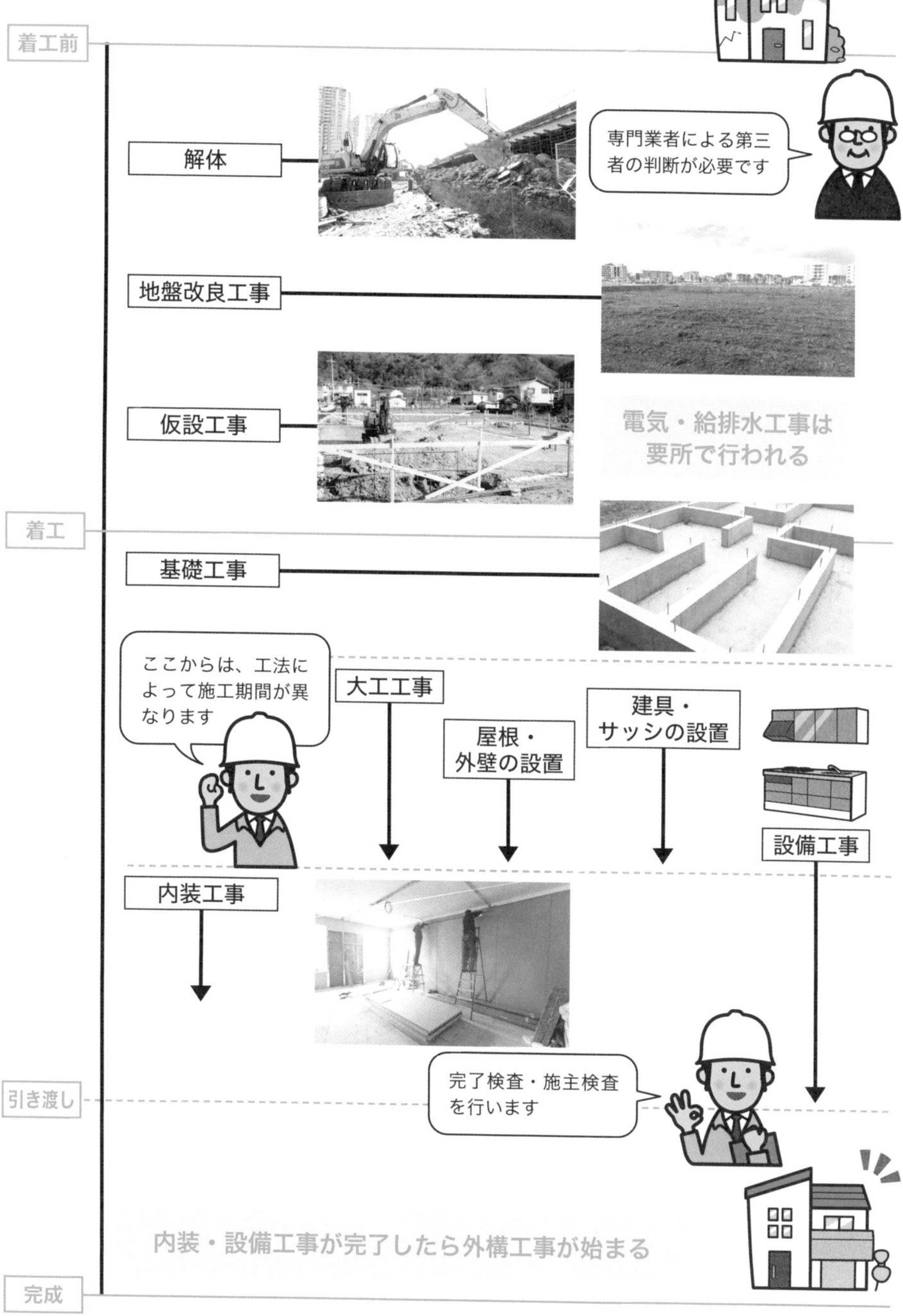

Chapter6
04

専属の解体業者が行う

解体工事の内容と必要となる手続きや工具

新築でも建てかえを行う場合は、既存住宅の解体工事が必要になります。解体作業は、近隣に危険が及ばないことや、なるべく騒音や通行を妨げることなど、迷惑がかからないように配慮することが多くあるのです。

解体工事の流れ

解体工事はユンボと呼ばれるパワーショベルなどの重機が必要になります。また、工事前には多数の許可をえる必要があったり、さまざまな資格が必要になったりします。そのため、一般的には解体工事は専属の解体業者が行います。

工事前に解体業者はさまざまな届出を行い、行政から許可をえる必要があります。たとえばリサイクル法の届出や道路使用の届出、騒音・振動の届出などが挙げられます。また近隣に対し騒音などで迷惑がかかるため、近隣挨拶も行います。

施主は水道を除いたライフラインや電話・ケーブルテレビ・セキュリティサービスを止める手配が必要となります。実際の工事では、最初に足場を組み、解体物が周辺に飛び散らないように足場に養生シートを設置します。

その後、断熱材、建具、サッシ、石膏ボードなど建物内部で解体ができ、建設リサイクル法により分別が義務付けられているものは手作業で解体します。

そこからは重機の出番となり、本体から順に解体し、最後に土を平らにして完了となります。

重機
解体工事で使用される建設機械。長いアームで掘り進めるショベルカーや廃材の運搬に特化したダンプカーなどがその一種。主な重機メーカーとして、日立建機やクボタ、川崎重工などが知られる。

リサイクル法
建築業者に対して、工事で発生する建設廃棄物を分別し再資源化することを義務付けた法律。正式名称は「建設工事に係る資材の再資源化等に関する法律」。平成14年に施行。

住宅とメーカーと解体工事業者の提携

住宅メーカーの一貫施工に解体と外構は含まれません。しかし、住宅メーカーによっては提携している解体業者を使うように指定している場合があります。

その理由としては、中間マージンを取りたいという思惑のほかに、信頼できる解体業者に解体してもらいたいと考えていることが挙げられます。

外構
門やフェンス、植木、駐車場や庭などの建物の外周りの構造物。外観の印象を決めるほか、外部からの視線を遮るという防犯上の効果もある。

解体業者による解体工事の流れ

準備

- リサイクル法の届出
- 道路使用の届出
- 騒音、振動の届出
- 近隣挨拶

行政の許可をえて、
近隣住民に配慮する

水道以外のライフラインや電話・ケーブルテレビ・セキュリティサービスを止めます

施主

足場を組む

養生シートを貼る

解体

断熱材、建具、サッシ、石膏ボードなど建物内部ででき、
分別の必要があるものを手作業で解体

重機で解体する

土を平らにならす

完了

Chapter6

05

傾かず丈夫で長持ちさせる

基礎工事の役割と工事内容や近年の傾向

地震の多い日本の住宅にとって、土台となる基礎は非常に重要な役割を担っています。耐震性の高い住宅を建設するための、「基礎」を作る過程の工事内容について解説していきます。

基礎工事の流れ

コンクリートや鉄筋で作られる「基礎」は建物の力を地盤に伝え、建物を安全に支える機能を持ちます。その土台がしっかりしていれば家が傾かず、丈夫で長持ちします。

また、基礎工事の前には地盤調査にもとづき、強度が弱い地盤であれば地盤改良工事を行い、杭を打つ必要があります。

まず更地に対し、建物の範囲を示すために基礎の外周に縄やロープを使って印を付ける**地縄張り**・**遣り方工事**を行います。

次に重機を使って基礎の地盤まで土を掘り返します。

続いて地盤の耐久性を高めるために、砕石と呼ばれる細かく砕いた石を地盤全体に敷き詰める作業を行います。その後鉄筋とコンクリートの型枠を間取りに合わせて組んでいきます。

鉄筋と型枠が組み終わったら、コンクリートを型枠に流していきます。コンクリートを流したら、1～2週間の間乾かし、完全に乾いたら型枠を取り払い、基礎工事が完了となります。

地縄張り
縄を地面に張り建物の輪郭を可視化させ、敷地内における建物の配置を確認する作業。建築工事の最初に行われる。

遣り方工事
地縄張りで決めた配置を基準に、建物の位置や高さを決めて杭や板を張り巡らせる作業。

戸建てにおける基礎の種類

戸建ての基礎は「布基礎」と「ベタ基礎」の2種類です。

「布基礎」は建物の負荷がかかる部分にのみ「逆T字型」の鉄筋コンクリートを埋め込む工法です。旧来の日本家屋のほとんどはこの布基礎が採用されていました。

対して「ベタ基礎」は建物の土台となる範囲に鉄筋コンクリートを敷き詰める工法です。近年、注文住宅の多くはこちらを採用しています。建物全体をコンクリートで支えるため安定性が高く、地震の揺れや地盤が沈む不同沈下に強いという特徴があります。一方で、工事費用がやや高額になる傾向があります。

基礎工事の流れ

基礎は建物の力を地盤に伝え、建物を安全に支える役割を持っている

地縄張り・遣り方工事

建物の範囲を示すために基礎の外周に縄やロープを使って印を付ける

▼

重機で土を掘り返す

▼

砕石を地盤全体に敷き詰める

▼

鉄筋とコンクリートの型枠の設置

▼

コンクリートを型枠に流し込む

▼

乾いたら型枠を取って工事完了

布基礎とベタ基礎

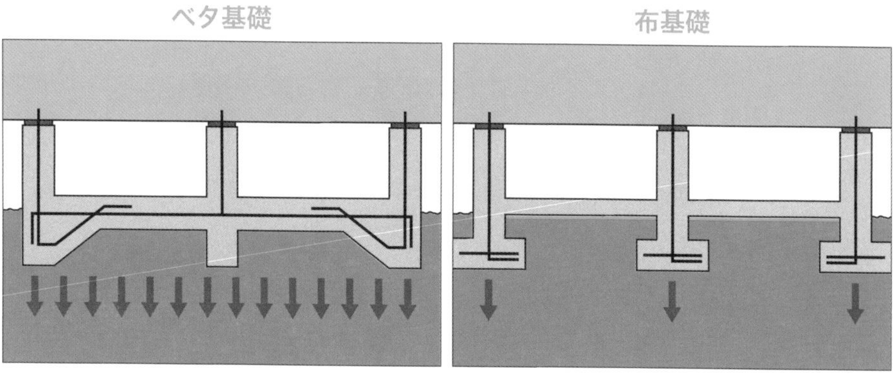

面で支えることで荷重を分散しているため、布基礎より耐震性が高い

点で支えており、コンクリートがベタ基礎より薄いため、コストが抑えられる

出所：SUUMOホームページの図をもとに作成

近年では、ベタ基礎が多く採用されています

Chapter6
06

住宅の工事においてもっとも重要

大工工事の工程や内容と職人たちの技術

住宅メーカーの現場監督よりも長く現場に常駐している大工。彼らは住宅の工事においてもっとも重要となる大工工事を担っています。ここでは大工の工事内容や範囲、工事の流れを解説していきます。

工事現場の指揮官補佐の役割を担う大工

注文住宅の工期はおおよそ4～5カ月が平均ですが、その期間中、もっとも長く現場にいるのは大工です。住宅メーカー社員の現場監督よりも長く現場に常駐しているため、実質的には指揮官のような役割を担っています。近年では木材の加工を工場で行うプレカット工法が主流のため大工工事が減少しています。

プレカット工法
施工用の木材にあらかじめ切断や加工を施す工法。効率的な作業と安定した品質を特徴とする。

大工の仕事内容・範囲として重要なのは基礎の上に作る建物の骨組みを作ることです。また、壁・床・天井・屋根などの下地作りを行います。一般的な断熱材であれば大工が施工してしまいます。そのほか、ドアなどの建具を設置したり、サッシの内枠を設置したり、フローリングを貼るなど、マルチに作業を行います。

大工の下地作りの良否によって、設備の設置やクロスなどの内装に影響がでるため、大工仕事は非常に重要になるのです。

大工工事の流れ

大工は最初、現場監督から依頼を受け、設計図・仕様書・工程表などを受け取ると、段取りを考えて監督と簡単な打ち合わせを行います。構造に関わる建材などのほとんどは、住宅メーカー側の現場監督が発注します。ただ、下地に使う石膏ボードやベニヤ板などの必要資材は大工が発注していることが多いです。

基礎が完成したら大工工事を行います。木造軸組工法（在来工法）であれば、8～10人前後の大工が一気に集められ、1日で骨組みから屋根までを組み上げ、上棟します。その後、2～3週間で大工２人ほどが壁や床の下地を作っていきます。徐々にほかの業者も現場に入ってきますが、同じ場所で作業が重ならないように、うまく空いている場所の作業を行います。

大工の仕事内容

大工が行う工事の内容や範囲

- 基礎の上に作る建物の骨組み（上棟）
- 壁や天井、屋根などの下地作り
- 一般的な断熱材の施工
- 木製建具の設置（室内ドア）
- サッシの内窓の設置
- フローリング貼り
- 木製巾木の設置

住宅メーカー社員の現場監督よりも長く現場に常駐しているため、実質的には指揮官のような役割を担っています

大工工事の流れ

現場監督と設計図・仕様書・工程表をもとに簡単な打ち合わせ

↓

下地に使う必要資材の発注

↓

8～10人前後の大工がで1日で骨組みから屋根まで組み上げる（上棟）

↓

壁や床の下地作り

↓

建具、フローリング貼りなど

骨組みを組み上げる様子

フローリング貼りの様子

Chapter6

07

建設業従事者の命を守る

足場組立工事の重要性や守るべき規定

住宅の工事に足場の組み立ては必要不可欠です。足場工事は基本的に足場専門の業者が対応しています。ここでは足場が必要な工事の種類や工事の流れ、また安全性確保に関して解説していきます。

足場が必要な仕事

足場は新築戸建ての場合、基礎の土台ができ上がってから骨組みから屋根までを組み上げる上棟（木造軸組工法の場合）の前に設置されます。

また、外壁や屋根工事が完了したあとに足場を解体するという流れが一般的です。これを先行足場といいます。

新築戸建て以外にも、足場は外壁や屋根塗装などのリフォームやメンテナンスでも利用することがあります。

ときには太陽光パネルの脱着工事や雨樋の交換などの高所作業、また148ページで解説した住宅の解体作業でも設置されます。

足場工事の流れ

足場の工事はまず、足場業者である足場屋が敷地の現場調査に入り、新築ならば図面などを確認して足場の必要量を確認します。なお、リフォームであれば近隣挨拶を行います。

準備ができたら足場の組立作業に入ります。作業自体はおおよそ3～4人で半日と少しあれば組み上がります。

また足場を周辺に粉塵や部材が落ちないようにしっかりと養生シートを貼ります。その後、高所作業が不要になれば足場を解体します。設置と解体の作業時間には、ほとんど変動はありません。

近年の建設業における死亡事故は「墜落・転落」がもっとも多くなっています。つまり工事現場における足場の安全性はとても重要なのです。そのため、安全性を確保するためのガイドラインが設けられています。たとえば、設置時に手すりを先に設置する「先行工法」や「足場は40cm以上の幅を取る」などの細かい基準が設けられています。

近隣挨拶
新築の場合は着工前に挨拶を済ませているため、足場業者が近隣挨拶を行うことはない。

粉塵
空気中に浮遊する、粉のように細かい塵状の粒子。切断作業やドリル作業などにおいて頻繁に発生する。吸引機やミスト噴射装置などを用いて防塵対策を行う必要がある。

さまざまな工事で必要になる足場

足場が必要な工事

- 新築工事
- 解体工事
- 外壁、屋根塗装
- 太陽光パネルの脱着
- 雨樋の交換などの高所作業

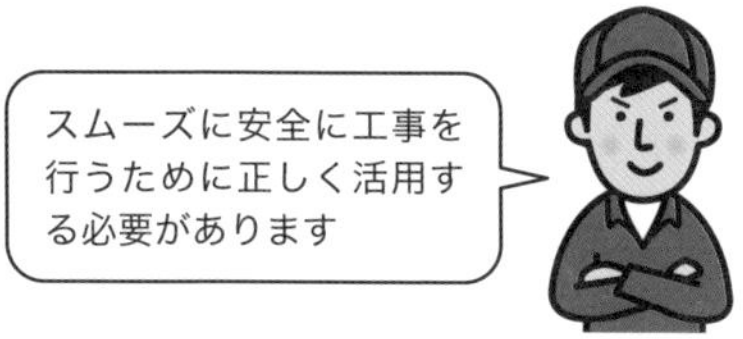

足場の安全性確保のルール化

死亡災害の事故の型別内訳(2016年)

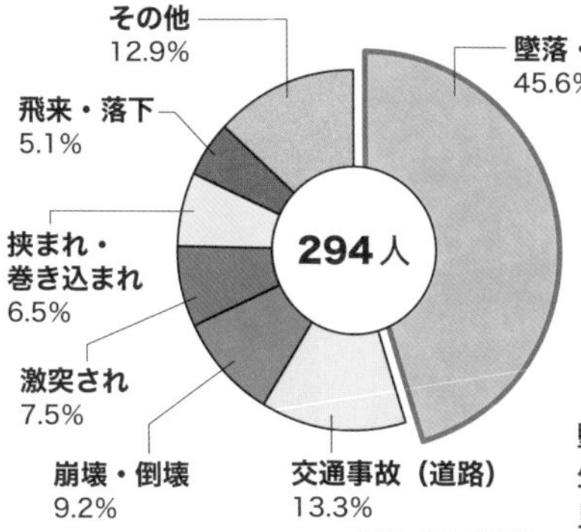

出所：厚生労働省

墜落・転落の発生箇所の内訳を見てみると……

墜落・転落災害の発生箇所(2016年)

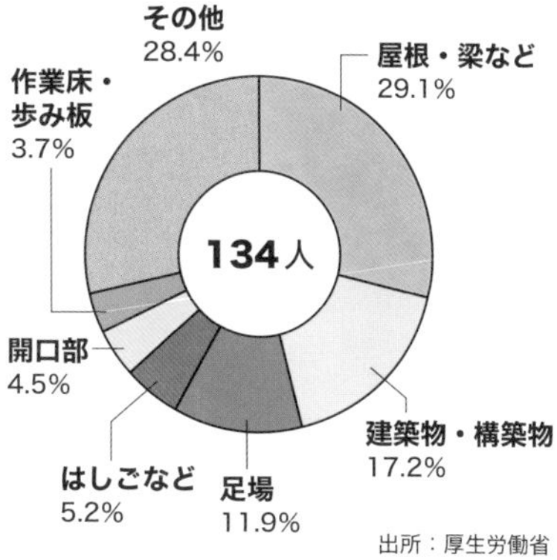

出所：厚生労働省

建設業における死亡事故は**墜落・転落**がもっとも多い

▼

工事現場における足場の安全性は重要

▼

厚生労働省によってガイドラインが設けられている

Chapter6
08

難易度が高く複雑な作業

建具やサッシの設置にかかる工事の内容

建具工事とは、建物の開口部に木製や金属製の建具を設置する工事を指します。木製建具には室内のドアや襖などが、金属製建具にはアルミサッシ、玄関やバスルームなどのスチール製のドア、網戸などが含まれています。

建具工事を施工する職人

建具には木製と金属製があります。木製の室内ドアは大工が施工し、アルミサッシは専門のサッシ業者が施工します。木製の建具は、以前は専門の建具屋が現場で木材を加工して設置していました。

しかし、現在では建具メーカーが工場で作っている規格サイズ、または、オーダーサイズの建具を注文し、大工が設置するのが一般的です。そのため、建具職人は大幅に減少し、残った職人はリフォーム業界で活躍しています。

アルミサッシ
素材にアルミニウム合金を使った窓枠。日本ではほぼすべての住宅に普及している。耐久性のよさ、軽さが特徴だが熱伝導性が高く結露の原因となっている。

建具工事の流れ

木製も金属製の建具も工事の流れはほとんど同じです。ここではサッシの施工を例に挙げて説明します。

まず建物の柱が組み上がるとサッシやドアが収まる開口スペースが作られています。サッシの場合は建物の外周部になるので、その開口部外側からサッシ枠を設置します。そしてフィンと呼ばれる外側部分を専用の釘で固定します。

次に、サッシ枠を内側から上下左右をビスで固定します。このとき少しのズレが大きな影響を与えるため、サッシ枠が水平・垂直に固定されていることを必ず確認しています。そして、サッシ枠に窓ガラスを取り付けていきます。木製のドアも同じ流れで、開口部に対して建具枠を取り付けてからドア本体を取り付けます。その後、窓枠になる化粧用の内枠を大工が取り付けます。

なお、住宅の中で建具設置は難易度が高く複雑です。1mmのズレによって、窓やドアが正常に開閉できなくなったり、鍵の開閉で引っかかりができたりするほど、シビアな作業です。

フィン
サッシの外側に使用する枠材。サッシのつばとなる部分で、窓枠の強化や雨漏りを防止する役割を持つ。

ビス
らせん状の溝が彫られたネジ。建材・部材を固定したり、締め付けたりする役割を持つ。種類が多く、木材や鉄板など、使用する素材によって使い分ける。

建具の種類

建具工事とは……

建物の開口部に木製や金属製の建具を設置する工事のこと

木製建具、金属製建具、それぞれに専門の業者がいます

木製建具

・室内のドア
・襖など

金属製建具

・アルミサッシ
・玄関などのスチール製のドア
・網戸など

ドアは規格サイズのものが普及し、現場でドアを作る木製建具業者はかなり減ってきています

建具工事（サッシ）の流れ

建物の開口部の外側からサッシ枠を設置

▼

外側部分（フィン）を専用の釘で固定

▼

サッシ枠を内側から上下左右をビスで固定

▼

サッシ枠に窓ガラスを取り付け

▼

化粧用の内枠（窓枠）を大工が設置

木製も金属製の建具も工事の流れはほとんど同じ

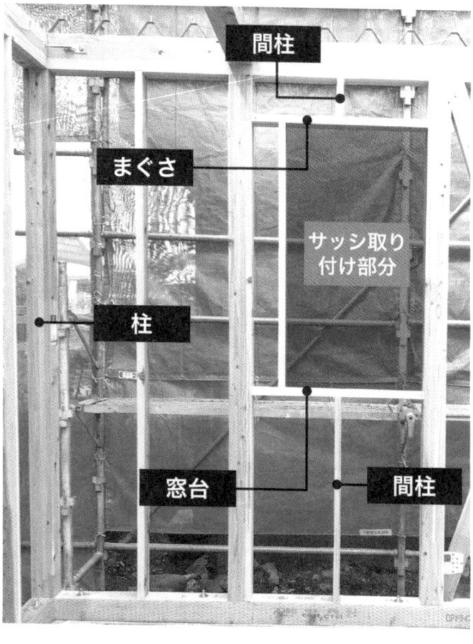

Chapter6
09

屋根工事の内容と屋根の種類や構造

住宅構造の中で重要な屋根。防水・防風など必要不可欠な役割を担っています。ここではその屋根に関わる専門業者、また屋根工事の流れや屋根の種類について解説していきます。

屋根工事の流れ

屋根工事にもっとも関わるのは屋根の専門業者です。屋根の防水シートや屋根材の設置などが屋根専門業者の主な仕事です。また、屋根には軒や破風などを設置することがあるため、大工や板金業者も絡むことがあります。

屋根業者には、屋根施工のみを行っている会社もあれば、屋根と外壁の施工を兼ねている会社もあります。また、屋根と板金の両方を兼ねている場合もあります。

屋根のタイプや形状によって屋根施工の流れは大きく異なりますがおおよそ3～4日程度の工期となります。ここではもっともオーソドックスな木造住宅の屋根施工の流れを解説します。

まず、大工が施工した野地板と呼ばれる屋根の下地の上に、屋根専門業者がルーフィングと呼ばれる防水シートを敷きます。防水シートは雨が内部に侵入しないようにするための二次防水の役割があり、ルーフィングは非常に重要な施工です。

ルーフィングの上からスレート材やガルバリウム鋼板などの仕上げ材を施工して完成です。

破風
切妻屋根の山形部分の名称。破風に使用する板を破風板という。耐風、耐雨性能を持つほかに、屋根裏へ延焼を抑える効果もある。

スレート材
屋根や外壁に使用される建材。天然素材である粘板岩を加工する「天然スレート」が主流だったが、希少ゆえに価格が高いため、現在は繊維素材を混ぜたセメントを加工する「化粧スレート」が普及している。

ガルバリウム鋼板
亜鉛、アルミ、シリコンをメッキした鋼板。日本では1982年に生産が始まり、耐久性やサビに強いことから高い人気を誇る。

屋根材の種類

屋根といっても一般的な傾斜のある屋根と陸屋根と呼ばれる平らな屋根があり、それぞれ使用する材料が異なります。

一般的に、昔からある日本瓦・西洋瓦などの瓦屋根と、近年主流になっているスレート屋根、メンテナンスに強いガルバリウム鋼板などを用いた金属屋根が使われています。

陸屋根の場合は、バルコニーの防水と同じで、FRP防水、シート防水、ウレタン樹脂防水、金属防水などに分かれています。

屋根工事に関わる業者と工事の流れ

屋根工事に関わる業者

・屋根の専門業者
・大工
・板金業者

屋根業社は**屋根施工のみ**を行っている会社と**屋根と外壁の施工**を兼ねている会社、**屋根と板金の両方**を兼ねている会社などがある

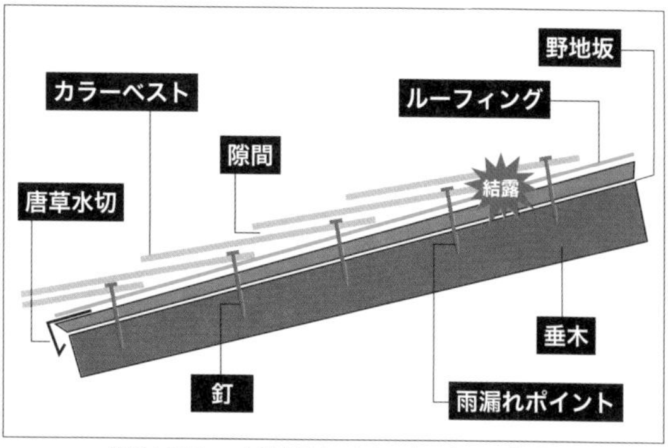

出所：リフォームスタジオニシヤマホームページの図をもとに作成

屋根の工事の流れ

野地板と呼ばれる屋根の下地を施工する

▼

ルーフィングと呼ばれる防水シートを貼り付ける

▼

スレート材やガルバリウム鋼板などの仕上げ材を施工する

屋根材の種類

屋根の種類	屋根材
一般的な屋根 	・瓦屋根（日本瓦・西洋瓦） ・主流になっているスレート屋根 ・メンテナンスに強い金属屋根（ガルバリウム鋼板など）
陸屋根（平らな屋根） 	・FRP防水 ・シート防水 ・ウレタン樹脂防水 ・金属防水

Chapter6
10

外壁工事の内容と外壁の種類や構造

新築におけるサイディングなどの外壁施工は、専門の外壁業者が設置するのが一般的です。外壁業者は外壁施工だけを専門としている場合と、屋根と外壁を兼用している場合があります。

外壁工事の流れ

外壁材は種類によって施工が異なります。ここでは現在もっとも主流なサイディングの施工について流れを解説していきます。

まず、大工が設置した建物の外周部の構造用面材の上に、屋根と同様に防水シートを貼り付けていきます。これは外壁業者、大工どちらかが施工します。

この防水シートも屋根と同様に建物内部に湿気が入らないようにするもので、建物の耐久性にも関わるのでとても重要な建材といえます。

これ以降は外壁専門業者の施工です。まず、防水シートの上からサイディング材を引っかけたり、打ち付けたりするための金具や胴縁を設置します。その後にサイディング材を設置します。

最後にサイディング材とサイディング材の間をコーキング処理して完了となります。

サイディング
日本では1990年代以降に主流となった外壁材、またはその貼り付け工程。窯業系、金属系、木質系、樹脂系の4種類がある。工場で板状に成型した建材をサイディングボードと呼ぶ。

通気工法で空気の通り道を作る

外壁の防水シートとサイディング材の間に金具か胴縁を設置します。このとき必ず一定の隙間を空け、空気の通り道を作る施工を通気工法といいます。

ここで隙間を作らないと、外壁の中に室内からの湿気が入り込むことで壁内結露を引き起こしてしまいます。

結露が発生すると、壁内の木材が腐ってしまい、建物の耐久性が低下したり、カビが発生し健康被害につながったりします。

また、この外壁通気工法では、透湿防水シートを使用することで、壁内の湿気を外部に放出しやすくなります。近年はこの外壁通気工法が一般的になっています。

外壁工事の種類と流れ

種類	特徴
サイディング	耐水性、耐天候性に優れ、デザインが豊富である
塗装	デザインや手触りにこだわることができ、防火性に優れている
タイル	汚れやキズに強く、経年劣化が少ない

外壁工事の流れ

建物の外周部の柱も含めた構造用面材を設置

▼

防水シートの貼り付け

▼

防水シートの上からサイディング材を引っかけたり、打ち付けたりするための金具や胴縁（木材）を設置

▼

サイディング材を設置

▼

サイディング材とサイディング材の間をコーキング処理

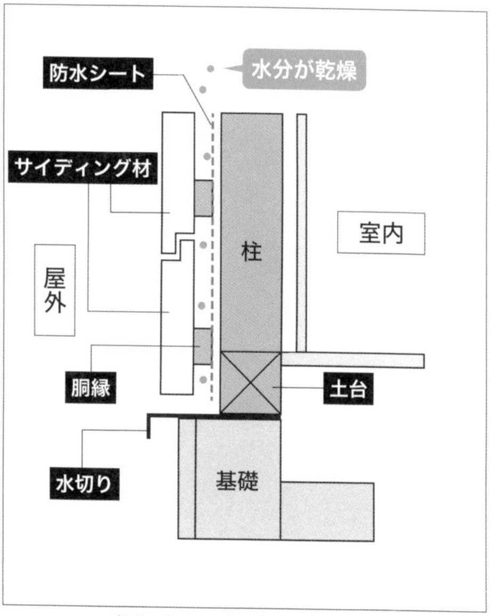

出所：ガイソー水戸店ホームページの図をもとに作成

カビを発生させない通気工法

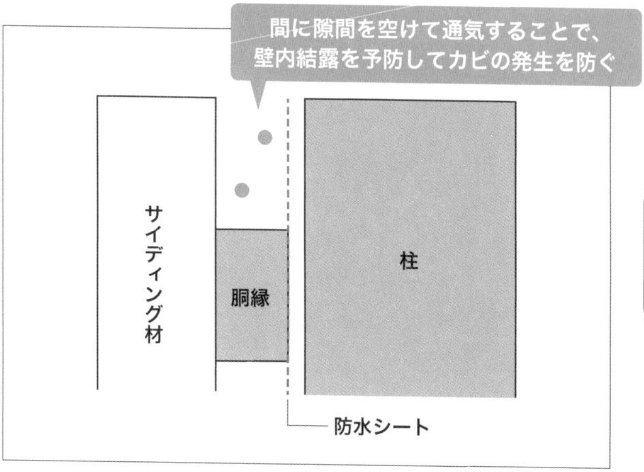

Chapter6
11

連帯が不可欠な設備工事の内容と職人たちの技術

住宅にはキッチン・トイレ・ユニットバスなどの水回り設備や、換気・空調などの設備があります。近年は設備がどんどんと高性能化してきたため、設備業者の仕事量や難易度も上昇傾向にあります。

設備業者が行う工事の範囲

設備工事は水回り設備や換気・空調設備を設置する工事のことを指します。キッチンや洗面化粧台、ユニットバス、空調設備は複雑な構造になっており、数ミリのズレで設置できなくなってしまうこともあります。そのため、仕様打ち合わせの段階でしっかりとした設備用の図面ができ上がっています。

また設備にはキッチンのように大きなものもあります。これらは**搬入経路**を計算してバラバラに梱包されています。

搬入経路
家具や設備を所定の場所まで運ぶ際の通路、動線。幅や高さ、奥行きを計算した設備設計をすることが重要。

そして、設備業者は現地で図面を確認しながら、組立て・設置を行います。また、設備業者は設備に付属しているシステム収納やキッチンパネル、トイレ室の手すりなどの設置も行います。設備業者の職人にはマルチな技術が必要なのです。

設備工事の流れ

新築の場合、設備の設置は石膏ボードやベニヤ板の下地が完成し、電気・給排水の配線・配管ができてから、順次進めていきます。クロスなどの内装工事の前に設置するものと、内装工事のあとに設置するもので設置の順番が分かれています。

また、作業の順番は、たとえばキッチンであれば物を下に落としても大丈夫なように、レンジフードや吊戸棚など高い位置のものから先に設置しています。設備をしっかりと固定し終わったら、水回りであればコーキングなどの処理をして完了です。

水回りや空調・換気設備は給排水・電気・ガスなどのライフラインとの接続が必要不可欠です。床のクッションフロアなどの仕上げ材や壁面クロスとの絡みがあるため、設備業者はほかの業者とコミュニケーションを図って作業を進める必要があります。

設備業者が行う工事

水回り設備や換気・空調設備を設置する工事

＋

設備に付属しているものの設置工事

・システム収納
・キッチンパネル
・トイレ室の手すり

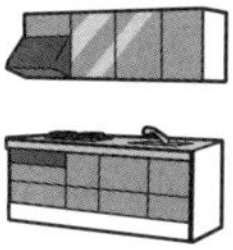

設備業者にはマルチな技術が必要とされています

設備工事の流れ

大工が石膏ボードやベニヤ板の下地作りを行う

▼

電気・水道業者が電気・給排水の配線・配管を行う

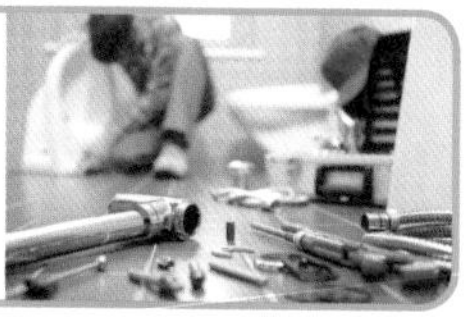

▼

設備業者が一部内装工事を行う

▼

設備業者が設備工事を行う

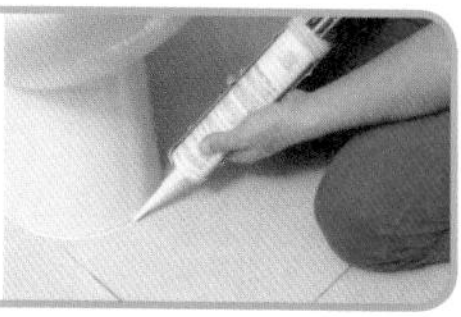

▼

設備工事完了

Chapter6
12

専用回線が必要な設備も多い

専門の電気業者が行う電気工事の手順や内容

住宅の電気工事を行うには「電気工事士」の資格を保有している必要があります。近年の新築では住宅設備を稼働させるのに電気が必要になることも多く、「電気工事士」の仕事の幅が広がっています。

電気業者が行う工事の範囲

新築の電気工事でまず必要になるのが配線工事です。外部から配電盤（ブレーカー）まで電気をつなぎ、そこから水回りから空調・換気などの設備関係、それから照明器具、スイッチ、コンセントを設置する場所などに配線を行います。

また、近年では食洗器や浴室暖房機など**専用回線**が必要な設備も多いため、非常に複雑な配線を整理しつつ納めていきます。もちろん、配線だけでなく、各設備が設置されたあとはその設備との接続も行います。

インターネットの**LAN配線**などの通信関係も電気業者が対応します。そのほかにも、インターホンの配線・設置、TVのアンテナの配線・設置など幅広い作業を行っています。

専用回線
同じ電気回路内のコンセントを同時に使用してブレーカーが落ちてしまう事態を防ぐために、消費電力の大きい設備に対して設ける専用の電気回路。

LAN配線
パソコンやルーターなどの電子機器間をつなげる配線。有線LANを壁の中に配列することで通信が安定し、見映えも整えられる。

電気工事の流れ

電気工事は、前もって作られた電気図面をもとに進めていきます。電気図は設備の位置はもちろん、ブレーカーから照明・コンセント・スイッチまでの配線方法もすべて記載されています。

電気業者は建物の柱や床が組み上がってから、配線をつないでいきます。始めに、ほかの業者が電気を使えるように仮のコンセントや照明を設置します。

そのあと、大工が石膏ボードなどの下地を作ります。続いて照明・コンセント・スイッチ・設備と配線を接続できるように下地に穴をあけて、部品を設置する作業を行います。

最後に、設備が設置されたあとに設備と接続し、クロスなどの内装が終わってから、照明・コンセント・スイッチなど残りの部品を設置して完了です。

電気業者が行う工事

電気工事を行うには「電気工事士」の資格を保有している必要があります

配線工事

・水回りから空調・換気などの設置
・照明器具、コンセントなどの設置

通信関係

・インターネットのLAN配線

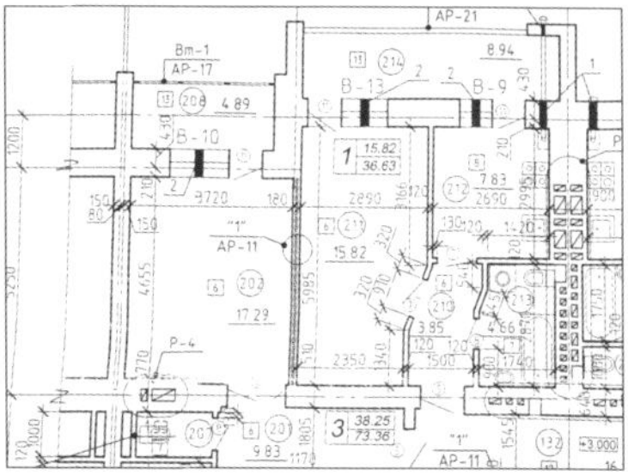

設備の位置だけでなく、ブレーカーや照明、コンセントなどの配線方法まで記載されている

近年の電気工事は範囲が広い

そのほかにも……

・インターホンの配線や設置
・TVのアンテナの配線・設置

電気工事の流れ

1. 建物の柱や床が組み上がる
2. 電気業者が建物内の設備や照明などが必要な場所に配線を引く
3. 大工が石膏ボードなどの下地作りを行う
4. 電気業者が下地に穴をあけ、部品を設置する
5. 電気業者が設備との接続工事を行う
6. 内装業者がクロスなどの内装工事を行う
7. 電気業者が照明・コンセントなどの残り部品の設置を行う

電気業者はほかの業者と連携が多いです

給水の確保や生活排水経路の接続

Chapter6

13

専門の水道業者が行う水道工事の内容と流れ

住宅におけるライフラインの1つである給水の確保や生活排水経路の接続など、水道工事はなくてはならない工事です。また水道工事を行う人は資格が必要となるため、水道工事は専門業者が行っています。

水道業者が行う工事の範囲

水道業者が行う工事は大きく分けて2つあります。道路にある給水・排水管を敷地内に引き込む工事と、給水・排水管を建物内に配置する工事の2種類です。

分譲地など新しい土地の場合は、敷地から一番近くの給水・排水管から引き込みます。また、このとき1つの敷地に対して給水・汚水・雨水のマスも新規に設置します。

また、建物内の給水設備・排水設備・給湯設備などへの配管や接続工事も水道業者が行いますが、この工事代金は住宅メーカーの見積りに加わっています。

分譲地
広い土地を不動産会社などの業者が購入し、複数に区分して再度販売される土地。

マス
種類別に水を流すために設けられる排水設備。排水管の合流部や土地の勾配が変化する地点に設置される。

水道工事の流れ

新築における給水・排水管を建物内に配置するための水道工事は、土台となる基礎が完成してから進めていきます。

ほとんどの給水・排水管は床下を通して配管するため、基礎が完成してすぐに給水・排水の工事を行います。仮に基礎の上に1階の床を施工してしまうと、床下が隠れてしまい配管工事ができなくなってしまいます。

また、建てかえで、敷地内の古い配管やマスを交換する場合もこのタイミングで工事を行っていきます。

大工工事が進んできたら、設備に合わせて床下の配管を建物内部に引く作業を行います。とくに2階部分にあるトイレや洗面などが多い場合は作業が増加していきます。

水回りなどの各設備への給水・排水の接続は、配管をしっかりやっておけばあとは設備業者が対応することになっていますが、多くの場合、水道業者も最終の確認を行っています。

水道業者が行う工事

❶道路にある給水・排水管を敷地内に引き込む

❷給水・排水管を建物内に配置する工事

水道工事の流れ

基礎工事完了

↓

水道業者が
給水・排水管を建物内に配置する

↓

大工工事

↓

水道業者が床下の配管を
建物内部に引く

↓

**設備業者が各設備への
給水・排水の接続を行う**

給水・排水管を建物内に配置する様子。大工工事が進んできたら、設備に合わせて床下の配管を建物内部に引いていく

多くの給水・排水管は床下を通して配管されています。基礎の上に1階の床を施工してからでは、床下が隠れてしまい配管工事ができなくなるため、基礎が完成してすぐに給水・排水の工事を行います

Chapter6
14

防風・遮音やプライバシー保護を担う

安全に暮らせる住宅に必要な外構工事の内容と流れ

外構とは、門・駐車場・庭・植栽など、敷地内における建物周辺のすべての構造物を指しています。安全な生活空間を維持するために重要な機能を持つ外構は、外構業者によって施工されることがほとんどです。

外構工事の5つの役割

外構工事はデザイン性の意味合いだけでなく重要な機能が5つあります。それは「プライバシーの保護」、「車などの保護・駐車スペースの確保」「防犯」「防風、遮音」「敷地境界の表示」の5つです。

とくに建物の間取りや仕様などによって機能が果たせない場合には、外構でその機能を補います。たとえば建物のリビングを開放的にしようとして、開口部である窓を広くとればとるほどプライバシーが保護できなくなります。そのときにフェンスや植栽などを用いて外構を整えて補っているのです。

外構工事の内容、範囲とは

外構工事は一般的な敷地の場合、おおよそ1〜3週間ほどかかります。注文住宅の場合は住宅メーカーの引き渡しが完了してからの工事を行います。

外構工事の範囲は広く、多岐にわたり、ブロック・フェンスなどを設置したり、高低差がある敷地では**土留め**（どどめ）やスロープを施工したりします。門扉・門柱・表札・インターホン・ポストはほとんどすべての戸建てで必要になります。また、車を所有している場合には駐車場やアプローチも必要です。施主の希望がある場合、デッキやテラス・植栽の整備や水栓や外部照明などの電気工事も外構業者が行います。そのため外構業者はマルチな知識が必要となります。

また、外構は主に「**オープン外構**」「クローズ外構」「セミクローズまたはセミオープン外構」の3つの種類があります。敷地を塀でどれだけ囲うかという基準をもとに分類されています。

土留め
高い土地に建てられた住宅においてコンクリートや石などで土を打ち留める工事。災害時などに低い土地へ土砂が崩れ落ちるのを防ぐ役割を持つ。

オープン外構
道路との境界線を工夫して圧迫感のない敷地作りをした外構。塀や門などのかわりに花壇や樹木、駐車場などを使用する。開放感のある外観やガーデニングを好む人に需要がある。

外構工事の5つの役割

プライバシーの保護

車などの保護・駐車スペースの確保

防犯

防風・遮音

敷地境界の表示

リビングを開放的にするために、窓を広くとる

プライバシーが保護できなくなるため、フェンスや植栽などを設置して補う

建物の間取りや仕様によって機能が果たせない場合には、外構を整えることで補う

外構工事の内容

外構工事の一例

- ブロックやフェンスなどの設置
- 土留めやスロープの施工
- 門扉、門柱、表札の設置
- インターホンやポストの設置
- 駐車場の整備
- アプローチの施工
- デッキ・テラスの施工
- 植栽の施工
- 水栓や外部照明の設置

オープン外構は、遮るものがないため、外からは玄関までが見渡すことができる。また、住宅への風通しや日当たりがよい

外構工事は施工範囲が広いため、幅広い知識が必要になる

Chapter6
15

専門の内装業者が対応する

建物内部の最終段階である クロス貼り工事の内容と流れ

建物内部の仕上げは内装工事です。内装工事のでき栄えで施主に対する印象が大きく変わるため、内装業者の技術はとても重要になります。ここでは内装工事について仕事の種類や範囲、流れを解説します。

内装業者の仕事の種類や範囲

新築戸建てにおける内装工事はおおむねクロスと床のビニールシート貼りがメインとなり、専門の内装業者が対応します。床の仕上げに関して、木のフローリングは大工が行います。

一方で、たとえばトイレや洗面室などのシートは内装業者が施工します。なお、木巾木は大工仕事の作業ですが、住宅によってはソフト巾木の設置を内装業者が対応することもあります。

「内装工事」というくくりでは、畳・カーペット貼りやカーテンの設置、タイルや漆喰壁などの左官も該当します。ただ、それぞれ専門の業者が対応するため、住宅業界において「内装業者」というとクロスや床ビニールシートを施工する業者を指すのが一般的です。

漆喰壁
消石灰が原料の塗り壁材。埃・ゴミの付着や多湿化を防ぎ、経年劣化しにくい。

内装工事の流れ

新築の場合、内装業者は図面を確認して、指定されているクロスやクッションフロア（CF）などの必要数を発注します。実際の現場においては、大工工事や水道・電気などの配線工事が完了してから作業を進めていきます。

最初に、水平位置や中心位置を下地に表示する「墨出し」という作業を行います。クロスやCFには模様があるため、貼るときに模様が傾かないようにするため必ず最初に行います。

墨出し
建築現場に工事の基準となる水平線・中心位置を示して配置確認をすること。

その後、天井・壁・床の下地の壁の角、石膏ボードの隙間、段差、ネジのくぼみなどにパテを埋めてクロスなどが下地の凹凸をひろわないように平らにしていきます。次に、設備・水道・電気業者とコンタクトを取りながら施工場所の順序を決めていきます。パテが乾いたらクロスやCFを貼って完成となります。

内装業者の仕事の種類

内装

室内のクロス、床の仕上げ、畳、カーペット、カーテンなどを指す

住宅業界における内装業者

クロス、床仕上げ（ＣＦ貼りなど）を施工する業者を指す

一般にいう「内装」と住宅業界おける内装業者は異なる

作業	施工者
クロス貼り	**内装業者**
フローリング貼り	大工
畳	畳・襖専門業者
タイル・漆喰壁	左官屋
カーペット	カーペット専門業者
カーテン	カーテン業者

内装工事の流れ

図面を確認してクロスやＣＦなどの必要数を発注

↓

水平位置や中心位置を下地に表示する「墨出し」作業

↓

石膏ボードの隙間などの下地の凹凸のパテ処理

↓

設備・水道・電気業者とコンタクトを取りながら施工場所の順序を決める

↓

クロスやCFの貼り作業

Chapter6

16

安心・安全な住居を提供する

行政や施主による住宅の検査と主なチェック項目

住宅の検査は主に行政が行う建築確認と引き渡し前に行う施主検査があります。建築確認は着工前に申請を提出し、工事完了後に完了検査をします。ここでは完了検査と施主検査の主なチェック項目を解説していきます。

建築確認における完了検査のチェック項目

工事完了後に行う「完了検査」では実際の建物が提出された図面や配置図通りに建っているのか、また法的に問題ないのかをチェックしていきます。

まずチェックすべき項目は敷地や敷地に対する建物の配置や大きさです。たとえば敷地内の擁壁や切土・盛土など安全性が確保されているか、また敷地に対して2m以上の道路が接道されているかなどです。

また、建ぺい率・容積率、道路・北側斜線規制などはクリアしているかどうかもチェックします。建物については、まず延床面積などの寸法や形状に問題ないのか、基礎の安定性、建築材料の品質に問題がないのかを確認していきます。

そのほか、日照率や換気などは基準をクリアしているか、消防法における防火対策、避難経路は確保できているのか、など細かくチェックしていきます。すべてのチェックが完了すると「検査済証」が発行され、登記や引き渡しができるようになります。

施主検査の主なチェック項目

施主検査は、まず希望通りの設備や仕上げ材が使われているのかまた使用感に問題ないのかをチェックします。そのほかにも、外壁材や建具やクロスなどなど傷がないのか、またコーキングなどの仕上げに問題がないのかを確認します。

各設備や、建具・サッシ・雨戸などの動作、フローリングに軋みがないかなども細かくチェックします。しかし、施主はあくまでも素人の検査です。住宅メーカー側がどこをチェックすべきかを伝えることも大切です。

擁壁
土砂の崩壊を防ぐための土留め（168ページ参照）として石やコンクリートブロックなどを使用した壁状の構造物。

建ぺい率
敷地面積に対する建築面積の割合。規定の数値を越えた場合は違反建築物に指定される（200ページ参照）。

容積率
敷地面積に対する延床面積の割合。延床面積とは、建物の各階の床面積の合計のこと（200ページ参照）。

完了検査

完了検査のチェック項目の一例

個々の建物に関する単体規定と都市計画に応じた集団規定に分けられる

単体規定の検査

・建築物の外観・形状・寸法
・使用建築材料の品質
・基礎・基礎ぐいの種類、配筋
・防火・避難経路
・換気
・採光

集団規定の検査

・敷地の安全性
・敷地と道路の関係
・敷地面積
・道路や北側などの斜線規制

チェックが完了すると検査済証が発行され、登記や引き渡しができるようになる

行政が実際の建物が提出された図面や配置図通りに建っているのか、また法的に問題ないのかをチェックします

施主検査

施主がまず希望通りの設備や仕上げ材が使われているのか、また使用感に問題ないのかをチェックする

施主検査のチェック項目の一例

屋外

・ポーチタイルのヒビ
・サッシや雨戸の傷や動作
・ベランダ、屋上の防水加工のヒビや傷
・外壁材のヒビやコーキング
・基礎の立ち上がりや外周の傷

室内

・クロスの傷
・建具の傷や動作
・クローゼットやキャビネットの中の傷
・フローリングの傷や軋み
・巾木（はばき）の施工状況や傷

施主検査も住宅メーカーがフォローしながら進めることで、確認漏れなどがなくなり、のちのちのクレームも減らせます

COLUMN 6

住宅メーカーと顧客のジレンマ

住宅メーカーと職人の関係が見える工事現場

住宅業界の関係者は自身の住宅を建てる際、住宅メーカーを決定するため、必ず工事現場を事前に確認します。それほど工事現場は重要なのです。

しかし、なぜ住宅業界の関係者は工事現場を事前に確認するのでしょうか。それは工事現場を見ると、住宅メーカーがどれだけ質のよい職人を選抜しているのか、またどれだけしっかりと職人を教育しているかがわかるからです。たとえば「現場が整理整頓されていない」「職人が見える場所で堂々とタバコを吸っている」ということがあれば、それは住宅メーカーが現場を大切にしていないということです。放置された職人たちは、当然手を抜いて仕事をする傾向にあります。

また、住宅メーカーが職人たちをしっかりと指導している場合は「腕が悪い」「マナーが悪い」職人たちは離れていきます。現場を大事にしている住宅メーカーであれば、レベルの低い工事は必ずやり直しさせるからです。

気持ちの入った工事が夢のある住宅を作っている

住宅業界の関係者は現場が重要なことは十分わかっています。また住宅メーカー選びのコツが書いてある本でも「現場を見る」ことが大切だと書かれています。

しかし、残念ながらこの情報や感覚は、顧客にはなかなか伝わっていません。筆者自身も住宅展示場公園で来場者と話したことが何度もありますが、建築現場を見たいといわれたことはありません。また、実際に見に行きましょうと誘っても、工事現場を見るために、実際に時間を確保する人はとても少ないです。

家探しをする人たちが抱く美しい外観や住宅性能、機能的な設備などに引かれる気持ちはよくわかります。しかし、それはしっかりとした工事があって初めて成り立つのです。住宅業界や家作りをしようとする人たちに、現場主体の目線や考え方が少しでも浸透して欲しいものです。

第 7 章

住宅業界各社の生き残り戦略

日本の住宅は、かつて風通しを最優先に作られていたため、現在でも「室内が寒い」「建物の寿命が短い」という点で海外に遅れをとっています。住宅業界は生き残りをかけて、新しい技術による新商品の開発や、ITの導入などに力を入れています。

Chapter7
01

室内が寒く、建物の寿命が短い

海外から遅れている日本住宅の大きな問題点

ここ10年で日本住宅は急速に進化してきましたが、それでも世界から見ると遅れているといわれています。その理由は2つ、「室内が寒い」と「建物の寿命が短い」です。

日本の住宅の歴史と特徴

日本の夏は高温多湿です。暑さに湿度が加わり、不快指数はかなり高くなります。だからこそ夏の暑さを凌ぐため、昔から日本家屋は風通しを最優先で作られてきました。昔ながらの日本家屋やお寺をイメージするとわかりやすいでしょう。

そして、戦後の日本はストーブやエアコンなどの家電が進化・普及し、冬は家電で部屋を暖める文化となったのです。しかし、住宅自体はあまり進化せず、断熱・気密性は世界的に低い状態になったのです。トイレの便座を温める機能は日本では当たり前ですが、海外ではほぼ普及していません。海外では家全体を温めるセントラルヒーティングの考え方が当たり前で、そもそもトイレが寒いという感覚があまりないのです。

高温多湿
温度が高く、湿気が多い状態のこと。日本の木造建築は、湿度を調整する性質を持つ木材や井草を用いたり、風通しをよくする障子や襖を使用したりして快適な暮らし作りをしている。

セントラルヒーティング
地下室や屋上などに熱源装置を設置し、パイプ管を通して各部屋へ暖を送る方法。日本では、建物全体を温めることよりも暖房やストーブなどで局所的に暖を取るスタイルが主流となっている。

日本の住宅が「世界の住宅より遅れた」理由

戦後、日本の住宅も少しずつ海外から技術を盗み、断熱材を取り入れるようになりました。しかし、日本は湿気が多い国です。風通しを重視した構造の住宅に中途半端に断熱材を取り込んでしまったせいで、今度は湿気が壁内に溜まり築30年も経てば断熱材や柱がカビたり腐ったりしてしまいました。これが日本住宅の寿命が短くなってしまう大きな要因の1つです。

ここ10年で日本住宅の断熱・気密性は大きく上昇し、壁内はカビにくくなってきました。しかし、いまだに世界最大のヒートショック大国となっています。あまりニュースになりませんが、毎年浴室でヒートショックによる死者が交通事故死の約4～5倍もいるのです。この日本住宅の大きな問題を住宅関係者がひとりひとり自覚する必要があるでしょう。

ヒートショック
住宅内での急激な温度変化により、血圧や脈拍に変動が起こり身体へ悪影響を及ぼすこと。

高温多湿に合った日本の伝統的な建物

浴槽内で起きた死亡事故件数と平均気温

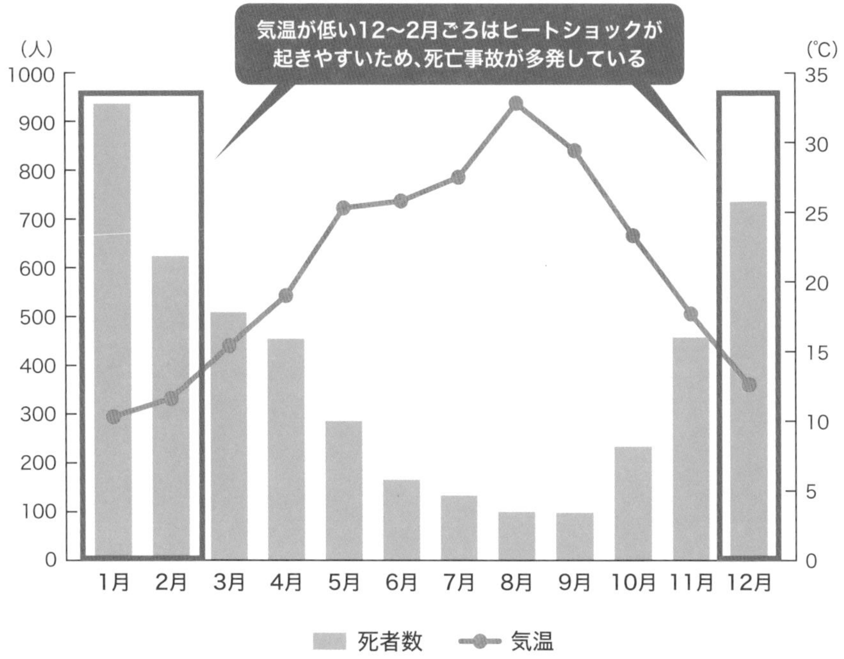

出所：消費者庁『高齢者の「不慮の溺死及び溺水」による発生月別死亡者数』、気象庁『東京　日最高気温の月平均値（℃）』（ともに2019年）をもとに編集部作成

各社で基本性能が向上する

Chapter7
02

住宅メーカーの差別化戦略

住宅メーカーはほかの業界と比較すると競争が激しく、戸建て販売数や売上のトップ10が少しずつ入れかわっています。そのため、各社生き残りをかけて他社との差別化を図りながら成長を続けています。

技術の向上によって差別化は困難に

10年以上前の住宅メーカーであれば差別化が比較的容易にできました。たとえば一条工務店のように断熱・気密性を大きく向上させたり、旭化成ホームズのように耐震性・耐火性・メンテナンス性などを兼ね備えた外壁材（ヘーベル）を主軸に営業展開したり、ミサワホームのように「蔵」という収納空間を設けたりなど、メーカーのカラーをしっかりと押し出してウリとなる商品を開発すれば売上・販売棟数が一気に上昇しました。

蔵
階間や踊り場下の空間などを活用した収納のこと。十分な収納スペースが設けられるほか、バルコニーが広くなる、音が響きにくくなるなどの特徴がある。

しかし、近年では基本となる性能、「耐震性」「断熱・気密性」「耐火性」「劣化性能」が各住宅メーカーともに一気に向上してきました。そのため、性能のよし悪しだけでは差別化が困難になってきています。

また、優れた商品を開発しても、必ず類似商品やより優れた商品が別メーカーから販売されることになり、人気は一時的なものとなるのです。

ポジショニングと強みのかけ算

ポジショニング
自社のサービスや取り組みをどの層に向けて展開するのか、価格帯やデザイン性を分析して定めること。

差別化が難しくなってきたため、近年の住宅メーカーでは**ポジショニング**と強みのかけ算が重要になってきています。各社、販売する住宅商品を何種類かに分けてシリーズ化し、それぞれの商品の顧客ターゲット（年収層・年齢層など）を明確化、自社のポジションをしっかりと定めてきています。

強みのかけ算については、たとえば「高断熱・高気密」をウリにしているメーカーは「全館床暖房」や「全館空調」という商品をセットにすることで、強みと強みをかけ合わせ、より強固な差別化を図っているのです。

基本性能の向上で困難になる「他社との差別化」

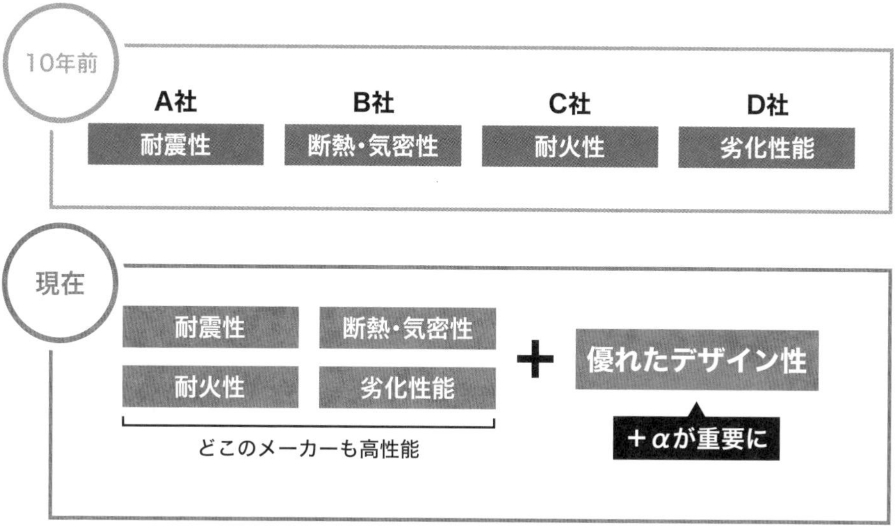

マーケティングで重要なポジショニング

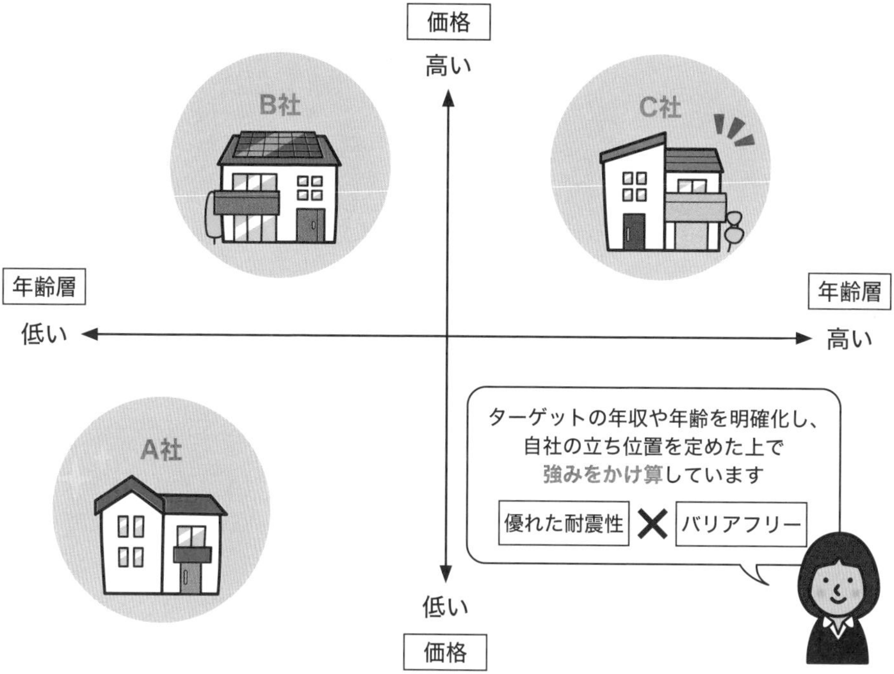

Chapter7 03

オンラインでの評価が重要視される

住宅メーカーのサービス・販売努力

住宅は商品が優れているだけでは売れません。インターネットの普及により営業スタイルが大きく変化し、口コミやウェブ上で魅力が端的に伝わることが重要視されています。

販売手法の大変革

インターネット普及前は、何度も顧客のもとに足を運び、コミュニケーションを取ることで信頼関係を作っていく、というのが基本的な営業スタイルでした。しかし現代はインターネットが普及し販売手法は大きく変わりました。

まず、**口コミ**の重要性が大きく変化しました。以前はオフラインで親族・友人への紹介につながるもの、というのが口コミの認識でしたが、現在においては顧客1人の評価が企業のイメージに大きく影響するため、住宅メーカーや工務店は顧客ひとりひとりにきめ細かいサービスを行うことを重要視しています。

顧客の情報収集の方法もインターネット普及前後は大きく変わりました。以前は住宅展示場の住宅メーカーなりモデルハウスを回って情報を集めましたが、現在はインターネットで簡単に情報を集められるようになりました。それにインターネット上で「**一括見積りサービス**」を使えば複数社の見積りを簡単に入手できるようになっているため、住宅メーカーはわかりやすく端的に強み・魅力が伝わるように努力しているのです。

販売サービスの差別化

住宅メーカーは商品だけでなく、販売前後のサービスにおいても向上しています。より完成時のビジュアルがわかるように3D画像を提供したり、24時間電話受付が可能なアフターサービスを行ったりなどです。そのほか、住宅メーカーによっては間取りの打ち合わせに専属の**収納アドバイザー**を配置してサポートしたり、性能に自信があるメーカーは工場見学ツアーを行ったりなど、独自の販売サービスを展開しています。

口コミ
サイトや掲示板、SNSなどを通した消費者の意見のこと。住宅業界で口コミの影響力が高いサイトとして、e戸建て、マンションコミュニティ、SUUMOなどが挙げられる。

一括見積りサービス
業者ごとの見積りを簡単に比較できるサービスのこと。数分の情報入力で効率よく業者を探すことができる。タウンライフ家づくり、LIFULL HOME'S、持ち家計画などのサイトがよく知られている。

収納アドバイザー
収納レイアウトやノウハウについて専門的なアドバイスを行う人のこと。職業として実際に依頼を受けるには整理収納アドバイザーの資格が必要。

営業スタイルの変化

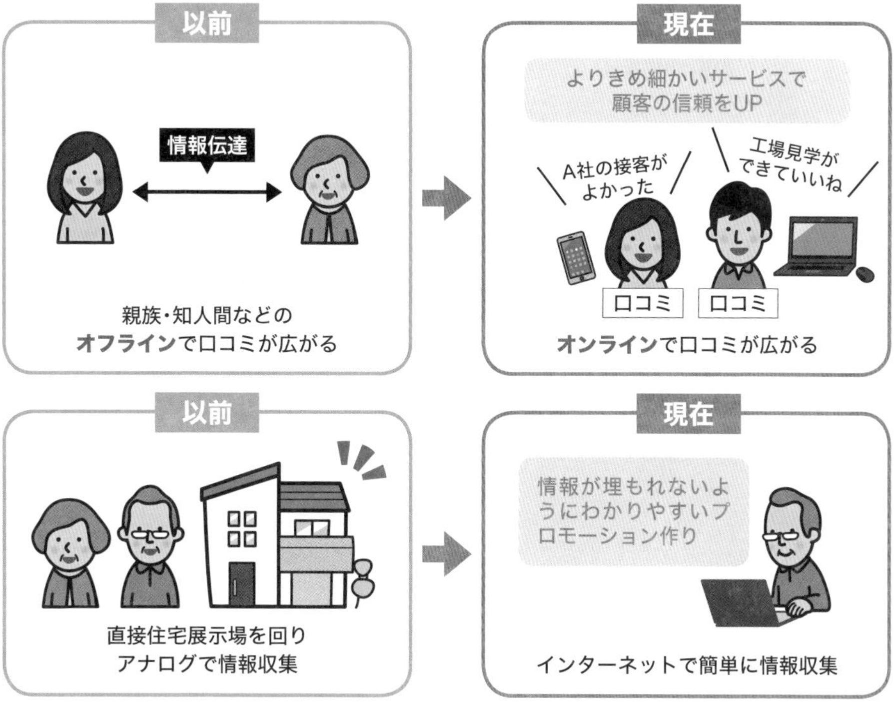

他社との差別化のために編み出す独自戦略

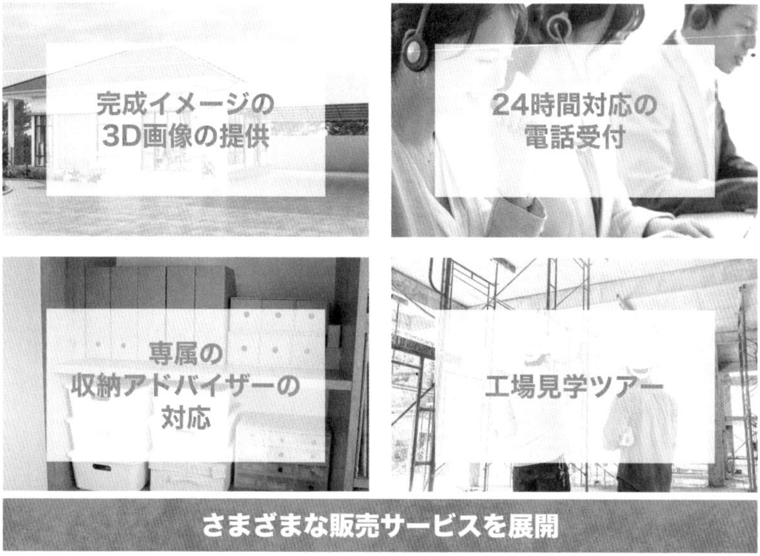

Chapter7
04

長期的な利息収入を確保

銀行も努力している住宅ローン競争

住宅の販売に関して努力しているのは住宅メーカーだけではありません。実は銀行も住宅ローンを融資するために住宅メーカーに営業努力を重ねているのです。

住宅ローンを融資したい銀行

銀行にとって安全性が高いため、住宅ローンの**金利**は低くなっています。住宅・土地という大きな担保があるのはもちろんですし、家計費の中でも住居費は誰もが優先して確保する費用という特性があるからです。

そんな安全性が高く、かつ長期的な利息収入が確保できるわけですから、当然銀行は住宅ローンを融資したいわけです。以前は住宅ローン担当にはノルマが設けられていたこともあり、銀行マンも必死に営業をしていました。

住宅ローンの営業といっても、他行との差別化は難しく、どうしても知名度が高かったり金利が低かったりする銀行が有利になります。

また、近年ではネットバンクが台頭し、店舗型銀行の住宅ローンの金利を大きく下回るローン商品が登場してきました。これにより、店舗型銀行は大きな打撃を受けているのが現状です。

金利
借りた金額に対して支払う利息の割合のこと。低いほうが支払総額が小さくなるため、高額な住宅ローンにおいてはとくに重要視される。住宅ローンでは、金利が変動する「変動金利」と金利が変わらない「固定金利」がある。

店舗型銀行のローン担当者の営業

ネットバンクが台頭しても、店舗型銀行の優位なポイントはしっかりと残っています。とくに注文住宅を購入する人にとって建物の打ち合わせなどでかなり忙しくなるため、**ローンの手続き**は非常に面倒に感じるものです。店舗型銀行であればローン担当がマンツーマンで手続きをサポートできるため、借り手にとっての不安も少なくなります。

上記の優位性を活かすため、店舗型銀行のローン担当は住宅メーカーの営業マンに対して営業をかけ、自行を紹介してもらえるように密なコミュニケーションを図る努力をしています。

ローンの手続き
金融機関と事前審査、正式審査を行い、契約へと進む。一般に、融資が実行されるまでに1カ月ほどかかる。

激化する住宅ローンの金利競争

銀行が住宅ローンに融資するメリット

1 安全性が高い
顧客は優先して住宅費を支払う傾向にあるため、滞納リスクが低い

2 長期利息収入がある
長く住み続けるため、長期間の収入が見込める

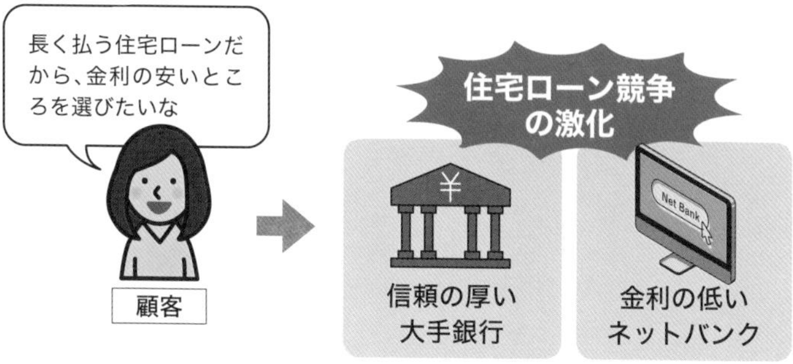

ネットバンクと都市銀行の住宅ローンの変動金利比較

ネットバンク	
住信SBIネット銀行	年0.410%
auじぶん銀行	年0.410%
楽天銀行	年0.537%
イオン銀行	年0.520%

都市銀行	
三菱UFJ銀行	年0.475%
りそな銀行	年0.470%
三井住友銀行	年0.475%
みずほ銀行	年0.475%

出所：各社ホームページより作成（2020年2月現在）

ネットバンクの台頭で、各社とも変動金利は0.5%前後という低金利を保っている

店舗型銀行の営業

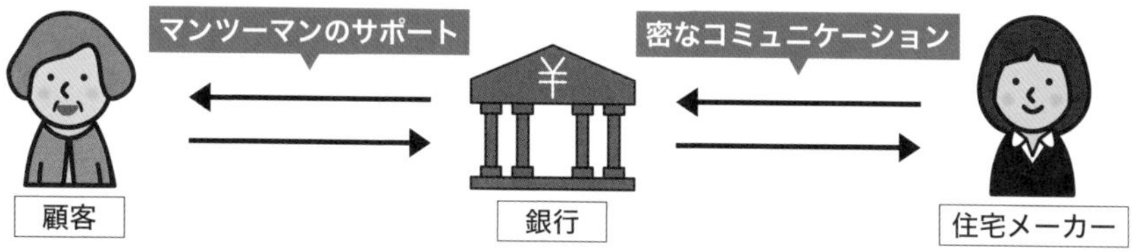

住宅メーカーが新技術で先導

Chapter7 05

住宅業界の生き残りをかけた商品の開発と戦略

住宅へのニーズの変化や、住宅そのものの長寿命化のため、住宅メーカーは新商品開発や低価格化に力を入れています。ときにはメーカーと協力してコラボ商品を作ることもあります。

住宅メーカーが行う商品開発

各建材や設備の専門メーカーは商品の製造が本業である以上、もちろん日々新商品の開発を行い、アップデートをくり返しています。対して住宅メーカーや工務店はそれらの各建材や設備を購入して家を作るので、あまり商品開発に携わっていません。しかし、それでは差別化ができなくなってしまいます。

そのため、住宅メーカーは構造部（骨組み）に関しては自社で研究し、安全性の向上や施工の簡略を図っています。また、建材や設備に関しては、たとえば「○○の性能を持った○○を作って欲しい」とメーカーに依頼し、コラボ開発を行います。場合によっては建材や設備メーカーを傘下に収めることで特定の建材や設備を自社製品にすることもあります。

続々登場する新商品

近年では国の推奨もあり、各メーカーとも高断熱・高気密化に力を入れています。そのため、住宅メーカーも各メーカーとコラボしたり、M＆Aしたりすることでオリジナルの断熱材を続々と生み出しています。最近では吹き付けるときに泡のように膨らむ「**発泡ウレタン**」が人気です。

また、高断熱に合わせて、高性能で低価格な**全館空調システム**も登場してきました。すべての部屋を年中同じ温度に保ちつつ、電気代の負担は大きくない、ということが実現できるのです。

そのほか、たとえば天井が高い大空間の構造や、水害に強い住宅なども開発されてきています。2020年のコロナの影響もあり、今後は各社耐ウイルスや、空気清浄機がなくても空気がキレイな住宅にも力を入れているようです。

発泡ウレタン
炭酸ガスなどの発泡剤でウレタン樹脂を発泡させた断熱材のこと。発泡剤にフロンガスが使用されていたが、危険性が指摘され、現在ではより安全性の高い発泡ウレタン断熱材が開発されている。

全館空調システム
住宅全体の空調を一括管理するシステム。建物中にダクトを張り巡らせることで、エアコンや室外機を置くことなく空調バランスを管理できる。

住宅メーカーが行う商品開発は2種類

住宅メーカーの新性能・新商品の一例

断熱材の発泡ウレタン

泡で膨らむから
気密性が高い

全館空調システム

電気代の負担が
少ない

水害に強い家

水の侵入を許さない
住宅機構

天井高が高い大空間

耐震性を維持しつつ天井高が
高い大空間を作る機構

耐ウイルスや空気清浄機能

グレードアップした換気
システムやフィルター機能

Chapter7
06

価格を抑えつつ自由度が高い

建売、注文住宅の間に位置する企画提案型住宅

近年住宅メーカーから、建売住宅でもなく注文住宅でもない、「企画提案型住宅」という新しい商品が登場し、人気が上昇しつつあります。そんな企画提案型住宅の特徴を解説します。

建売・注文住宅のよいところ取り

42ページで「建売住宅」「注文住宅」の特徴について説明しました。そして、建売と注文住宅の中心に位置するのが「企画提案型住宅（企画住宅）」です。

企画提案型住宅は「間取りや外観などはある程度決まっているプラン集から選択する住宅商品」のことを指します。同じ建材・設備でたくさんの住宅を作るので、**仕入れコスト**が安くなり注文住宅よりも価格が下がるメリットがあります。

仕入れコスト
部材や建築材料を仕入れたり製造したりするときにかかる費用のこと。量産品の採用や原価の低減などがコスト削減につながる。

また、注文を受けてからの建設になるため、外観・内装の変更、オプションの変更、一部間取りの変更ができ、建売と比較すると自由度があります。

顧客から見たら、ある程度価格を抑えつつ設備・色合いなどはある程度選択することができる上、住宅性能は高いレベルになるためメリットは大きいといえます。

住宅メーカー側にもメリットの多い

企画提案型住宅は顧客にとってのメリットだけではありません。通常の注文住宅と比較すると、打ち合わせの回数が大幅に減るため人件費分を抑えることができます。そのほか、設計士やコーディネーターなどへの外注費なども下がるため、しっかりと利益を確保することができるのです。

また、間取りや建材などがパターン化されることで工期が短くなります。つまり、営業マンや現場監督の手離れが早く、その分回転数が上がり、売上が上昇するメリットもあるのです。そういった背景から、企画提案型住宅を発売する住宅メーカーが増加しています。

企画提案型住宅とは

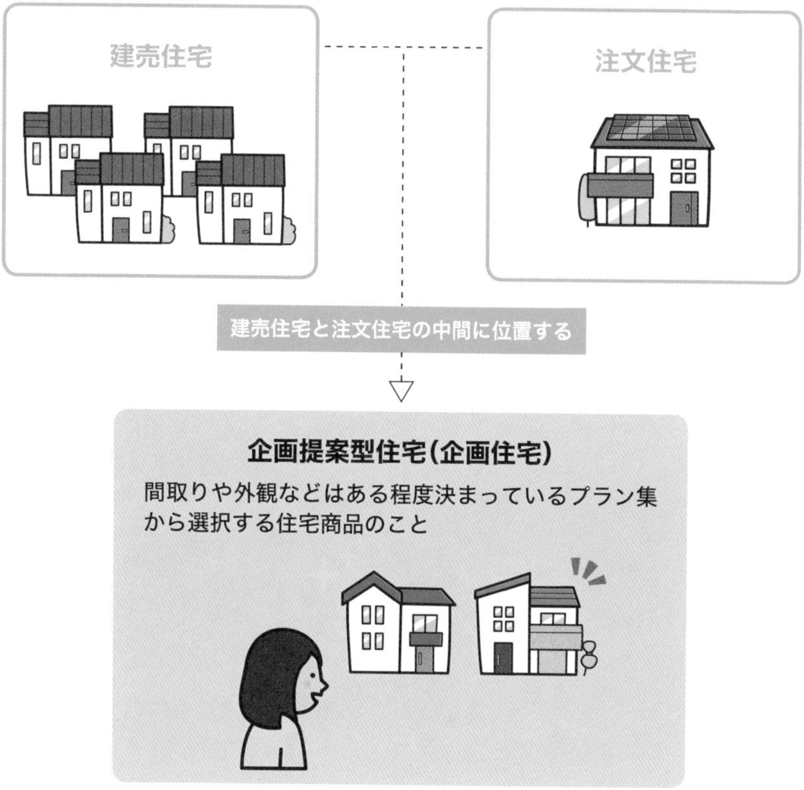

企画提案型住宅のメリット

顧客

顧客にとってのメリット

・仕入れコストが安くなるため、注文住宅よりも価格が下がる
・外観や内装の変更、オプションの変更、一部間取りの変更ができて、建売住宅よりも選択の自由度が高い

住宅メーカー

住宅メーカーにとってのメリット

・打ち合わせの回数が大幅に減るため、人件費を削減できる
・工期が短くなるため、回転数が上がり売上増加につながる

SNSを利用したコミュニケーション

ITを取り込む住宅メーカー

近年、住宅業界でもIT化が進んでいます。InstagramやLINEの普及により、集客方法にも顧客とのコミュニケーションにも大きな変化が生まれました。IT化の流れは今後ますます加速していくでしょう。

集客方法の変革期

住宅メーカーの集客方法といえば、テレビCMやホームページで興味を持ってもらい、住宅展示場公園のモデルハウスに来てもらう、というのが一般的でした。しかし、近年ではSNSが普及したので、InstagramやLINEなどで集客を図る住宅メーカーが増加しつつあります。

少しずつではありますが、**バーチャル展示場**を開始する住宅メーカーも登場してきました。モデルハウスの3D画像で360度見渡せるようになっていて、住宅メーカーによってはVRにも対応しています。

おそらく、この先**AIシステム**も導入され、住宅商品に関しての質問をすれば自動的にAIが答えてくれるようになるなど、もっとIT化が進むことでしょう。

バーチャル展示場
インターネット上で物件の内覧ができる展示場のこと。昨今のデジタル化に加え、コロナ禍の影響により2020年時点で多くの住宅メーカーがバーチャル展示場を開設している。

コミュニケーションのIT化

住宅メーカーの営業マンはSNSを活用して顧客と気軽でスムーズな情報共有を行っています。

また2020年のコロナの影響もあり、近年ではオンラインで商談・打ち合わせを行う住宅メーカー・工務店・リフォーム会社が急増しています。顧客とのコミュニケーションにおいて、今後さらにITが進んでいくのは間違いないでしょう。

コミュニケーションのIT化は顧客だけではありません。近年住宅メーカーでは工事の施工管理専用のチャットアプリを使い始めています。現場監督・職人・顧客のコミュニケーションを1つのシステム上で行い、図面や工程表など複雑なコミュニケーションを円滑化しているのです。

AIシステム
ソフトウェアを使って人間の知能を機械化したシステム。チャット対応以外にも工程管理、劣化診断など幅広く活用されている。

IT を使った集客の効率化

Instagram

Instagramで住宅の間取りや内装を紹介することで、「こんな家に住みたい」という気持ちを持たせ、住環境のPRにつながる

LINE

メーカーからのお知らせを送ることができたり、顧客からのお問い合わせにAIが自動で返信したりするなど、従来よりも円滑な情報共有が可能

バーチャル展示場（VR対応）

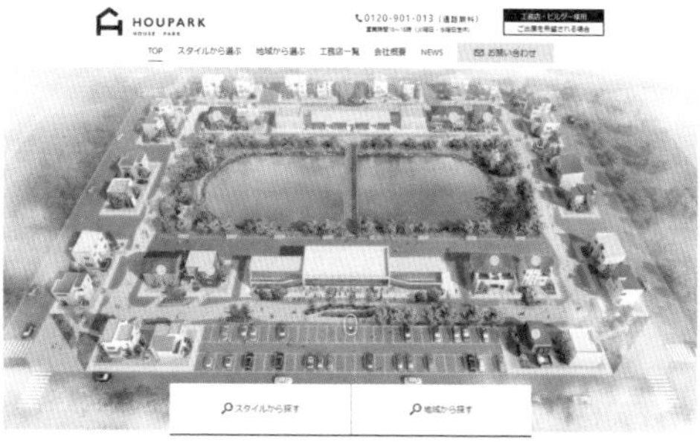

出所：HOUPARK

ブラウザ上からモデルルームを見学することができる新スタイルの住宅内覧。室内を360度見渡すことができるほか、住宅アドバイザーに相談することもできる

ITの活用により、今後、住宅展示場や営業マンが減少するなどの大きな変化が起きる可能性が高いです

IT 化による社外・社内コミュニケーションの効率化

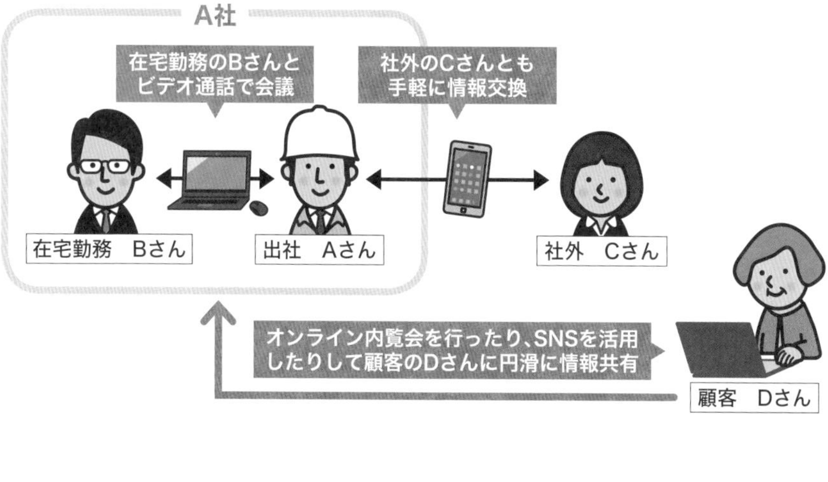

COLUMN 7

個人の営業スタイルも差別化が必須

正しい情報をもとに適切に信頼を勝ち取る

今後、住宅業界もIT化が進み、AIの活用が進むはずです。そうなればおそらく営業マンの価値がだんだんと下がっていく可能性が高いでしょう。ほとんどの住宅メーカーでは営業マンをもっとも多く雇用している状況ですが、その営業マンの比率は減っていくと想定できます。

そのような未来が高い確率でやってくるのであれば、現在住宅営業マンの方や、今後住宅営業マンになってインセンティブで稼ぎたいと考えている方は、決して住宅メーカーや工務店の差別化戦略に頼りきったりせず、自分自身もほかの営業マンとの差別化を考えて営業スタイルを確立していく必要があります。

たとえば、ほかの営業マンが持っていない資格を取得するのも1つの方法です。そのほか、私の知っているトップ営業マンは自身でブログを開設し、それを営業ツールとして使っていたので私も参考にしました。今の時代ここまではできないかもしれませんが、施主の家族全員の誕生日を覚えておき、その日に訪問してメッセージカードを届けるトップ営業マンもいました。顧客のプラスになるのであれば、どんなスタイルでもよいと思いますが、このような差別化は必須になるでしょう。

住宅メーカーではさまざまな差別化を図っています。営業マンはそのメーカーの差別化ポイントや強みを主体に営業トークを展開していくのが基本です。しかし、業界全体的に性能が向上してきて、かつインターネットで簡単に情報が手に入る時代なので、強みのアピール自体が無意味になってきている節があります。今求められている営業能力は、正しい情報をもとにいかに適切に信頼を勝ち取るコミュニケーションを行い、かつ顧客の期待や要望をしっかりと読み取る力です。

ほかの営業マンと差別化を図りつつ、このようなコミュニケーションを図る力をしっかりと付けていけば、営業マンとして市場価値は高まり、AIにも負けることはなくなるはずです。

第8章

住宅業界にまつわる規則・法律・税制

第７章では、住宅メーカーが力を入れている戦略について説明しました。それらはすべて、一定の規定を守った上で実行されています。とくに災害の多い日本では、人々の命に関わることであるため、住宅建設におけるさまざまな決まりが制定されています。

Chapter8
01

住宅局関係予算の増加

経済波及効果を重視した政府の方針

政府はどのようなことに重点を置き、住宅関連の予算を組んでいるのでしょうか。政府の動きは住宅業界全体に大きな影響を与えるため、動向を知り、住宅補助金制度など政策の把握が重要になるのです。

2021年度の住宅局関係予算における政府方針

直近の2021年度住宅局関係予算については、次の分野に力を入れると国土交通省の住宅局は発表しています。

①住まい・くらしの安全確保、②くらしの多様化に応える良質な住宅ストックと流通市場の形成、③誰もが安心して暮らせる住まいの確保、④住宅・建築分野の生産性向上と新技術実装の推進の4つです。この4つの項目に対し、さらに細かく事業計画があり、それぞれの事業に国費をどれくらい使うのか、という予算が決まります。そして予算に応じて各事業の補助金などが決定していくのです。

住宅局関係予算
国土交通省の住宅局が毎年発表している、住宅政策に関する予算案。年々増額しており、2021年時点で約3兆円の事業予算が計上されている。

ここ数年間における住宅局関係予算の政府方針

ここ数年間、政府方針に大きな変化はありません。政府方針として真っ先に挙げられるのは「安全・安心」です。

近年のたび重なる災害の発生により、強固な住宅の普及のための費用や、実際の復旧・復興のための費用が毎年のように予算に計上されています。また、高齢者が住みやすく、健康を維持できる、子育てしやすいなどのセーフティネットの強化にかかる費用も計上されています。

次に重点を置かれているのは「空き家問題対策」や「中古市場の育成」です。232ページ以降で詳しく解説しています。毎年このキーワードに関連する方針が入っていることから、今後の住宅市場を活性化させていく上で重要なポイントだということがわかります。

住宅・建設業界の経済的効果の大きさを考えると、今後も政府は大きな予算を注ぎ込んでいくことが考えられます。

災害
自然現象や事故などにより人命に影響を及ぼす事態。国内では地震や台風、豪雨などの大規模自然災害が相次いでおり、復興融資や被害時の免税など多くの住宅支援策が講じられている。

セーフティネット
発生するリスクや損害から保護・救済を行う仕組み。住宅関連では、住宅の確保に配慮が必要な低所得者層を対象に、公営住宅への入居や家賃を支給するなどの経済的支援が行われている。

2021年度の住宅の予算の割合

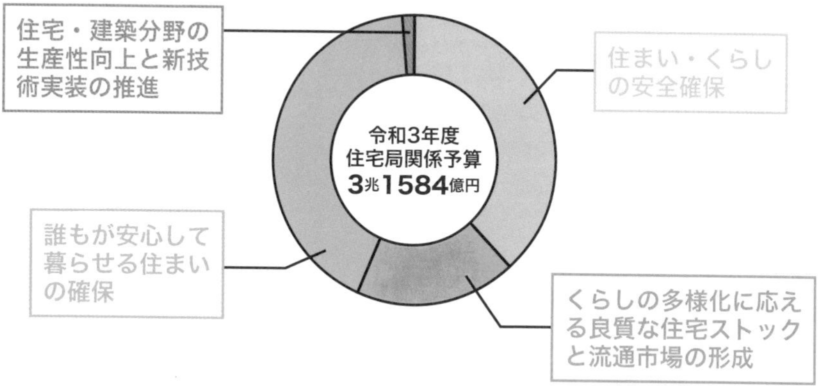

出所：国土交通省ホームページより作成

2021年度の住宅局関係予算概要

方針	内容
住まい・くらしの安全の確保	・災害等に強い安全な住まい・くらしの推進 ・東日本大震災からの復興・再生 ・大規模自然災害からの復旧・復興
くらしの多様化に応える良質な住宅ストックと流通市場の形成	・住宅・建築物における「新たな日常」への対応と省エネ化・長寿命化の推進 ・既存ストックの有効活用・市場の活性化 ・マンションの管理適正化・再生円滑化 ・空き家対策の強力な推進
誰もが安心して暮らせる住まいの確保	・多様な世帯が安心して暮らすことができる住宅セーフティネット機能の強化 ・高齢者が自立して生活できる住生活の実現
住宅・建築分野の生産性向上と新技術実装の推進	・住宅・建築分野における生産性向上・国際展開 ・地域の良質な木造住宅・建築物の生産体制の強化等

出所：国土交通省

建設の際に厳守すべきルール

Chapter8 02

国民の生命・健康・財産保護の最低基準を示す建築基準法

戸建て・マンションなどの建築物にはさまざまな法律・ルールが定められています。その1つが建築基準法です。住宅業界に関わる場合は建築基準法が改定されていくたびに、把握していかなければなりません。

暮らしを支える最低基準のルール

建築基準法は、国民の生命・健康・財産が守られ、安全でかつ快適に暮らせるよう、建築物の敷地、構造、設備及び用途に対して最低基準のルールを定めたものです。

建物に関わる法律は、ほかにも都市計画法・消防法・水道法などさまざまなものがあります。建築基準法はこれらの法律と関連して、厳守すべきルールです。

建築基準法は、建築物そのものの基準を定めている「単体規定」と建物が集まって作られる市街地の環境整備などを目的とする「集団規定」の2つに分類することができます。

細分化し内容を明確にしている

建築基準法は細かい条文により、国民の生命・健康・財産が最低限守られるように保護されています。

たとえば「耐震基準」の制定により、地震に対する建物強度の規定を示したり、「**用途地域**」の制限により、土地の用途を13種類に区分けし、指定したりしています。

さらに「**採光義務**」を定めることで、居室に最低限の自然光を取り込むことができるように定めています。そのほかにも、建物の密集地において火事の延焼を防ぐように住宅の火災に対する強度を定めた「防火地域・準防火地域」、避難経路や緊急車両が侵入できるスペースを確保するために定めた「**接道義務**」などがあります。

また建築基準法の順守のため、政府は検査機関を持っています。政府から委託された民間の検査機関によって、着工前の建築確認や着工後の中間検査、完了検査などが行われます。

用途地域

建築基準法第48条にもとづき、用途を定めた地域。地域の混在を防ぐことで、住環境・利便性・環境水準などが確保される。

採光義務

建築基準法第28条にもとづき、居室の窓面積を床面積の1／7以上設けることを義務付けた規定。窓がない、または窓面積が足りない場合は居室として扱えない。

接道義務

建築基準法第43条にもとづき、建築物を道路に接することを義務付けた規定。火災時の消火活動など、防災の円滑化を図るために制定された。

建設する上で厳守すべき建築基準法

建築基準法

国民の生命・健康・財産が守られ、安全でかつ快適に暮らせるよう、建築物の敷地、構造、設備及び用途に対して最低基準のルールを定めたもの

単体規定：建築物そのものの基準
集団規定：建物が集まって作られる市街地の環境整備のための基準

建築基準法の主な内容

耐震基準
地震に対する建物強度を示す

接道義務
避難経路や緊急車両が侵入できるスペースを確保するために定める

用途地域
土地に対して13種類に区分けし、指定した用途でのみ使用するように定める

建築基準法
委託された民間企業によって検査されている

民間企業

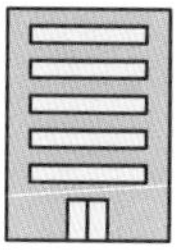

居室の採光義務
最低限の自然光を取り込むことができるように定める

防火地域・準防火地域
密集地で火事の延焼を防ぐように住宅の火災に対する強度を定める

建ぺい率・容積率
敷地に対して建ててよい建物の大きさを定める

建築基準法で、細部にわたりルール化されたことで、私たちの健康や財産が守られています

政府は耐震補強に力を入れる

Chapter8
03

大きな地震が発生するたび変化してきた耐震基準

大きな地震があるたびに耐震基準が見直され、少しずつアップデートをくり返してきました。各住宅メーカーは、耐震基準が変わるたびに基準に合わせて住宅構造の性能をアップさせてきました。

現在の耐震基準

まず現段階の耐震基準はどうなっているのでしょうか。耐震基準は「数百年に一度発生するといわれている住宅の密集する都市で震度６強から震度７程度の地震に対して、倒壊・崩壊しないこと」と定められています。

この目標基準をクリアするために、さまざまな構造計算上の数字基準が設定されています。この基準をクリアできない住宅は、法律上建てることができません。

耐震基準の改定の歴史

1978年宮城県沖地震で大きな被害が発生したあと、1981年に新耐震設計基準が施行されました。この改正は1981年以前の基準を「旧耐震」、以後を「**新耐震**」と呼ばれるほど大きなものでした。改正前の「旧耐震基準」では震度5程度の地震に耐えればよいとされていました。

しかし、さらに激しい地震を経験したことにより、震度6強から震度7程度の地震に耐えられるべきであるとされ、耐震基準が改定されました。

また2000年には主に木造住宅の耐震性が向上する規定が盛り込まれました。この改正は1995年の阪神淡路大震災の影響で起こりました。地震による大きな被害の経験から、住宅を建てる前の地盤調査の義務化や基礎・金具・耐力壁などさらに細かく基準が設けられるようになったのです。

今後も大きな地震が発生するたびに、耐震に関する研究が進み、技術の進歩とともに耐震基準がアップデートされていくことでしょう。

新耐震
1981年の建築基準法改正による新しい耐震構造の基準。1995年に起きた阪神淡路大震災では、全壊した木造の建物のうち93%が新耐震基準前に建てられた建物だった。

主な大地震と耐震基準の歩み

地震			耐震基準	
1923年	関東大震災	→	1924年	市街地建築物法改正
1948年	福井地震	→	1950年	建築基準法制定
1978年	宮城県沖地震	→	1981年	建築基準法改正 新耐震設計基準の導入
1995年	阪神淡路大震災	→	1995年	耐震改修促進法制定
		→	2000年	建築基準法改正

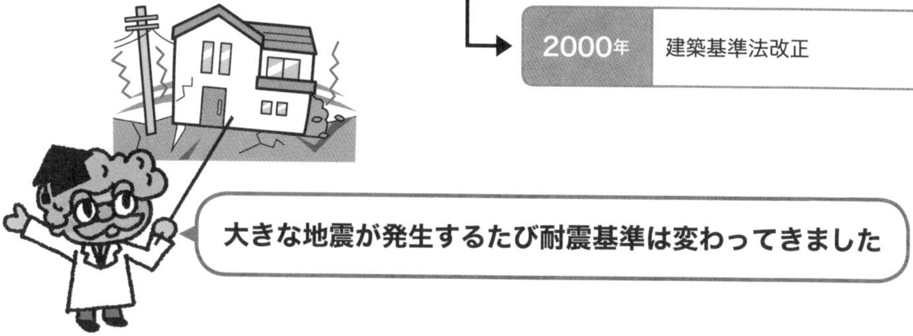

耐震基準の変化

旧耐震基準
震度5程度の地震に耐えられればよい

1981年
新耐震設計基準の施行

新耐震基準
震度6強から震度7程度の地震に耐えられる必要がある

耐震補強工事の推奨

耐震基準の改正が行われていない1981年以前に建築された建物は震度6〜7の地震で倒壊する可能性が高いのです。そのため国は「旧耐震」である住宅に対し、**耐震補強**の工事を強く推奨しています。各自治体では工事費の一部を負担する補助金も出しています。生命に関わるため、リフォーム会社も同調し推奨していく必要があるでしょう。

耐震補強
耐震性の向上のため、土台や柱などの主要構造を補強すること。外付けの鉄骨フレーム設置などの構造部分の強化工程であるため、大規模で長期間の工事となる。

細分化されている

Chapter8
04

快適な住環境を守る建築基準法の用途地域

新築した住居の周りの環境が変化することによって、施主にとって大きな損害になってしまうことがあるのです。環境変化による損失を防ぐため、建築基準法には「用途地域」という規定があります。

計画区域の分類

国が計画的に街作りを進めるエリアを「都市計画区域」、それ以外の人があまりいない地域を「都市計画区域外」や「準都市計画区域」と分類しています。「都市計画区域」はさらに「市街化区域」「市街化調整区域」「非線引き区域」に分類されます。「市街化区域」は10年以内に、優先的かつ計画的に市街化を図るべき地域のことです。なお「用途地域」はこの「市街化区域」を12種類に分類した地域のことをいいます。

用途地域の目的

「用途地域」とは、計画的な市街地を形成するために用途に応じて12地域に分けられたエリアのことです。主に「**住居系地域**」は7種類、「**商業系地域**」は2種類、「**工業系地域**」は3種類に区分されます。用途地域は住居エリアが日当たりや騒音、公害などで住みにくい環境にならないように設けられた法律なのです。

また、それぞれの住居地域によっては景観を守るために「低層の建物しか建ててはいけない」「密集している地域では火災に強い住宅性能にしてなくてはいけない」などのルールが定められています。

住居系地域
用途地域のうち、住宅の建設を目的とした地域の総称。用途地域ごとに高さ・床面積・敷地などの制限が設けられており、一定の住環境が確保できる。

商業系地域
用途地域のうち、商業施設の建設を目的とした地域の総称。百貨店・商店街・娯楽施設などが多く、賑やかで交通手段も発達している。

工業系地域
用途地域のうち、工業施設の建設を目的とした地域の総称。工場、倉庫、設備販売場、事務所などが集まるほか、分譲地やマンションも建てられている。

用途地域別の違い

各用途地域では、おおまかなルールだけでなく、細かい基準が制定されています。たとえば土地に対して建てられる大きさの割合である建ぺい率や容積率、高さ制限、斜線制限などが用途地域によって定められています。そのため、住宅メーカーは必ず用途地域を確認してから設計を進めなくてはなりません。

都市計画区域における用途地域の分類

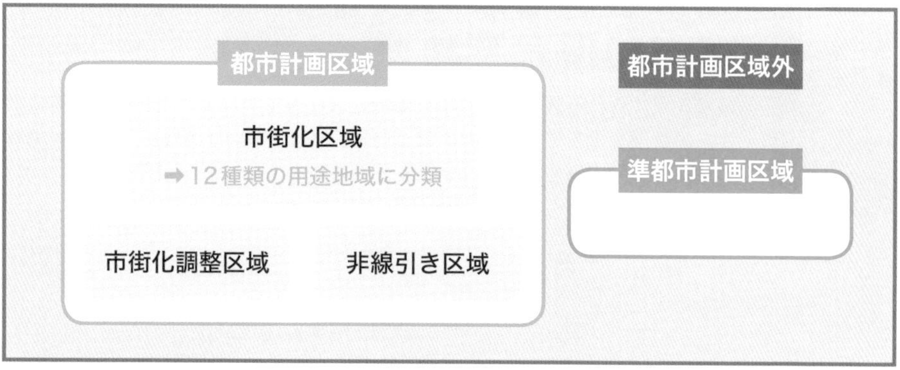

用途地域とその内容

市街化区域は政府によって、地域の特徴に応じて、12の用途地域に分類されている

	用途地域	内容
住居系地域	第一種低層住居専用地域	低層の住宅専用地域で、店舗兼住宅であれば特定の業種に限り店舗を建設できる
	第二種低層住居専用地域	低層の住宅専用地域で、第一種低層住居専用地域で建設できるものに加え、コンビニなど小規模な店舗であれば建設できる
	第一種中高層住居専用地域	中高層の住宅専用地域で、2階以下の飲食店や小規模なスーパーマーケットも建設できる
	第二種中高層住居専用地域	中高層の住宅専用地域で、第二種低層住居専用地域で建設できるものに加え、中規模の店舗や事務所を建設できる
	第一種住居地域	住居環境を守るための地域で、小規模な店舗や事務所に加え、カラオケやパチンコなど一部を除く商業施設が建設できる
	第二種住居地域	住居環境を守るための地域で、第一種住居地域で建設できるものに加え、カラオケやパチンコなどの商業施設も建設できる
	準住居地域	沿道地域として、自動車関連施設や映画館なども建設できる
商業系地域	近隣商業地域	周辺住民の利便性を図るための地域で、商業施設・事務所に床面積の制限がなく、危険性が低い工場も建設できる
	商業地域	大型の駅周辺などに見られる商業施設が集まる地域で、ほとんど制限がなく建築物を建設できる
工業系地域	準工業地域	環境悪化の危険性が低い工場のための地域で、工場に加え住宅や商業施設も建設できる
	工業地域	工場の利便性を図るための地域で、住宅や商業施設は建設できるが、病院や教育施設は建設できない
	工業専用地域	工場専用の地域で、住宅や商業施設は建設できない

地域の美観や近隣の安全性を保つ

Chapter8
05

建てられる家の大きさを決める建ぺい率と容積率

建物が建てられる大きさは「用途地域」によって異なります。その建物の大きさの制限を示しているのが「建ぺい率」と「容積率」です。これらは地域の美観や近隣の安全性などを保護するためにとても重要なのです。

建ぺい率・容積率とは

建ぺい率とは、土地の面積に対する建物面積の割合を表します。

たとえば建ぺい率が50％と指定された地域だった場合、土地の大きさが100㎡としたら、建物を真上から見たときの面積である水平投影面積を50㎡以下にしないといけません。

容積率とは、土地の面積に対するすべての階の合計面積である延床面積の割合です。

たとえば容積率75％と指定された100㎡の土地がある場合、1階と2階の合計の面積が75㎡以下でなければならないのです。

建ぺい率・容積率は各用途地域によって異なります。

たとえば、**低層地域**に多い「建ぺい率50％、容積率100％」の敷地では、土地に対して大きな住宅を建てることはできません。

一方で「建ぺい率100％、容積率200％」の敷地では、土地に対して比較的大きな住宅を建てることができます。

しかし、隣接している住宅と近くなる可能性が高いため、**防火・準防火地域**に指定されていることが多いのです。

低層地域
都市計画で定められた用途地域のひとつ。正式名称は「第一種低層住居専用地域」。閑静で日当たりのよい住宅街を特徴とする。

防火・準防火地域
都市計画法で「市街地における火災の危険を防除するために定める地域」と指定されている地域。該当地域に住宅を建設する場合は、通常よりも耐火性に優れた設備を使用したり、耐火性をより向上させるための施工を追加したりする。

その他の建築制限

用途地域によって、建ぺい率・容積率以外にもさまざまな制限があります。

たとえば「道路・北側」による高さの制限である「斜線制限」、日照を保護するための「日影規制」などがあります。

このような制限により土地に対する建物の配置、間取りや高さが制限されることもあります。また、このような法律により、地域の美観だけでなく、近隣の安全性・日照性・防音性などを保護しているのです。

敷地面積と建築面積の関係を示す建ぺい率

建ぺい率 土地の面積に対する建物面積の割合

$$\text{建ぺい率（\%）} = \frac{\text{建築面積}}{\text{敷地面積}} \times 100$$

建ぺい率が50％と指定された地域だった場合……

100㎡ × 50% ＝ 50㎡

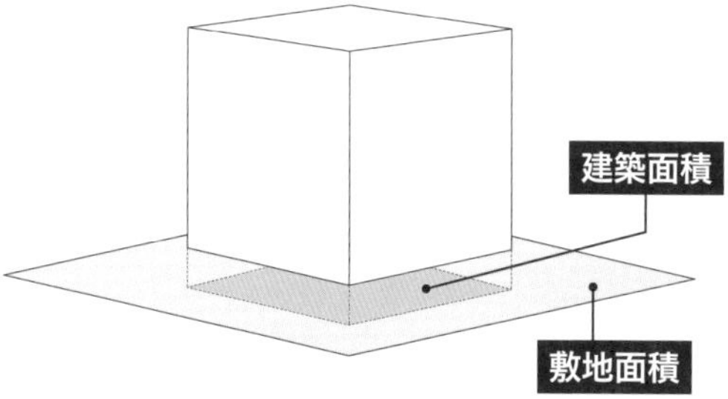

敷地面積と延べ床面積関係を示す容積率

容積率 土地の面積に対するすべての階の合計面積

$$\text{容積率（\%）} = \frac{\text{延床面積}}{\text{敷地面積}} \times 100$$

たとえば容積率75と%指定された
100㎡の土地がある場合……

100㎡ × 75% ＝ 75㎡

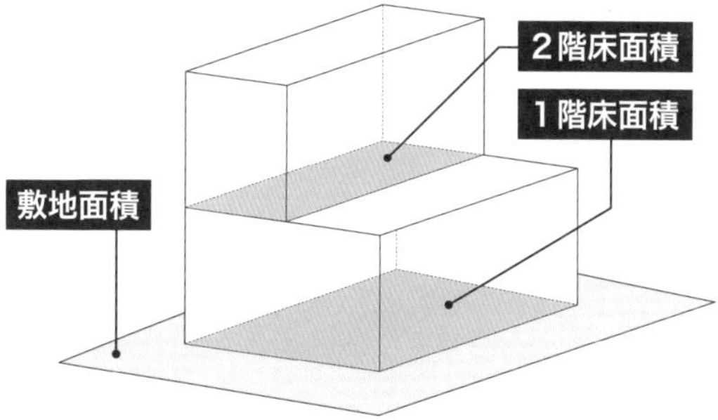

Chapter8 06

4つの基本理念を持つ

住宅の仕様の指針である住生活基本法

耐震偽装問題など、住宅に関してさまざまな問題が発覚した1990年代。そこにメスを入れるために2006年に「住宅生活基本法」が施行されました。この法律により住宅業界は大きな転換期を迎えたといえるでしょう。

豊かな住生活の実現を目指す

住生活基本法
2006年に施工された。4つの基本理念に加えて、国・地方公共団体・住宅関連業者における住宅の安全性に関する責任の所在も明示されている。

住生活基本法は国民の豊かな住生活の実現を図るため、住生活の安定の確保や向上の促進に関する施策についての基本理念や住生活基本計画の策定を定めたものです。

住生活基本法は次の4つの目標から成り立っています。「現在及び将来の住生活の基盤である良質な住宅の供給等」「住民が誇りと愛着を持つことのできる良好な居住環境の形成」「民間活力、既存ストックを活用する市場の整備と消費者利権の擁護及び増進」「低額所得者、高齢者、子育て家庭等の居住安定の確保」です。

住生活基本計画

この基本理念を実施するために、具体的に作られる計画は「住生活基本計画」です。

この計画は基本法の中で約5年ごとに内容の見直しをすると定まっています。2006年度に作られた計画は、過去2011年度と2016年度に見直されています。

また、基本計画は国土交通省が定めた全国計画と、各47都道府県が定めた地方自治体の計画があります。

2016年に更新された2025年までの全国計画の内容では、三世代同居の支援やバリアフリー化・ヒートショック対策の見直しなどが挙げられます。

空き家
居住者・使用者がいない家。売り手・買い手の不在や居住者の死亡・施設入居などが主な原因となる。解決策として2014年に空家等対策特別措置法（22ページ参照）が制定された。

そのほか、「若年・子育て世帯や高齢者が安心して暮らすことができる住生活の実現」や、空き家の増加を抑えつつ活用方法を見出していくための「既存住宅の流通と空き家の利活用を促進し、住宅ストック活用型市場への転換を加速」などが掲げられています。

住生活基本法の目標

4つの目標	主な施策の方向性
①良質な住宅ストックの形成および将来世代への承継	基礎的安全性 高齢社会対応 地球環境対策 適切な維持管理
②良好な居住環境の形成	住宅市街化の基礎的安全性
③国民の多様なニーズが適切に実現される住宅市場の環境整備	適切な情報提供 循環型市場形成（長寿命化） ミスマッチ解消（子育て支援）
④住宅の確保に特に配慮を要する者の居住の安定の確保	住宅困窮者対策 高齢者の安全・安心の確保

出所：国土交通省

「住生活基本法」は、国民の豊かな住生活を実現するための基本的な理念を定めたものです

2016年に変更になった住生活基本計画の主な項目（2025年まで）

項目	内容
若年・子育て世帯や高齢者が安心して暮らすことができる住生活の実現	・三世代同居・近居などを促進 ・住宅セーフティネット機能を強化 ・高齢者向け住宅のガイドラインを新たに策定
既存住宅の流通と空き家の利活用を促進し、住宅ストック活用型市場への転換を加速	・プレミアム既存住宅など、住宅の質と魅力の向上 ・老朽化・空き家化が進むマンションの建てかえ・改修などを促進 ・資産として次の世代に承継されていく新たな流れを創出 ・空き家の増加を約100万戸抑制
住生活を支え、強い経済を実現する担い手としての住生活産業を活性化	・木造住宅の供給者・担い手の育成や技術開発により、木造住宅や和の住まいの普及を行う ・住生活関連ビジネスの新市場を創出 ・住宅ストックビジネスの活性化

出所：国土交通省

Chapter8
07

欠陥住宅は施工者が責任を持つ

消費者保護を図る住宅瑕疵担保履行法

住宅を購入して数年経過したあとに、屋根や外壁などに不具合が見つかった場合、建てた住宅メーカーが倒産してしまっていたら保証されるでしょうか。そんなケースに消費者を守ってくれるのが住宅瑕疵担保履行法です。

住宅瑕疵担保履行法

住宅瑕疵担保履行法は「**住宅瑕疵**があった場合、施工者が瑕疵を補填しなくてはならない」という法律です。

住宅瑕疵
住宅としての品質や機能が備わっていないこと。最近では、保険の適用に加えて仲介会社のサポートやホームインスペクション（212ページ参照）を活用し、欠陥住宅の購入後トラブルを未然に防いでいる。

また、住宅メーカーが倒産してしまったあとでもちゃんと瑕疵を保証できるように「保険」または「供託」が義務付けられています。住宅メーカーが担保しなくてはいけない期間は10年間と定められています。

この住宅瑕疵担保の責任の範囲は「構造耐力上主要な部分と雨水の浸入を防止する部分」となっています。

具体的には「基礎・土台」「**筋交い**（すじかい）などの骨組み」「屋根や外壁材（雨漏り防止）」「防火性能」などに問題があった場合に限られます。たとえば設置されたキッチンやトイレなどの設備、クロスなどの内装に関して不具合があっても瑕疵担保は対象外となります。

筋交い
骨組みの柱の間に斜めに交差させて取り付ける、補強用の部材。耐震性の確保を目的とするもので、在来工法（44ページ参照）によくみられる。

施主は、もしも新築後10年以内に建てた施工会社が倒産してしまった場合は、10年以内にホームインスペクションを行い、不備がないか念のため確認しておくべきでしょう。

保険と供託

住宅瑕疵担保保険は、住宅メーカーが保険料を支払い保険に加入しておくことで、万が一倒産してしまった場合、施主や買主が補修費用を**保険法人**に請求できるしくみをいいます。

保険法人
保険を販売する権利・義務を有した組織。住宅瑕疵保険を販売する住宅瑕疵担保責任保険法人は国土交通大臣の指定が必要となり、2020年時点で全国に6社存在する。

また、供託は住宅メーカーが法律で定められた額の保証金をあらかじめ法務局などの供託所に預けておく制度のことです。

住宅メーカーはこの保険か供託のどちらかで対応する義務があるのです。

消費者を欠陥住宅から守る

住宅瑕疵担保履行法とは……

住宅メーカーなどの施工者に瑕疵があった場合に担保しなくてはならないという法律

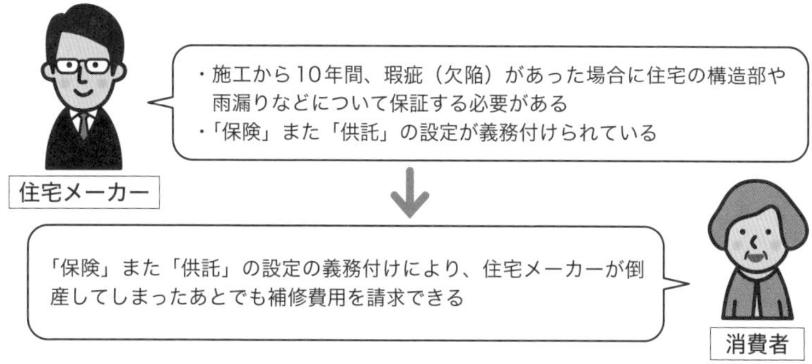

施主や買い主を守る住宅瑕疵保険と供託

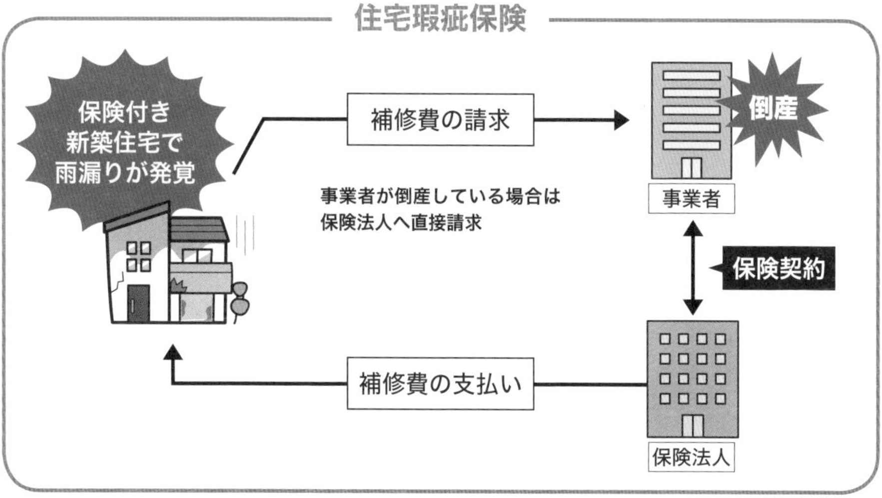

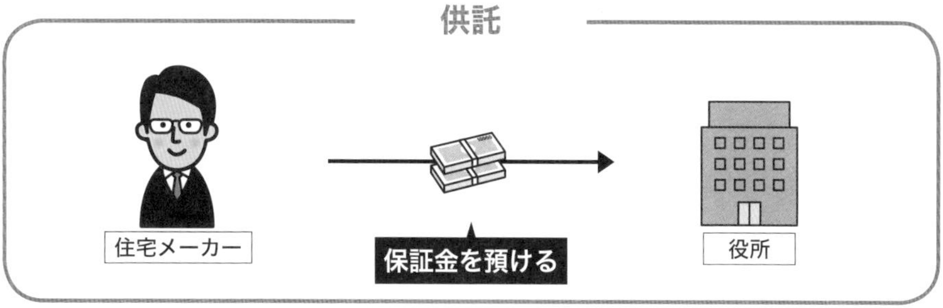

長持ちする家は減税の対象になる

同じ住宅に長く住むための長期優良住宅の認定制度

日本の住宅は海外から比べると寿命が短いといわれてきました。その理由はマイホームブームに起こった「質の悪い住宅の大量生産」や中途半端に断熱材を使用した「湿気が溜まりやすい住宅の増加」にありました。

9つの認定基準がある長期優良住宅の認定制度

長期優良住宅の認定制度は新築では2009年より、増築・改築の認定制度は2016年より始まりました。

長期優良住宅が認定された住宅は、簡単にいえば「メンテナンスをすれば、100年長持ちする家」「長期的に快適で健康的で経済的な家」のことをいいます。具体的には「耐震性」「劣化対策」「維持管理」などの9つの認定基準があり、それらすべてをクリアした住宅が長期優良住宅となります。

長期優良住宅のメリット・デメリット

長期優良住宅に認定されることのメリットは、住宅ローン減税の控除額の増額や固定資産税・不動産取得税免除額・登録免許税など一部の税金の減額が挙げられます。また、資産価値が残りやすいというメリットもあるでしょう。

一方でデメリットは、最初に一定以上の申請費用を支払う必要があることです。長期的にメンテナンスを行い、一定以上の基準を満たしておく必要があり、**ランニングコスト**が上昇する可能性があります。

ランニングコスト
建築・入居後にも建物や設備の維持や管理のために必要となる費用。メンテナンス費や税金、保険料などがランニングコストと呼ばれる。

長期優良住宅の実態と今後

認定を受けても、税金が安くなるとはいえ、申請費用がある以上、施主にとって経済的メリットはあまりありません。

また住宅メーカーにとっても手続きに手間がかかるという側面があります。長期優良住宅の認定基準をクリアした住宅というアピールはするものの、実際に申請までしっかりと顧客に推奨することも少ないのです。

長期優良住宅における9つの認定基準

9つの基準のすべてをクリアした住宅は、長期優良住宅に認定され、減税の対象となる

劣化対策	耐震性	維持管理・更新の容易性
土台の防腐・防蟻措置や小屋裏の換気措置が行われているなど	新耐震基準の1.25倍の地震に耐えられる性能・耐震強度を持つこと	構造躯体に影響を及ぼすことなく専用配管の補修を行うことができるなど
劣化対策等級3相当	耐震等級2以上	維持管理対策等級3相当
居住環境への配慮	**可変性**	**高齢者等対策**
所管行政庁が審査	戸建住宅への適用なし	戸建住宅への適応なし
省エネルギー性	**住戸面積**	**維持保全計画**
断熱等性能等級4相当	75㎡以上	10年ごとに点検
住宅の床や間仕切壁などに所定の断熱補強を行っているなど	・少なくとも1つの階の床面積が40㎡以上必要 ・地域の実情に応じて引き下げ可能(下限55㎡)	30年間以上の維持保全計画が必須

出所：国土交通省

長期優良住宅のメリット・デメリット

施主にとってのメリット

・住宅ローン減税の控除額の増額
・固定資産税、不動産取得税免除額、登録免許税など一部の税金の減額
・資産価値が残りやすい

施主にとってのデメリット

・最初に一定以上の申請費用を支払う必要がある
・長期的にメンテナンスを行う必要があるため、コストがかかる

2021年2月現在、国土交通省が長期優良住宅認定制度の内容見直しを検討しています

Chapter8
09

消費者は無償修理を求めることができる

住宅品質確保促進法によって10年保証されている

204ページで説明した住宅瑕疵担保履行法は「住宅品質確保促進法」の1つです。住宅に品質の基準を設け、質のよい住宅が提供されるように消費者を守るために制定されているものです。その内容を見ていきましょう。

住宅品質確保促進法

1990年代に発生した**欠陥住宅**の問題に対処すべく、2000年に「**住宅の品質確保の促進等に関する法律**（品確法）」が施行されました。

欠陥住宅
設計ミスや基準法違反などにより、安全性に欠けるとみなされた住宅。1995年の阪神淡路大震災により住宅の倒壊や火災が相次ぎ、社会問題として大きく取り上げられた。

住宅の品質確保の促進等に関する法律
2000年に施行された、住宅行政に関する法律。同年に改正された建築基準法で規定されているのは規格値のみであったため、新たに性能値を規定して建築基準法を補完するという目的があった。

施行された住宅品質確保促進法は、住宅に品質の基準を設け、質のよい住宅が提供されるように、消費者を守るための法律です。そして「10年間の瑕疵担保責任」、それから「住宅性能表示制度」「紛争処理体制の整備」の3つの軸から成り立っています。

とくに瑕疵担保責任の確立により、10年間の間に住宅に不具合があったとき、消費者は無償修理を求めることができるようになりました。

住宅性能表示制度と紛争処理体制の整備

これは、構造耐力、省エネルギー性、遮音性などの住宅の性能に関する表示の適正化を図るために表示の方法、評価の方法の基準の共通ルールを設け、消費者による住宅の性能の相互比較を可能にするものです。

そして、第三機関の客観的な評価が必要であり、表示された性能を守るように義務付けられています。

この制度ができたあと、契約書には建物の耐震等級や省エネの能力などが**重要事項説明**として記載がされるようになりました。

重要事項説明
宅地建物取引士の独占業務の1つで、取引に関する重要事項を顧客に説明する業務。権利関係や法令上の制限、契約条件などが重要項目として挙げられる。

また以前は住宅購入者と住宅メーカー間のトラブルが解決できない場合、裁判に頼るしかありませんでした。しかし、紛争処理体制の整備により、住宅性能評価を取得した住宅は、指定住宅紛争処理機関である各地の弁護士会を手数料1万円で利用することができるようになりました。

住宅品質確保促進法

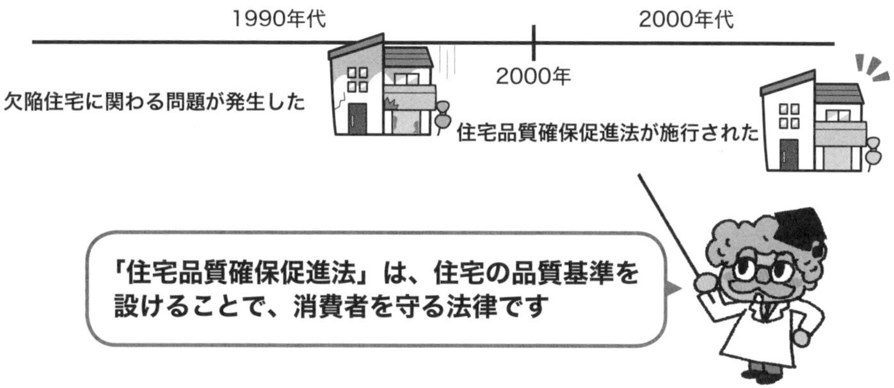

住宅品質確保促進法の3つの軸

10年間の瑕疵担保責任	住宅性能表示制度	紛争処理体制の整備

住宅性能表示制度

住宅の性能

- 構造耐力
- 省エネルギー性
- 遮音性など

→ 消費者による住宅性能の比較が可能になる

表示や評価の方法の基準について共通ルールを設ける

紛争処理体制の整備

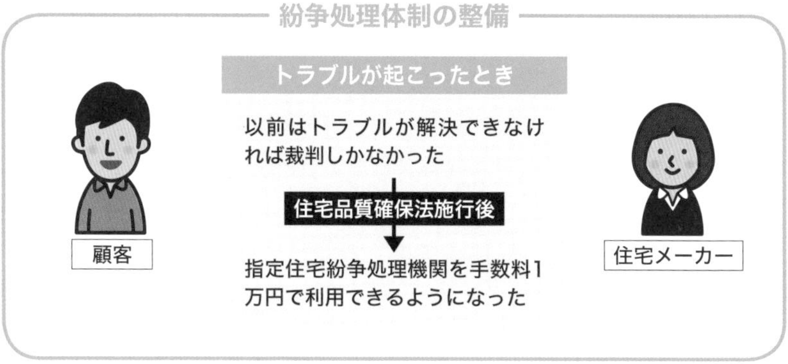

省エネ基準に向き合う住宅メーカー

Chapter8
10

省エネ基準の義務化が進む

地球温暖化防止のため、国は省エネ基準を改正し、より省エネ効果の高い住宅を普及させようという目的で省エネ基準の義務化を進めています。ここではその工程計画や基準の内容を解説していきます。

省エネ基準に向けた工程計画と延期

国は当初、2020年までに、延床面積2000㎡以上の大きい建物から300㎡未満の小さい建物の順番で「**省エネルギー基準**」を守った上で大型施設やビル、戸建て住宅などの建物を建設していくという工程計画を作りました（右図参照）。

省エネルギー基準
断熱化を初めとする、建物設備の省エネルギー性能を高めるための基準。「次世代省エネルギー基準」「住宅の省エネルギー基準」とも呼ばれる。

延床面積300㎡以上のマンション・ビルなどはすでに基準が改正されスムーズに移行しています。ゼネコンなどの資金が潤沢な企業は問題なく対応できたのだと想定できます。

しかし、300㎡未満の戸建ての場合、2018年の段階で新築の約6割しか基準をクリアしていませんでした。そのため、急に基準を改正してしまうと経済的な悪影響が大きいとの判断で、300㎡未満の戸建ては、改正省エネ基準の義務化が延期されました。

省エネ基準はどんな基準なのか

省エネルギー基準は、1980年に作られ、2013年に改正が行われました。改正後の省エネ基準は「外皮の熱性能基準」と「一次エネルギー消費量の評価基準」がポイントとされています。

外皮の熱性能基準は、「隙間がなく断熱性・気密性を一定以上にする」というルールです。

外皮
外壁・屋根・窓などの建物の外周部分。外皮の熱損失量や日射熱取得量を求める際に、今までは床面積を用いていたが、外皮の総面積で求めるように改正した。

また、日本の地域によって気温が違うため、地域を8つに分類し、それぞれの地域で基準値を設けました。**一次エネルギー**消費量の評価基準は「建物内部で使う一次消費エネルギーを、基準値以下にする」というルールです。

一次エネルギー
建物の利用に直接影響するエネルギー。一次エネルギーを消費する設備として、空調、換気、照明、給湯、エレベーターなどが挙げられる。

具体的には給湯器、エアコン、換気、照明などの設備を省エネ性能が高い製品に変え、効率化することで電気をあまり使わない家にすることが挙げられます。

住宅の省エネ基準の工程表

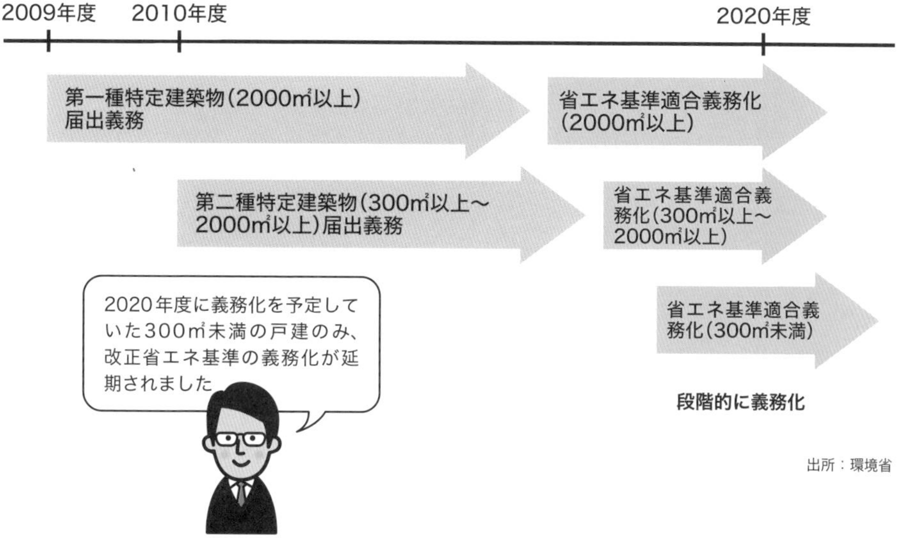

出所：環境省

改正後の省エネ基準の2つのポイント

外皮の熱性能基準

室内外の温度差による熱損失量のこと。この数値が小さいほど省エネの程度は大きい

↓

断熱性・気密性（隙間がない）を一定以上にする

一次消費エネルギー量の評価基準

住宅の冷暖房を始め、換気、給湯、照明などの設備機器のエネルギーを熱量換算したエネルギーのこと

↓

建物内部で使う一次消費エネルギーを、基準値以下にする

ONE POINT

省エネ基準の今後

これからは300㎡未満の戸建ても含めて、すべての住宅において、省エネ基準が義務化となります。各住宅メーカーも懸命に基準をクリアできるように動いています。この義務化によって住宅だけでなく、大型施設やビルの性能もますます向上していくことが考えられます。

買い手と売り手どちらにもメリットが大きい

国土交通省の告示による安心R住宅制度

中古住宅の売買は少しずつ伸びているものの、欠陥住宅などのマイナスイメージもあり、不安を感じることも多いのが現状です。その問題を解決するため、近年「安心R住宅」制度が始まりました。

安心R住宅の試み

中古住宅の流通促進に向けて、「住みたい」「買いたい」中古住宅を選択できる環境の整備を目的に、2017年に国土交通省の告示により「安心R住宅」制度が創設されました。

「R」はReuse（リユース、再利用)、Reform（リフォーム、改装)、Renovation（リノベーション、改修）の3つの意味を持っています。特定の条件を満たした住宅は「安心R」住宅専用のロゴを使用できます。

安心R住宅の条件

まず、建物状況調査といわれる**ホームインスペクション**によって基礎的な構造上の性能が担保されます。耐震性があり、雨漏りなどの不具合がない住宅であることが、1つの条件です。

次にリフォーム工事が実施されているかの有無や、実施されていない場合はプランが付いていることが条件となります。また、**現況写真情報**があることも含みます。

さらに、今まで実施した点検や修繕の内容や、どんな保険・保証が付くのか、という情報が十分に開示されている必要があります。たとえば「検査基準の適合状況」「修繕工事の実施状況」「建設時の状況」「書類の保存状況」などが挙げられます。

そのほか、204ページで解説した瑕疵担保保険に加入できるようにしておくことも、認定に必要な条件の1つです。安心R住宅に認定されると、専門のポータルサイトで閲覧できるようになります。

また、214ページで解説する住宅ローン減税が築20年を超えていても適用されるようになります。

ホームインスペクション
建築士や住宅設計士が客観的に調査・検証し、問題点を検出すること。主に建物構造や設備配管の耐性、安全性を目視で検査する。

現況写真情報
建物・設備の状態や付近の情報を記録として残した写真。住宅を販売する際に顧客と共有する。

安心R住宅が目指すもの

中古住宅へのイメージ

・不安
・汚い
・わからない

→

中古住宅へのイメージをプラスに変える

・住みたい
・買いたい

中古住宅のイメージを変え、既存住宅を選択できる環境の整備を図る

政府は安心R住宅の認定を通じて、人々が中古住宅に対して持つマイナスイメージの払拭を試みています

安心R住宅の条件

安心R住宅の特徴

1 基本的な品質があり「安心」

インスペクションによって担保されている

2 リフォームの実施またはリフォームプランが付いていて「きれい」

3 情報が開示されていて「わかりやすい」

検査基準の適合状況、修繕工事の実施状況、建設時の状況、書類の保存状況などが開示される

安心R住宅

特定の条件を満たした住宅は安心R住宅の認定され、ロゴが使用できるようになる

出所：国土交通省

販売する側にとっても、
売却時に有利になる可能性が高くなります

経済に大きな影響を与える

住宅ローン減税による促進

住宅の購入やリフォーム・増改築を援助する支援策として最大額となる住宅ローン減税。消費税増税時に期間延長があったことで知られています。ここではその制度の内容や今後の動向について解説していきます。

住宅ローン減税（控除）

住宅ローン減税の正式名称は「住宅借入金等特別控除」です。住宅ローンを利用して、戸建や中古物件などを購入またはリフォーム、増改築した場合に、一定の期間、住宅ローン残高の一部を、所得税と住民税から控除する制度のことをいいます。

年末の住宅ローン残高の1%が、最大で400万円まで約10年間控除されることになります。たとえば3000万円の住宅ローン残高であれば、適用条件に当てはまる場合、1年で約30万円税金が安くなるのです。

なお、この制度は2022年12月31日までに住宅へ入居、という適用期間があるので注意が必要です。

所得税
国税のうちの1つで、個人の年間所得に対して税務署が課す税金。

住民税
地方税のうちの1つで、個人の居住に対して都道府県や市区町村が課す税金。

適用条件
住宅ローン減税（控除）を適用させるにはいくつか条件がある。転居時期、所得金額、床面積、借入金の有無、築年数などが条件として挙げられる。

消費税増税時に期間延長があった

消費税が増税されたときに消費の冷え込みがありましたが、住宅市場においても他市場と同様のことが起こっていました。

住宅市場の落ち込みは、関連業種含めて経済に大きな影響があるため、政府は増税後に住宅市場が落ち込まないように対策を設けました。当時の政策には住宅ローン控除期間が10年間から13年間への3年の延長も含まれていました。

この延長は2020年12月31日で終了しましたが、消費税増税時に設けられた住宅ローン控除の政策が、期間終了後の2021年現在も住宅購入やリフォーム施工の動きの後押しをしていることは間違いありません。

現在の住宅ローン減税は2022年12月31日までですが、新型コロナウイルスの影響により、経済が不安定な状況になっており、減税制度は延長される可能性が高いといえます。

住宅ローン減税と景気状況

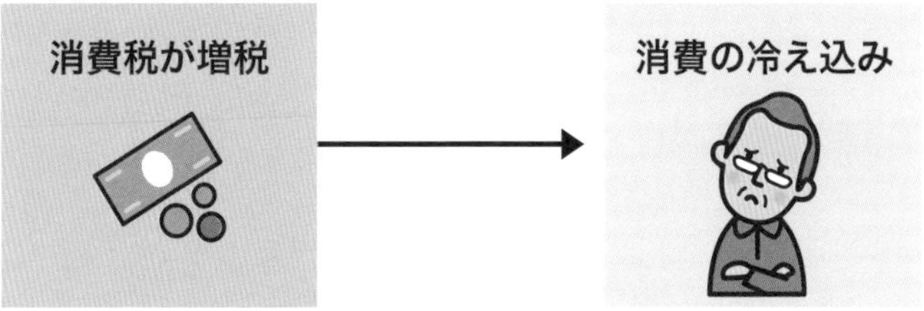

住宅市場においても他市場と同様のことが起こっていた

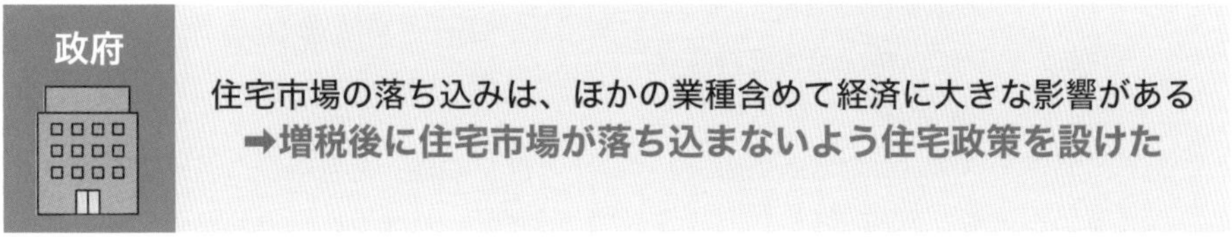

住宅ローン減税による促進

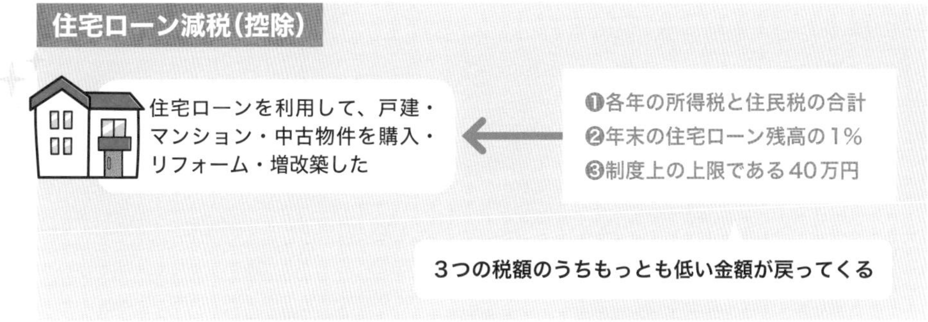

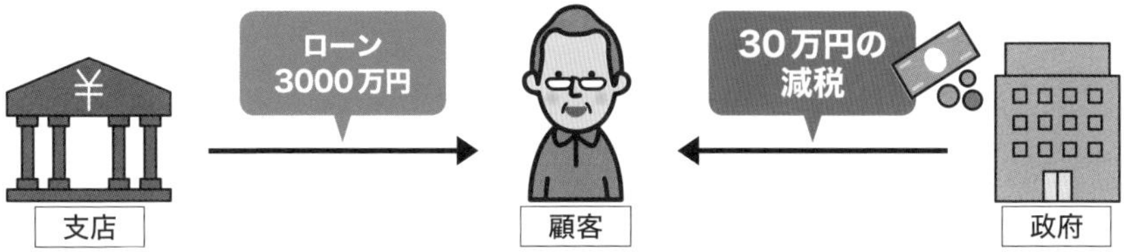

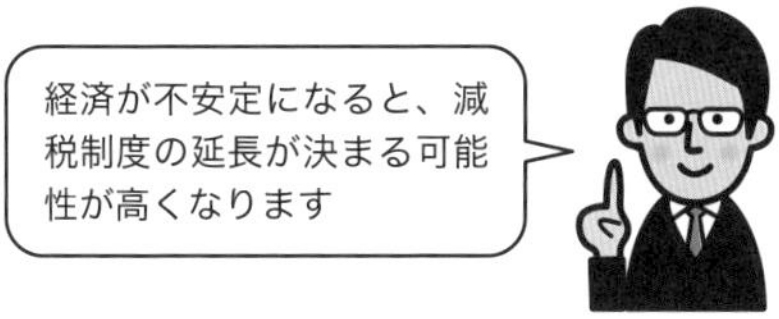

COLUMN 8

前代未聞の特殊な地震と耐震等級

耐震基準をクリアしたから倒壊しないわけではない

196ページで、現在の耐震等級は「数百年に一度発生する地震に対して、倒壊・崩壊しないこと」という基準だと説明しました。しかし、これはあくまでも「1回耐えることができる」という基準を示しているものです。

2016年4月14日21時26分に発生した熊本地震では、震度7（マグニチュード6.5）が発生したあと、2016年4月16日1時25分に震度7（マグニチュード7.3）がもう一度発生しました。つまり、28時間の間に、2度も震度7の地震が発生したのです。

熊本地震による家屋倒壊被害は、3万棟以上でした。被災者の約7割が家屋倒壊被害を受けました。「1回目の震度7の揺れによってダメージを受けた建物が2回目の揺れで倒壊した」ことで、家屋倒壊被害の件数が、同規模の地震の被害と比べ、大きくなったのです。このことから耐震基準をクリアしたからといって必ずしも安全ではないということがわかります。

真に安心できる要素は耐震等級だけで決まらない

近年では「耐震等級は最高等級3を取得」と告知している住宅メーカーが多くあります。耐震等級は1～3段階まであり、耐震等級1に対し1.25倍の地震に耐えることができる場合は「耐震等級2」、耐震等級1の1.5倍の地震に耐えることができる場合は「耐震等級3」を取得できます。

しかし、それは住宅メーカーの構造性能というより、間取りにおける壁の量などによって調整していることが多いのです。耐震計算は、屋根材の重さなどによって数字が変わるため、安全を保証する数字ではないのです。

住宅メーカーで働くならば、このようなポイントを把握し、顧客に丁寧に説明する必要があります。とくに耐震性については生命に関わるため、誤解のないように伝達することが大切です。

第**9**章

住宅業界の未来

住宅業界には、依然として欠陥住宅や悪質リフォーム業者、空き家などさまざまな問題がありますが、それぞれに多くの改善策が講じられています。また、スマートハウスや3Dプリンター住宅など新しい住宅も登場。今後の住宅がどう変わっていくのかを解説します。

Chapter9
01

インターネットの普及も一因に

欠陥住宅問題と悪質リフォーム業者への対応

昔から問題となっている欠陥住宅や悪質リフォーム業者の問題は、いまだに相談件数は増加の一途を辿っている状況です。今後、国や住宅メーカーに求られる対応を解説します。

増加する住宅トラブルの相談件数

住宅トラブル
水回りの不具合や窓の取り付け不良など、施工ミスが発覚することがある。図面や書面での確認を徹底したり、施工完了前に現場見学をしたりすることで施工ミスを減らせる。

2019年ごろまで住宅トラブルの電話相談数は増加の一途を辿っています。新築・中古・リフォームともに増加傾向にあり、さまざまな要因が重なった結果でしょう。たとえば、相談窓口が増加し認知されるようになったのも原因の1つです。

また、インターネットで情報が簡単に手に入るようになったことで、施主が異常に気が付きやすくなったことも考えられます。そのほか、不景気による減収減益により住宅メーカー側が強引な営業をかけたり工期を短くして回転数を上げたりしたことや、職人不足なども影響しています。

悪徳業者が増加しているわけではないですが、この問題は根深く解決が難しいといえるでしょう。

欠陥住宅や悪質リフォーム業者への国の対応

204ページで説明した通り、注文住宅の場合、購入後10年間の瑕疵担保責任が付くので、瑕疵があってもその責任は住宅メーカーに改善義務が発生します。また、建売やマンションでも2年間の瑕疵担保責任が付きます。

しかし、中古物件の購入ではしっかりとした瑕疵担保が付きません。そのため、2018年にホームインスペクションの告知が義務化されました。これにより、中古物件の売買では第三機関に住宅診断を行ってもらい、その結果を買い主に説明する義務ができたのです。

また、リフォームにおいては相談窓口を各都道府県、政令市ごとに1カ所以上設置し、リフォーム専用の瑕疵保険の加入を推奨、リフォーム業者へ保険の説明が義務付けられました。

住宅の新築・リフォームにかかる相談件数の推移

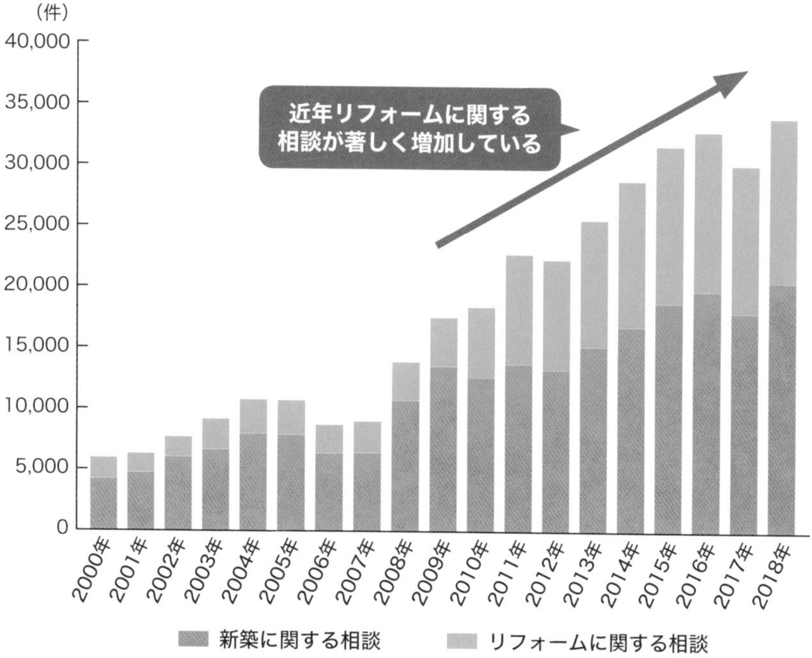

出所：公益財団法人　住宅リフォーム・紛争処理支援センター『住宅相談統計年報2019』より編集部作成

住宅トラブルの増加の原因

相談窓口の増加

窓口が増加したことで、より相談しやすくなり、トラブルが認知されるようになった

インターネットによる情報の流通

インターネットで情報が簡単に手に入るようになったことで、施主が異常に気が付きやすくなった

不景気によるメーカーの売上減収

不景気による減収減益により、住宅メーカー側が強引な営業をかけたり、工期を短くして回転数を上げたりする悪影響が生じた

職人不足の影響

大工や施工者、現場監督など、建築業界の人手不足が深刻化し、住宅建設の供給能力が落ちている

問題が表面化する前に対策

Chapter9 02

健康・介護を考慮した住宅設計

過去に発生した健康被害が再発しないよう、法律が作られ改善されてきましたが、日本は世界でも類を見ない超高齢社会に突入しています。今後は、ますます健康や介護を意識した住宅設計が求められるでしょう。

健康・介護に関して受け身の住宅設計

今までは、アスベスト（石綿）やシックハウス症候群など、実際に健康被害が発生してからその対策がなされてきました。また、バリアフリー化においても、介護の問題が表面化したことで一気に改革が進みました。現在では、浴室とほかの居室との温度差で起きるヒートショックが大きな問題となっていますが、改善が進みつつあります。

今まではこのように問題が表面化してから改善が進んできましたが、今後は積極的な健康・介護を考慮した住宅設計が進んでいく見込みです。

新しい健康を意識した住宅

ウィズコロナ時代に突入し**リモートワーク**が普及しています。当然室内の滞在時間が増えるだけでなく、デスクワークなど椅子に座っている時間も増えるはずです。椅子に長時間座ることで寿命が縮むという研究もあるくらいですので、適度に休憩を挟み、運動することが非常に重要になります。

リモートワーク
政府は、新型コロナウイルス感染拡大防止を目的としたリモートワークやテレワークを強く推進している。2020年のリモートワーク普及率は、従業員1万人以上の企業間において45%ほどになった。

つまり、今後は室内でもアクティブに体を動かしたり、体の負荷がかからない姿勢を維持できたりするような健康を意識した住宅設計が必須になってくるでしょう。また、室内でストレスが緩和できるような自然を取り込むことも新しい住宅の形になるかもしれません。

超高齢社会に伴い、今後は2世帯だけでなく、3世帯住宅も増加していくと予想されています。そこで、家族で一緒に運動できるスペースの確保や、より介護しやすい住宅設計の需要が高まってくるでしょう。

問題を改善することで生まれる新しい住宅設計

健康被害	改善策
飛散したアスベストを人間が吸入することで肺がんなどの病気を引き起こしてしまう	大気汚染防止法を改正してアスベストの排出抑制を図る
建材などから化学物質やカビ、ダニが発生することでめまいや蕁麻疹などの健康被害を引き起こす（シックハウス症候群）	建築基準法の改正で、シックハウス対策を義務付ける
超高齢化社会で健康や介護の問題が浮上	バリアフリーの普及やヒートショック対策を促進

積極的に健康を取り込んだ住宅が必要！

新しい時代に合わせた住宅の形

これからの時代のキーワードは「健康」

室内でもアクティブに体を動かせる空間

体の負荷がかからない姿勢

ストレスが緩和できるような自然

長寿の時代だからこそ、健康を維持しながら生産性が向上できる住宅設計が求められています

2007年に建築基準法が改正

違法建築問題と公共団体のチェック機能

たびたびニュースとなる違法建築問題。一向になくならないと感じている人も多いでしょう。建築基準法を守っているのかをチェックする機関は機能しているのでしょうか。詳しく解説します。

違法建築の歴史

違法建築の中でもっとも業界に影響を与えたのが、2005年に発覚した分譲マンションの構造計算書偽装（耐震偽装）問題の通称「姉歯事件」です。一級建築士が作成した構造計算書が改ざんされていたことを検査機関が見抜けず、耐震基準に満たない構造のマンションが建ってしまったのです。この事件により、建築基準法の見直しが行われました。

そのほか、2015年に三井不動産レジデンシャルが販売した横浜市都筑区のマンションが傾き、杭打ち施工業者の旭化成建材による数多のデータ改竄が発覚（2007年建設）。2019年にはレオパレス21が遮音性の基準を満たさない部材や仕様と異なる防火構造の部材を使っていたことで、建築基準法違反のアパートが延べ3000棟以上見つかったという事件もありました（1996〜2001年に手がけた物件）。

2007年以降、審査が厳しくなる

姉歯事件により2007年に建築基準法の改正が行われ、構造計算書の**二重チェック**に加え、申請書類に不備があった場合、審査段階での修正を認めず再申請させるなど、手続きがかなり厳しくなりました。また、建物に関する**コンプライアンス**の意識が高まり、所有者の責任も厳しく問われるようになりました。

近年発覚しているマンション問題も改正前に建設されたものがほとんどで、改正後の違法建築は大幅に減っています。しかし、まだ課題は残っています。とくに戸建てリフォームなど細かい増改築においては申請を出さない業者もあり、行政にチェックされずに放置されてしまっている建物も多数存在しているのです。

二重チェック
2007年の建築基準法の改正により、高さ20mを超える鉄筋コンクリート造の建築物は、第三の設計事務所に所属する専門家によって構造審査を行うことが義務付けられた。

コンプライアンス
建築基準法の順守のほか、個人情報保護や鍵の交換なども含まれる。また、住宅の販売時や中古物件、賃貸物件を取り扱う際には、宅建士の資格の提示や事故物件などの主旨説明が求められる。

違法建築問題の歴史

発覚時期	事件名	内容
2005年	構造計算書偽装問題（姉歯事件）	一級建築士が行った構造計算ソフトウェアの計算結果を改ざん・偽装したが、建築確認・検査を実施した行政および民間の指定確認検査機関が見抜けなかった **➡この事件の影響で2007年より建築基準法の見直しが行われ、手続きが厳しくなる**
2015年	横浜マンション傾斜問題	三井不動産レジデンシャルが販売した横浜市都筑区のマンションが傾き、杭打ち施工業者の旭化成建材による数多のデータ改竄が発覚
2019年	レオパレス21 建築基準法違反問題	レオパレス21が延べ3000棟以上のアパートで遮音性の基準を満たさない部材を使っていたり、仕様と異なる防火構造の部材を使っていたりするなどの建築基準法違反をしていた

違法建築建物の推移

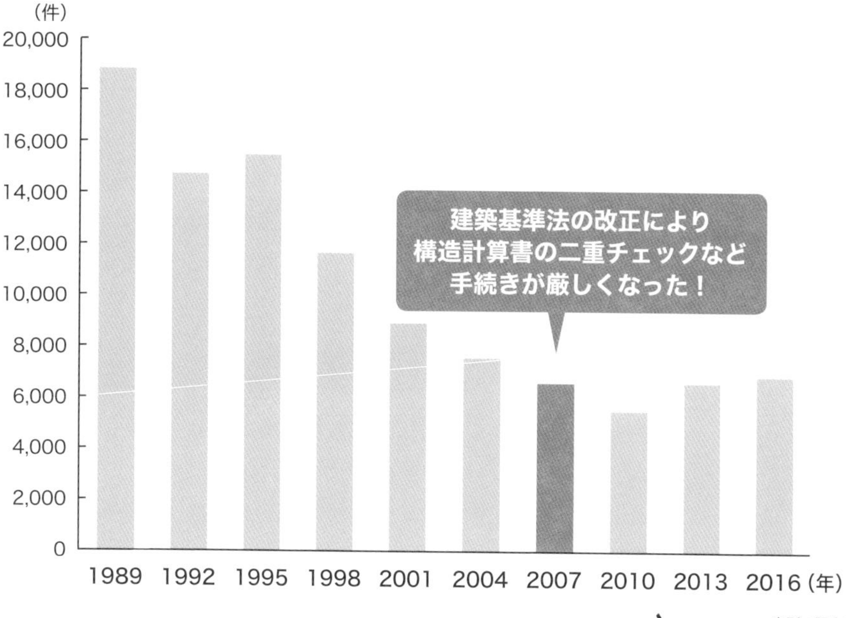

出所：国土交通省

建築基準法が改正されてからは、行政のチェックが厳しくなり、違法建築数は少なくなりました

Chapter9
04

住宅建設の低価格化・効率化の実現

3Dプリンター住宅と建設ロボットの介入

今後、建築・住宅業界における大きな課題をクリアできる技術として、3Dプリンター住宅や建設ロボットが注目されています。これらの技術は現在どこまで進み、また今後どのように発展していくのでしょうか。

3Dプリンターが普及する未来

3Dプリンター技術が進みどんどんと大型化していますが、すでに海外では住宅を建てられるところまで進化しています。3Dプリンターですから、家の形は自由自在で曲線もキレイに描けますし、かつ1日ほどで建てられるためかなりの低価格です。

3Dプリンター
ノルウェーに拠点を構える不動産会社Framlabは、アメリカのニューヨークに「Homed」という3Dプリンタによる住宅を建設した。今後、途上国の住宅不足の解決に寄与するのではないかと考えられている。

3Dプリンターはとくに新興国における住宅や、災害や事故によって必要になった仮設住宅を建設するのにとても適しています。3Dプリンター住宅は土や藁などの天然素材から作ることができるため、現地で素材を調達できることも強みになっています。

このように3Dプリンター住宅は夢のような住宅ですが、まだまだ精密性・耐震性などクリアできない課題は多く、日本では導入されていません。しかし、災害大国日本にはメリットが大きいため、すでにゼネコンも興味を示し研究開発を行っている段階になっています。

建設ロボットの普及

建設・住宅業界で深刻な問題となっている職人不足。これを解決できるのは建設ロボットの普及です。

建設ロボット
国土交通省は2025年を目途に「建設現場の生産性20%向上」という目標を掲げている。大手ゼネコンの鹿島建設や清水建設が、建設ロボットの正式な現場導入に向けて事業を進めている。

建設ロボットは作業の効率化だけでなく、危険な作業現場の安全性を確保するのにも貢献してくれます。そのため、1980年代ごろからとくにトンネル工事など土木作業での研究開発が進んでいます。それにゼネコンでは大型ビルの建設にもロボットが使われるようになっています。

しかし、住宅業界、とくに戸建てでは、ほとんど普及が進んでいません。しかし技術が進歩し日本の職人不足を補ってくれる未来は必ず訪れるでしょう。

3Dプリンターの導入

3Dプリンターのメリット → **災害・事故の仮設住宅や新興国でも活用することができる**

曲線も含めて家の形が自由自在

施工がとても短く、1日で完遂する

低価格

土や藁などの天然素材で作れる

出所：Kamp CのYouTube動画より（https://www.youtube.com/watch?v=pxrVEfxrwUw&feature=emb_title）

日本では精密性や耐震性などの問題でまだ導入にいたっていませんが、現在多くのゼネコンで研究が進められています

建設ロボットの普及

近年の深刻な職人不足の解決のため、土木や建設業において建設ロボットが普及

▼

作業の効率化や安全性の確保にも貢献している

しかし、戸建てなどの繊細な作業を必要とする現場では、まだまだ職人の力が必要です

Chapter9 05

生活の効率化や省エネに貢献

未来の住宅 スマートホームの展望

家電や住宅設備とインターネットでつながり、スマホやスマートスピーカーでコントロールすることができるスマートホーム。今、スマートホーム化はどこまで進み、またこれからどのように進化していくのでしょうか。

ここまでできる現在のスマートホーム

たとえばスマートスピーカーに「おはよう」と声をかけるだけで、照明やエアコン、TVが自動的にオンになる。また、スピーカーからは今日の天気やニュースが流れる。これがスマートホームです。

スマートスピーカー
AIアシスタント機能を搭載したスピーカー。声に反応してクラウドで接続されている端末の操作ができる。

スマートホーム
利便性だけでなく、防犯面においても人々の暮らしを支えている。家に近付くと自動でエアコンが作動したり、スマートフォンを操作することで鍵が開閉したりする機能がある。

これらを実行するのに多額の費用が必要だと思うかもしれませんが、実はスマートスピーカーとスマートリモコンの購入費1〜2万円でこれらが可能になります。

スマートホーム化は生活や家事の効率化がアップするだけではありません。AIと連携することで、防犯・健康・省エネにも大きな効果が見込まれています。

つまり、スマートホームは住んでいる人以外にも大きなメリットがあるわけです。たとえば省エネによって環境保護に貢献、また介護における人件費の抑制、防犯によって犯罪の抑制になるなど、さまざまなメリットにつながるわけです。さまざまな企業が力を入れるのは必然でしょう。

未来のスマートホーム

住宅設備だけでなく、AIの進化によってスマートホームも比例して進化していくのは間違いありません。

近い将来、たとえば家族全員の心地よいと感じる気温や生活習慣をAIが記憶し、室内にいるときはいつも快適な室温に調整され、かつもっとも電気代がかからないように最適化されるようになっているでしょう。

また、トイレが自動的に排尿・排便の医療記録を取り、医療機関と連携するなどの機器の発展が予想されます。

普及が進むスマートホームの利点

家事効率

声をかけるだけで家電のオン・オフを行う

防犯

オートロック機能に顔認証システムを搭載し、防犯対策を強化

健康

自動で室内にいる人の心地よい温度に設定

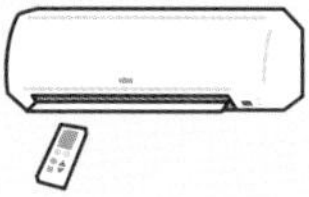

省エネ

電気代がかからないように自動で電気を切りかえる

住宅が家事効率や省エネ、健康や防犯などに役立つ機能を備えることで、私生活をより豊かにしてくれます

さらに進化するスマートホーム

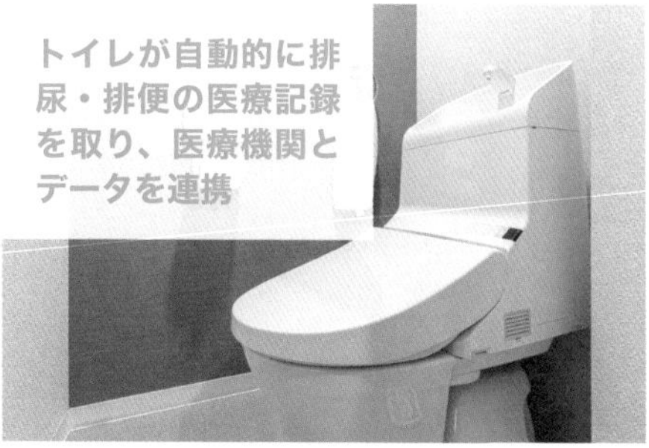

AI機能の搭載で、住宅はさらに進化し、長寿の時代に合わせた住みやすい家が誕生します

Chapter9
06

環境問題に対応する

電気の自給自足ができる家 ZEHの浸透

地球温暖化防止のため、2017年に高い省エネ性能の住宅を増やすべく、ZEH基準が設けられました。しかし、基準を満たすために高額な設備が必要になる上、補助金の手続きが面倒なため普及があまり進んでいません。

高い省エネ性能を誇るZEH

ZEHとは「Net Zero Energy House（ネット・ゼロ・エネルギー・ハウス）」の略で、地球温暖化対策のため国が定めた高い省エネ基準をクリアした住宅のことを指します。

高断熱や消費電量が低い電力設備などによりエネルギー消費量を抑え（省エネ）、太陽光発電によってエネルギーを創り、年間の一次消費エネルギー量の収支をプラスマイナス「ゼロ」以上にする住宅を指します。簡単にいえば、「電気の自給自足ができる家」ということです。

2018年にZEH基準が設けられたときの計画としては、2020年までに「新築の半数以上をZEHにする」2030年までに「新築の平均でZEHを目指す」という形でした。しかし、2020年の段階で新築の50%という目標は実現できませんでした。

地球温暖化
このまま地球温暖化が進めば、21世紀末には地球の平均温度が約4.8度上昇するともいわれている。住宅業界では、エネルギー消費量の多い給油設備や冷暖房設備の省エネ化に力を入れている。また政府は、住宅業界の温暖化対策推進のため、ZEH基準をクリアした住宅に対して、多額の補助金を配布している。

住宅メーカー側にとってのZEH

ZEH基準をクリアするためには、住宅の断熱・気密性能をアップさせ、かつ省エネ能力の高い照明、換気、給湯、冷暖房などの設備を導入しなくてはいけません。そうなれば必然的に価格が上がります。そのため、ZEH基準をクリアした住宅を売り込もうとすると、そのターゲット層と価格がズレてしまうという矛盾も生まれます。

現在は補助金制度によって価格差が補われますが、住宅メーカーの営業マンにとって補助金制度の手続き自体もかなり面倒なためなかなかZEHを広める意欲は半減してしまっているのは事実なのです。この問題が解消され、技術がさらに進歩すれば、ZEH基準をクリアした住宅が当たり前になることでしょう。

ZEH（ネット・ゼロ・エネルギー・ハウス）とは

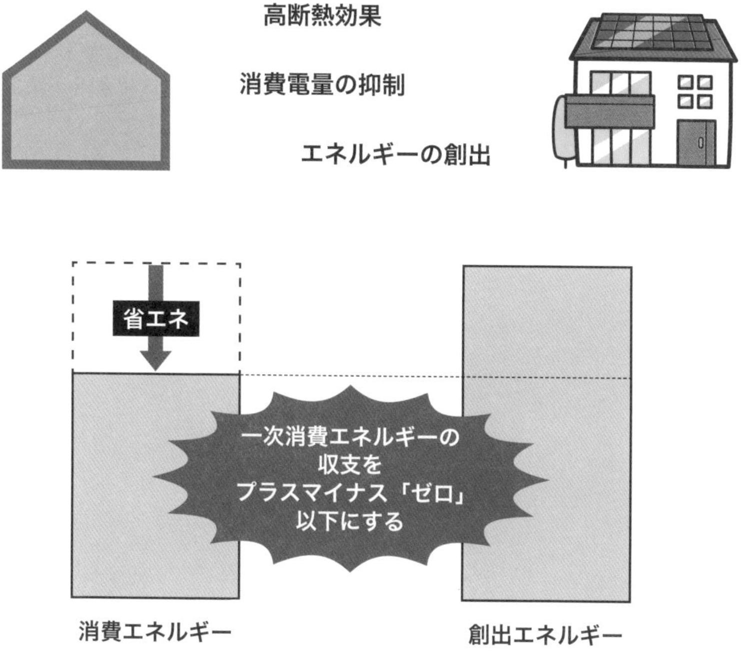

ZEHの問題点

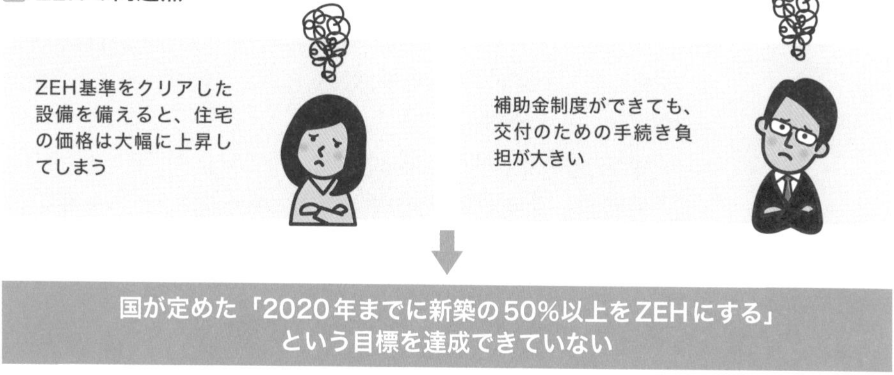

Chapter9
07

災害に耐えるレジリエンス住宅

東日本大震災のとき、ライフラインの復旧に大幅な時間を要したことがきっかけで、「レジリエンス住宅」という新しい住宅の考え方が生まれました。どのように災害に強いのか、その特徴を解説します。

災害時のライフライン

大きな災害が発生した場合、水・電気・ガスというライフラインが止まってしまいます。そのため、災害大国日本では、大きな災害があるたびに、地震・火災・台風などに耐えうる強固な住宅を作ろうと努力してきました。

東日本大震災ではライフラインが止まってから80%復旧するまで約8日間の時間を要したといいます。また、ライフライン別に見ると電気は6日、水道は24日、ガスは34日かかったというデータもあります。この大きな教訓から現在は災害発生時だけでなく、災害後にも強い住宅が求められているのです。

生活を確保するレジリエンス住宅

そこで登場したのが「**レジリエンス住宅**」です。これは国が住宅選びの基準として「しぶとさ、強靭さ、回復力」（レジリエンス）に優れた住まいのことを意味しています。細かい基準・チェックリストもありますが、簡単にいうと、災害でライフラインがストップしても、約1カ月間は平常通りの生活が続けられるような住宅、ということです。

具体的な例をいくつか挙げてみましょう。

たとえば、住宅に設置されている「太陽光発電パネル＋蓄電池」システムによって長期間電気が供給される。災害時にだけ使用できる**LPガス**のタンクを設置し、そこからガスや電気が供給される。100Lの水を貯められる**貯水槽**を設置し雨水を貯めておくことで、災害で断水しても水洗トイレなどの生活用水を確保できるようになっている。こういったことが可能な住宅がレジリエンス住宅なのです。

レジリエンス住宅
国の定めた基準を満たす強靭さを持った住宅。平常時の「免疫力」、災害発生時の「土壇場力」、災害後の「サバイバル力」の3点をチェックする。

LPガス
液化石油ガスのこと。一般住宅にガスを供給するだけでなく、災害発生時に安定的に使用可能なエネルギー源を確保するため、「分散型エネルギー」として提供されることもある。

貯水槽
戸建住宅においては、床下スペースに設置される。貯水槽から直接取水することも可能で、災害発生時の飲料水不足の解消にも貢献する。

レジリエンス住宅とは

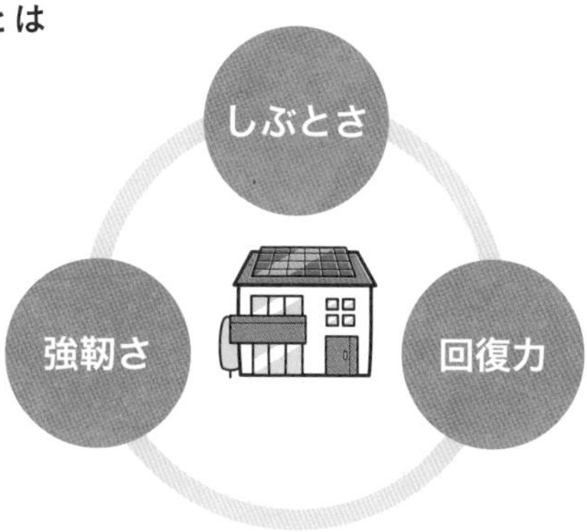

災害でライフラインがストップしても、約1カ月間は平常通りの生活が続けられるような住宅を目指す

レジリンエス住宅の主な機能

1 太陽光発電パネル

太陽光発電パネルや蓄電池システムを設置することで、停電になっても長期間電気が供給されるしくみを作る

2 LPガスタンクの設置

災害時にだけ使用できるLPガスのタンクを設置して、そこからガスや電気を供給する

3 貯水槽の設置

100Lの水を貯められる貯水槽を設置して雨水を貯め、災害で断水しても水洗トイレなどの生活用水を確保できるようにする

レジリエンス住宅は、技術の進歩に合わせて価格競争なども進み、今後さらなる普及が見込まれます

今後のレジリエンス住宅

現在はZEH基準をクリアした住宅でレジリエンス性を持っていれば、補助金の金額がアップする形で国がレジリエンス住宅をあと押ししています。また、大手住宅メーカーも続々と高性能なレジリエンス住宅の発売を発表しています。今後、参入する住宅メーカーも増え、技術の進歩に合わせて競争・低価格が進み普及していくでしょう。

補助金

住宅によって申請できる制度が異なるが、一戸当たりおよそ60～115万円の補助金がえられる。取得するには公募期限内に申請を行い、工事代金の支払いを終える必要がある。

Chapter9
08

リノベーションやサブスクの登場

時代に合わせた空き家問題への対策

空き家問題は、2014年に「空家等対策特別措置法」が制定され強制的に解体できるようになったものの、それだけでは抜本的な解決になりません。今後どのような対策を行っていけばよいのでしょうか。

空き家のリノベーション

22ページで説明した通り、現在少子化・高齢化により空き家が増加し大きな問題となっています。

やはり、空き家問題で重要なカギになるのがリノベーションです。2020年のコロナの影響によりリモートワークが急速に普及しました。それに伴って都心部から郊外に移住するニーズが高まりつつあり、**二拠点生活**も注目が集まっています。

二拠点生活
生活拠点を都市部と地方の2カ所に置く人が増えている。とくに首都圏においてその傾向が見られ、地方や郊外に広い家を持ち、都市部には寝食ができるほどのコンパクトな住まいを持つ人が多い。

地方自治体によっては空き家や古民家のリノベーションに対して助成金を出しています。このような動きが盛んになってくれば空き家問題の解決の糸口になります。

また、今後働き方改革により余暇が増えてくる人が多くなるはずですが、その余暇を利用してDIYがますます普及すれば、これもプラスに作用するでしょう。

空き家を利用した新しいサブスク

2019年に空き家を利用した新しい**サブスクリプション**サービス「ADDress」が始まりました。

サブスクリプション
一定料金の支払いで、全国の空き家や別荘を利用することができるしくみ。観光以上、定住未満の住処を求める人々にニーズがあり、空き家対策だけではなく、経済効果にも期待できる。

これは、地方の空き家などを募って改装した物件に月額4万円で住み放題になるという画期的なサービスです。運営者側は物件コストを抑えつつ個室を確保し、共有のリビング・キッチン、家具、Wi-Fi、光熱費、アメニティー、清掃まで料金内で提供しています。利用者は全国のどの契約施設でも自由に利用できるので、好きな場所に好きなタイミングで生活ができます（1親等以内は無料なので、家族で滞在可）。このサービスは当初30人ほどの枠で応募を開始したのですが、1100人以上の応募があり、大きなニーズがあることが証明されました。

空き家のリノベーションの高まり

空き家を利用した新しいサブスク「ADDress」

月額4万円から好きなときに好きなだけ空き家を利用できる

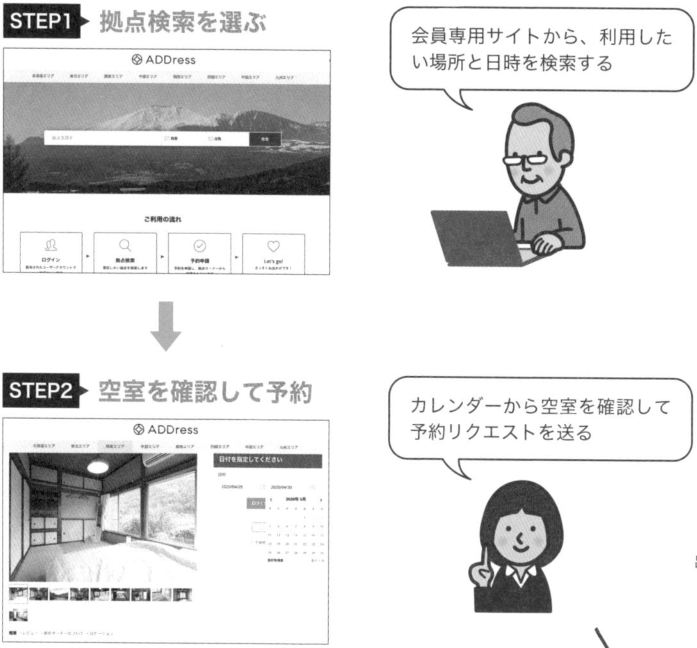

出所：ADDressホームページ

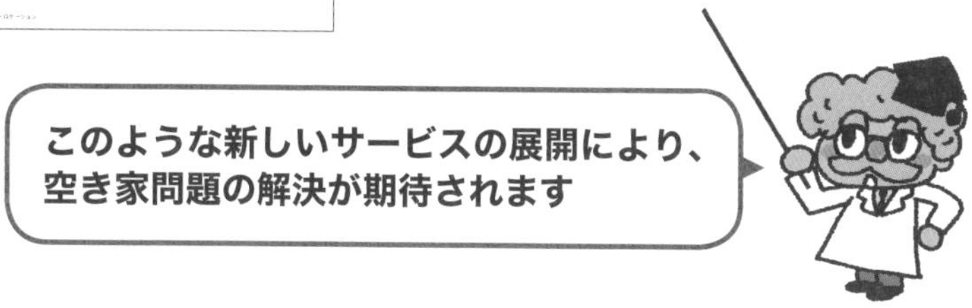

Chapter9 09

住宅メーカーや工務店も次々に参入

成長を続ける 中古住宅市場の行方

54ページでリフォーム会社が伸びている理由を解説しましたが、中古住宅市場においても同様に顧客ニーズの変化や建物寿命が長くなっているなどの要因で今後も伸び続けていくでしょう。

2025年までは右肩上がりで伸び続ける予想

矢野経済研究所の調べによると、2025年までマンション・戸建てともに中古住宅の売買成約件数は増加の一途を辿ると予想しています。中古住宅を安価で購入し、リフォーム・リノベーションをする流れがさらに増加していくことでしょう。

また、空き家などを利用したサブスクリプションのサービスも始まっています。車などと同様、住宅においてもニーズは「所有」から「シェア」に移行しつつあります。この流れも確実に中古住宅市場の後押しをすることになるのは間違いないでしょう。

激化する中古住宅市場

しかし、住宅・不動産業界全体では縮小傾向にあるので決して楽観視できない状況です。

日本の人口が減少していく以上、中古住宅市場の上昇と反比例して新築は確実に衰退していくのは間違いありません。そうなれば現在の住宅メーカーや工務店、ビルダーや不動産会社などは、次々に中古やリフォーム市場に流れ込むはずです。住宅市場全体が下がっていくのであれば、結局**供給過多**となって市場がレッドゾーンになってしまうのも必然といえるでしょう。

中古市場が激化してライバルが増加すれば、他社との差別化も難しくなっていきます。現段階でもすでに「家事楽」や「子育て」のアイディアを取り入れたコンセプトの住宅商品が販売されていますが、このような時代のニーズに合わせた差別化が重要になってくるのです。

また、欠陥住宅問題も同様に増えていくはずなので、**インスペクション制度**を充実させることも必須になるといえます。

供給過多
現在、人口減少に伴う市場の縮小によって、住宅は高価格を維持している。一方で団塊の世代が75歳以上になる2025年には、極度の市場縮小により、不動産価格が大暴落する可能性があるといわれている。

インスペクション制度
既存住宅の状況調査を行い、住宅の耐震性や防災用品の備蓄状況などについて、一定の基準を満たす場合に合格証をえることができる制度。合格証があることで、高値で住宅を売却できることが多い。一方で、当制度を利用して状況調査を行った結果、欠陥が見つかって値引きされたり、新たに修繕費用がかかったりすることもある。

中古住宅市場の推移（予想）

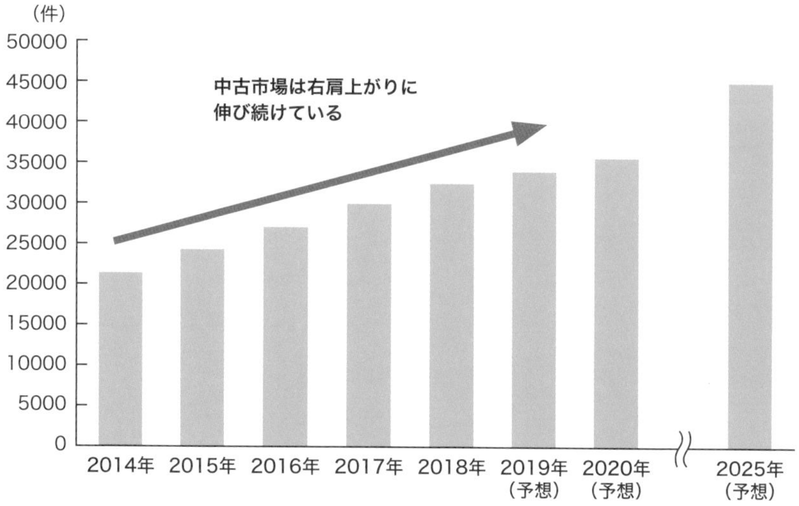

出所：矢野経済研究所調べ

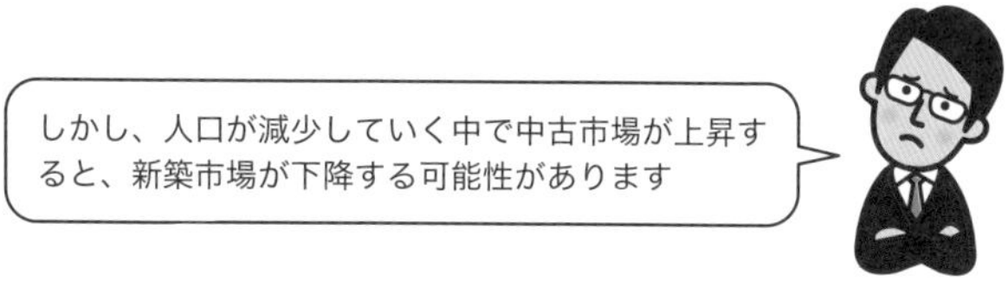

より差別化が求められる中古市場

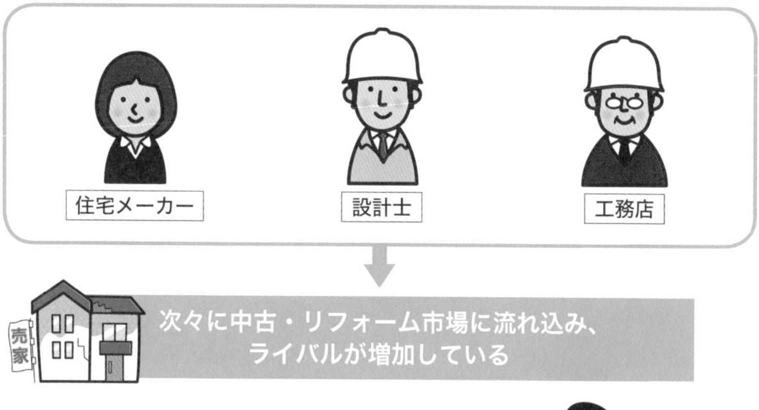

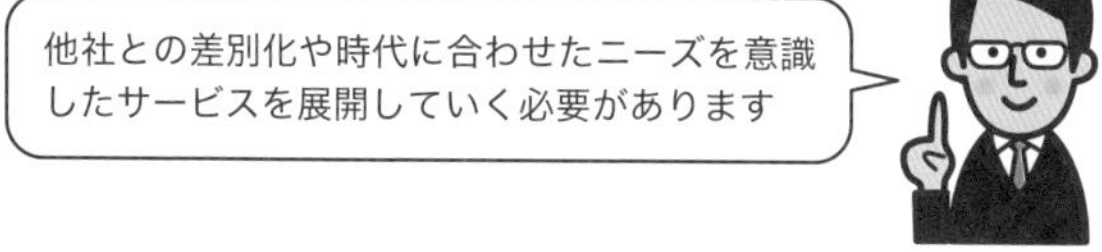

索引

数字・アルファベット

あ行

か行

さ行

た行

な行

は行

ま行

や行

ら行

著者紹介

あずた

1979年生まれ。岐阜県揖斐郡出身。未経験から大手住宅メーカー（1部上場）に転職後、入社2年目で神奈川県1位の営業成績を収める。2016年からは住宅ブログ「イエノウ」（https://ienou.com/）を運営し、2021年2月時点で月間約10万PVを記録。現在はリフォーム会社で営業兼現場監督を行っている。著書に『「良い家」建てたいなら人を使う。営業マン、設計士、現場監督の「取扱説明書」』、執筆協力に『月刊サクラサクライフ2020年2月号』（茨城県フリーペーパー）のハウジング特集「家スゴロク記事」がある。

■装丁　井上新八
■本文デザイン　株式会社エディポック
■本文イラスト　植木美恵、Kip、コンヤ、Meee
■担当　土井清志
■DTP　竹崎真弓（株式会社ループスプロダクション）
■編集　佐藤太一（株式会社ループスプロダクション）

図《ず》解《かい》即《そく》戦《せん》力《りょく》

住《じゅう》宅《たく》メーカーの しくみとビジネスが これ1冊《さつ》でしっかりわかる教《きょう》科《か》書《しょ》

2021年5月25日　初版　第1刷発行

著　者　あずた
発行者　片岡　巌
発行所　株式会社技術評論社
東京都新宿区市谷左内町21-13
電話　03-3513-6150　販売促進部
03-3513-6160　書籍編集部
印刷／製本　株式会社加藤文明社

ISBN978-4-297-12074-0 C0036　Printed in Japan

◆お問い合わせについて

- ご質問は本書に記載されている内容に関するもののみに限定させていただきます。本書の内容と関係のないご質問には一切お答えできませんので、あらかじめご了承ください。
- 電話でのご質問は一切受け付けておりませんので、FAXまたは書面にて下記問い合わせ先までお送りください。また、ご質問の際には書名と該当ページ、返信先を明記してくださいますようお願いいたします。
- お送りいただいたご質問には、できる限り迅速にお答えできるよう努力いたしておりますが、お答えするまでに時間がかかる場合がございます。また、回答の期日をご指定いただいた場合でも、ご希望にお応えできるとは限りませんので、あらかじめご了承ください。
- ご質問の際に記載された個人情報は、ご質問への回答以外の目的には使用しません。また、回答後は速やかに破棄いたします。

◆お問い合せ先

〒162-0846
東京都新宿区市谷左内町21-13
株式会社技術評論社　書籍編集部
「図解即戦力
住宅メーカーのしくみとビジネスが
これ1冊でしっかりわかる教科書」係
FAX：03-3513-6167
技術評論社ホームページ
https://book.gihyo.jp/116